頻度順

フランス語

名詞化表現宝典 1192

はじめに

実用フランス語技能検定試験（仏検）の過去問題をご覧になったことがある方ならご存知だろうが、仏検の上級レヴェルに合格するには動詞や形容詞を「名詞」に置き換えて書き換える問題への対応が大きな鍵となる。つけ焼き刃の単語力では太刀打ちできない。

ところが、この「名詞化」nominalisation に特化した書籍はほとんど刊行されていない。

無理もない。作成に時間と労力がかかるし、うまいアイデアが浮かばない。辞書のような alphabet 順では記憶力を刺激しにくく、その一方で、書き手はややもすると難しい凝った「名詞化」を提示したいという妙な誘惑に陥りやすい。有効な切り口が見つからず、結局は辞書を参考にして地道に単語力をつけていく方法の延長でしか学習法が提示できない。それが実情だ。

大学で仏検を扱った講義を担当しているが、この「名詞化」に対して有効な学びを提示できず、自分自身ずっと忸怩たる思いでいた。

そんな私の背中を押してくれたのは、駿河台出版社の上野名保子編集長。「フランス語の上級レヴェルを強く意識せずに、平易なレヴェルから『名詞化』導入の本が書けないか」との依頼をいただいた。これは、仏検の初中級レヴェルでも「名詞化」を身につけておく意義を示す視野を広げた本を書いてほしいというオーダーだと理解した。

改めてじっくり考え直してみた。初中級レヴェルの学習者の学びを確実に後押しするものの、難敵とされやすい「名詞化」を、日常の単語の頻度レヴェルを勘案しつつ、少しでもとっつきやすく提示できる手立てはないか。仏検対策に縛られるのではなく、効率的で見やすく見出し語を配し、語源や派生語、語形成にも触れながら、読者の記憶力を複数の角度から刺激する「名詞化の用例集」が作成できないものか、と。

結果、事前の想定量を大きく超えることになったが、「名詞化」という旗印のもと、必須の単語と文例を単語の日常頻度順を意識して学習者目線で並べることで、フランス語の視野を自然に広げられる“この1冊”ができあがった。
「フランス語の力を幅広く養いたい」「フランス語をもっと自在に使いこなしたい」、そしてなにより「語学に触れるのが好き」、そうした人たちに本書を届けたい。

＊編集を担当いただいた上野大介さん、ならびに面倒な手直しを何度もお願いしたDTP担当の屋良達哉さんに感謝したい。

久松 健一

● 音声について（収録時間：約 5 時間 12 分）●

本書の、全例文を収録した音声が、弊社 HP より無料でダウンロードおよびストリーミングでお聴きいただけます。
下記、URL を入力するか、弊社 HP から「[頻度順] フランス語 名詞化表現宝典 1192」を検索しご利用ください。

https://www.e-surugadai.com/books/isbn978-4-411-00557-1

有料で、別途 CD にしたものもご用意しています。
お近くの書店でご注文ください。

[頻度順] フランス語 名詞化表現宝典 1192（CD）
CD 4 枚組：定価（1800 円＋税）
978-4-411-10557-8

※音声無料ダウンロード・ストリーミングサービスは予告なく中止する場合があります。
ご了承ください。

頻度順 A　1-668（～1500語レヴェル）　PP.9-202

⋮

＊掲載語の詳細は巻末の「索引」をご覧ください。

⋮

頻度順 B　1-269（1501 語～ 3500 語レヴェル）　PP.203-277

1 **plonger** (v) — **plongeon** (nm)
2 **varier** (v) — **varié, e** (adj) — **variable** (adj) — **variation** (nf) — **variété** (nf)
3 **contester** (v) — **contestation** (nf)
4 **(se) multiplier** (v/v.pr) — **multiple** (adj) — **multiplication** (nf) — **multiplicité** (nf)
5 **scolariser** (v) — **scolaire** (adj) — **scolarité** (nf)
6 **diffuser** (v) — **diffusion** (nf)
7 **annuler** (v) — **annulation** (nf)
8 **bloquer** (v) — **bloqué, e** (adj) — **blocage** (nm)
9 **climatique** (adj) — **climat** (nm)
10 **séjourner** (v) — **séjour** (nm)
11 **guider** (v) — **guide** (n)
12 **(se) spécialiser** (v/v.pr) — **spécialisé, e** (adj)— **spécialité** (nf) — **spécialisation** (nf)
13 **sportif, sportive** (adj) — **sport** (nm) — **sportivité** (nf)
14 **généreux, se** (adj) — **générosité** (nf)
15 **éventuel, éventuelle** (adj) — **éventualité** (nf)
16 **(se) blesser** (v/v.pr) — **blessure** (nf) — **blessé, e** (n)
17 **collaborer** (v) — **collaboration** (nf)
18 **éclairer** (v) — **éclairage** (nm)
19 **caractériser** (v) — **caractéristique** (adj) — **caractéristique** (nf)
20 **convaincu, e** (adj) — **conviction** (nf)

⋮

＊掲載語の詳細は巻末の「索引」をご覧ください。

⋮

250 **grillé, e** (adj) — **grillade** (nf)
251 **cruel, cruelle** (adj) — **cruauté** (nf)
252 **(se) démettre** (v/v.pr) — **démissionner** (v) — **démission** (nf)
253 **(se) redresser** (v/v.pr) — **redressement** (nm)
254 **ramasser** (v) — **ramassage** (nm)
255 **terrifier** (v) — **terroriser** (v) — **terreur** (nf)
256 **recruter** (v) — **recrutement** (nm)
257 **sommeiller** (v) — **sommeil** (nm)
258 **freiner** (v) — **frein** (nm) — **freinage** (nm)
259 **stupide** (adj) — **stupidité** (nf)
260 **sensationnel, sensationnelle** (adj) — **sensation** (nf)
261 **angoisser** (v) — **angoisse** (nf)
262 **fouiller** (v) — **fouille** (nf)
263 **solitaire** (adj) — **seul, e** (adj) — **solitude** (nf)
264 **ponctuel, ponctuelle** (adj) — **ponctualité** (nf)
265 † **(se) hâter** (v/v.pr) — † **hâtif, hâtive** (adj) — † **hâte** (nf)
266 **manipuler** (v) — **manipulation** (nf)
267 **(se) méfier** (v.pr) — **méfiant, e** (adj) — **méfiance** (nf)
268 **modifier** (v) — **modification** (nf)
269 **(se) débattre** (v) — **débat** (nm)

頻度順 C　1-255（3501 語レヴェル 〜）　PP.279-345

見出し語（動詞・形容詞・名詞）の中でもっとも使用頻度の高い語を基準に 1500 以内の頻度なら A、3000 語以内なら B、それ以上を C と分類した。そのため、A でも難語が入っていたり、逆に平易と思われる語が C に分類されていたりする。たとえば、-er 動詞のなかで一番使用頻度が高いと認定した donner は A 分類だが、初級用の教科書では欠かせない動詞 (se) laver は通常は 3500 を超える頻度であるため C に分類してある。

+++ 本書内で使用した略記号 +++

adj	形容詞
adv	副詞
ind.	直説法
inf.	不定法（動詞の原形）
n	名詞
nf	女性名詞
nm	男性名詞
pl	複数　* nmpl なら「男性名詞複数」の意味
qqch	物
qqn	人
sub.	接続法
v	動詞
v.pr	代名動詞
†	有音の h で始まる語

※ 本書はページノンブルにフランス語の数詞（新綴り）を併記しています。

頻度順　A 1-668

音声ファイルについて

掲載している例文の音声ファイルは駿河台出版社ホームページより聞くことが出来ます。

https://www.e-surugadai.com/books/isbn978-4-411-00557-1

※各見開き左上のトラック番号をご参照ください。

1 don「与える」

donner v 与える、付与する、贈る
don nm 与えること、寄付、贈与

□ ***Donner*** son sang peut sauver des vies.
□ Le **don** de sang peut sauver des vies.

献血は命を救える。

＊ Le don du sang peut sauver des vies. とすることもできなくはない。

語形成 **don「与える」** donnée (nf)「データ、資料」(←与えられたもの)。

2 nouv「新しい」(←ラテン語 nouvellus から)

nouveau (nouvel), nouvelle adj 新しい
nouvelle nf ニュース
nouveauté nf 新しさ、新しいもの（こと）

□ Quoi ! C'est ***nouveau*** !
□ Quoi ! Première **nouvelle** !

えっ！それは知らなかった（初耳だ）！

＊「それは新しい」が直訳で、皮肉を込めて「そのことは知らされていなかった」という意味合いで使う。

□ Ma femme aime les choses ***nouvelles***.
□ Ma femme aime la **nouveauté**.

妻は新しもの好きだ。

＊この文を Ma femme aime les nouveautés. と複数で書けば「新しいもの（全般）」ではなく、「ファッションや衣服」に的を絞った言い回しになる。

語形成 **nov「新しい」** rénovation (nf)「（建物などの）改修」(← ré「再び」+「新しいこと」)(☞ C-85)。

3 ラテン語 tempus「時間」→ temp「時に関する」

temporaire adj 臨時の、一時的な
temps nm 時、時間、(一時的な) 天気、天候

□ La fermeture du magasin est ***temporaire***, pendant la durée des travaux.
□ Ce magasin est fermé le **temps** des travaux.

工事中、店は一時休業している。

関連語 temporairement (adv)「臨時に、一時的に」(= de manière temporaire)。

語形成 **temp「時に関する」** contemporain, e (adj)「同時代の、現代の」(← cont「一緒の」+「時間に関する」)。

4 vue「見る、見渡す」

voir v 見る、見える
vue nf 視覚、視力、視線、眺め
vision nf 視覚、視力

□ Ma grand-mère ***voit*** de moins en moins bien.
□ Ma grand-mère a la **vue** qui baisse.

祖母は視力がどんどん低下している。

□ Mon fils pâlit dès qu'il ***voit*** un peu de sang.
□ Mon fils pâlit à la moindre **vue** du sang.

少しでも血を見ると息子はすぐに青くなる。

□ Les chats ***voient*** très bien la nuit.
□ Les chats ont une très bonne **vision** la nuit.

猫は夜とてもよく目が見える。

関連語 voyant, e (adj)「(遠くからでも) 目立つ、派手な」、visible (adj)「目に見える」(☞ B-67)。

5 rai「計算する、推論する」+ son「こと」

raisonner v 推論する、(論理的に) 思考する
raisonnable adj 理性のある、思慮分別のある
raisonné, e adj 熟慮された、論理的思考に基づいた
raison nf 理性、理由、論拠

□ L'être humain est un être qui ***raisonne***.
□ L'être humain est un être ***raisonnable***.
□ L'être humain est un être doué de **raison**.

人間は思慮分別のある存在である。

□ Je déteste quand les corrections de mon professeur ne sont pas ***raisonnées***.
□ Je déteste quand mon professeur ne donne pas les **raisons** de ses corrections.

ひどく嫌なのは担任の採点が論理的でないときだ。

関連語 raisonnablement (adv)「分別をわきまえて、適度に」。

6 ann「毎年の」(←ラテン語 annus「年」)

annuel, annuelle adj 年に1度の、例年の
an nm 年、年間

□ Mes dépenses ***annuelles*** en livres est d'environ 300 000 yens.
□ Je dépense environ 300 000 yens en livres par **an**.

A 1-668
B 1-269
C 1-255
索引

私は年に約 30 万円本に費やしてる。

語形成 **ann(i), enn(i)「毎年の、年の」** anniversaire (nm)「誕生日、記念日」(←「毎年」+ ver「回ってくるもの」)、biennal, e (adj)「2年続く、2年ごとの」、biennale (nf)「ビエンナーレ (←2年ごとの催し)」(bi「2」+「年」)。

7　「天空、地球、世界」を意味するラテン語 mundus から

mondial, e adj 世界の、グローバルな
monde nm 世界

□ Quelle est la population ***mondiale*** actuelle ?
□ Combien de personnes y a-t-il dans le monde aujourd'hui ?

現在の世界人口はどれぐらいですか?

8　de「強く」+ mand「命じる」

demander v (人に) 尋ねる、頼む
demande nf 要求、要望、請求、注文

□ J'***ai demandé*** des dommages-intérêts à mon voisin.
□ J'ai fait une demande de dommages-intérêts à mon voisin.

私は隣人に損害賠償を求めた。

9　俗ラテン語 tropare「(比喩的に) 解釈する、詩を作る」→「考えつく、発見する」

trouver v 見つける
trouvaille nf 思いがけない発見、掘り出し物

□ J'***ai trouvé*** quelque chose d'extraordinaire au marché aux puces.
□ J'ai fait une trouvaille extraordinaire au marché aux puces.

のみの市でとびきりの掘り出し物を見つけた。

関連語 introuvable (adj)「見つからない、稀な」。

10　venir「来る」(←ラテン語 venīre)

venir v 来る、到来する
venue nf 来ること、到来

□ Violette attend sur un banc que son ami ***vienne***.
□ Violette attend sur un banc la venue de son ami.

ヴィオレットはベンチで友人が来るのを待っている。

語形成 **ven (t), venir「来る」** avenue (nf)「並木道、(都会の) 大通り」(← a「へ」+「来る」道)、

aventure (nf)「意外な出来事、冒険、恋愛」(←偶然やって「来る」もの)、souvenir (nm)「記憶、思い出、土産」(←回想など sou「下」から浮かんで「来る」)。

11 com「すべて」+ prendre「つかむ」

comprendre v 理解する
compréhension nf 理解、わかりやすさ ↔ incompréhension

□ Il est important de ***comprendre*** ce problème social.
□ La **compréhension** de ce problème social est importante.

その社会問題を理解することが重要だ。

□ Ce texte manuscrit est difficile à ***comprendre***.
□ Ce texte manuscrit est d'une **compréhension** difficile.

この手書きの原稿はわかりづらい。

* Il est difficile de comprendre ce texte manuscrit. も同義。

関連語 compréhensible (adj)「理解しやすい、理解され得る」、compréhensif, compréhensive (adj)「(他人に対して) 理解のある、寛大な」。

12 re「うしろに」+ st「立つ」→「あとに残る」

rester v (ある場所や状態に) とどまる、残っている
restant nm (物・金額・時間などの) 残り、残余
reste nm ～の残り

□ Il ***reste*** du beurre dans le frigo.
□ Il y a un **restant** de beurre dans le frigo.
□ Il y a un **reste** de beurre dans le frigo.

冷蔵庫にバターが少し残っている。

* le reste の方が広く使われる。

13 seul, soli「単独の」

seul, e adj 一人きりの、ただ一つの
solitude nf 孤独、一人の状態

□ Depuis le décès de mon grand-père, ma grand-mère a du mal à vivre ***seule***.
□ Depuis le décès de mon grand-père, ma grand-mère souffre de la **solitude**.

祖父が逝去してから祖母は孤独にさいなまれている。

関連語 seulement (adv)「ただ～、単に、(時間的に) やっと」

14 ラテン語 tendre「伸ばす、引っ張る」(→ tendre)

(se) tenir v / v.pr (ある状態を)保つ、行儀よくしている
tenue nf 行儀、管理、手入れ

☐ Votre voiture ***tient*** très bien la route.
☐ Votre voiture a une très bonne tenue de route.

あなたの車はロードホールディングがとてもいい(路面をつかんだ安定した走りをする)。

☐ Tristan ***se tient*** très mal en classe.
☐ Tristan a une très mauvaise tenue en classe.

トリスタンは授業中におとなしくしていられない。

*「躾(しつけ)のよくない子ども」は un enfant mal tenu という。

15 『「港」(← port)に入れる』、「持ち運ぶ」を意味するラテン語 portāre から

porter v 運ぶ、(衣服などを)身につけている
port nm 着用

☐ Il est obligatoire de ***porter*** une cravate dans ce bureau.
☐ Le port de la cravate est obligatoire dans ce bureau.

この事務所ではネクタイの着用が義務だ。

関連語 portatif, portative (adj)「携帯用の、ポータブルの」(= portable)。

16 教会ラテン語 paralorāre「比喩、言葉」から

(se) parler v / v.pr 話す、言葉を交わす
parole nf 言葉、発言

☐ Un homme étrange m'***a parlé*** dans le métro comme si on était amis.
☐ Un homme étrange m'a adressé la parole dans le métro comme si on était amis.

地下鉄のなかで見知らぬ人がまるで友だちのように私に話しかけてきた。

17 cert「確定した」

certain, e adj 確実な、確かな ↔ incertain, e
certitude nf 確信、確実性

☐ Elle est ***certaine*** que son fils sera admis à l'université de Nagoya.
☐ Elle a la certitude que son fils sera admis à l'université de Nagoya.

彼女は息子が名古屋大学に合格すると確信しています。

関連語 certainement (adv)「確かに、きっと」。

18 ラテン語 finis「境界、端」の形容詞化

fin, fine adj 細かい、繊細な、鋭敏な、極上の
finesse nf 細かさ、繊細さ、鋭敏さ、洗練された質の高さ

□ Les traits ***fins*** de cette actrice sont sans égal.
□ La finesse des traits de cette actrice est sans égale.

あの女優のすっきりした目鼻立ちは比類ない。

* sans égal は男性・複数の一致はしないが、女性・複数の一致は行なわれる。

□ Je n'ai jamais bu de vin si ***fin***.
□ Je n'ai jamais bu de vin d'une telle finesse.

これほど上質なワインは一度も飲んだことがありません。

19 ラテン語 finis「終わり」から

final, e adj 終わりの、最後の
fin nf 終わり

□ La consonne ***finale*** de ce mot ne se prononce pas.
□ La consonne à la fin de ce mot ne se prononce pas.

この単語の語尾の子音字は発音されない。

関連語 finalement (adv)「最後に、ついに」。

20 quest「探し求める、尋ねる」(Dragon Quest「ドラクエ」は「龍を探し求める」が原義)

questionner v 質問をする
question nf 質問

□ Un journaliste m'***a*** soudainement ***questionné(e)*** sur ma vie privée.
□ Un journaliste m'a soudainement posé des questions sur ma vie privée.

記者が突然、私生活について質問してきた。

関連語 questionnaire (nm)「質問事項、アンケート」。

21 古典ラテン語 sequī「従う」から

suivre v あとについて行く
suivant, e adj 次の、その次の
suite nf 続き、連続

□ Les canetons ***suivaient*** leur mère.
□ Les canetons marchaient à la suite de leur mère.

鴨(かも)の子どもが母鴨のあとを歩いていた。

＊ à la suite de qqn / qqch で「〜に続いて、〜のあとに」の意味。

☐ Apportez-nous les plats ***suivants***.

☐ Apportez-nous la suite.

次の料理を出してください。

22 「話せない」の意味から

enfantin, e adj 子どもの、子どもらしい、子どもじみた

enfant n 子ども

☐ Ce problème est ***enfantin***.

☐ Même les enfants peuvent résoudre ce problème.

この問題は子どもでも解けます。

☐ Le mari d'Estelle est vraiment très ***enfantin***, parfois...

☐ Le mari d'Estelle se comporte vraiment comme un enfant, parfois...

エステルの夫は本当に子どものようにふるまい、ときどき……

関連語 enfance (nf)「子供時代、幼少期」。

23 viv「生きている、生命」

vivre v 生きる、暮らす、過ごす

vivant, e adj 生きている、生き生きした

vie nf 生命、人生、生活

☐ Ce cerisier ***vit*** encore, mais probablement pas pour longtemps.

☐ Ce cerisier est encore ***vivant***, mais probablement pas pour longtemps.

☐ Ce cerisier est encore en vie, mais probablement pas pour longtemps.

あの桜の木はまだ生きていますが、おそらくそう長くはありません。

☐ Ce portrait semble ***vivant***.

☐ Ce portrait respire la vie.

この肖像画はまるで生きているようだ。

＊ Ce portait est en vie. とも表現できる。

関連語 vivable (adj)「暮らしやすい」。

24 ラテン語 cōgnōscere（← co「一緒に」+ gnoscere「知る」）から

connaître v 知っている、知り合う、わかる

connaissance nf 知識、認識、知り合い

connaisseur, connaisseuse n 目利き、玄人（くろうと）

□ Cet historien ***connaît*** beaucoup de choses sur tous les sujets.
□ Cet historien a beaucoup de **connaissances** sur tous les sujets.

あの歴史家はあらゆるテーマについてたくさんのことを知っている。

□ Je suis heureux (heureuse) de vous ***connaître***.
□ Je suis heureux (heureuse) de faire votre **connaissance**.

お近づきになれて（お会いできて）嬉しく思います。

□ Il ***s'y connaît*** en vins.
□ C'est un fin **connaisseur** en vins.

彼はワイン通だ。

＊ s'y connaître en qqch で「～に詳しい、精通している」の意味。

25 「小さい」を意味する擬音派生 pic, pet などから

petit, e adj 小さい、少ない
petitesse nf 小ささ、少なさ

□ Comment économiser de l'argent avec mon ***petit*** salaire ?
□ Comment économiser de l'argent avec la **petitesse** de mon salaire ?

私の安給料でどうやって貯金するのですか?

関連語 rapetisser (v)「小さくする、過小評価する」。

26 古フランス語 comencier（com「強意」+ encier「始まる」）から

commencer v 始める、始まる
commencement nm 始まり、初め ↔ fin (nf)

□ L'année ***commence*** le 1er janvier et se termine le 31 décembre.
□ Le **commencement** de l'année est le 1er janvier et la fin est le 31 décembre.

年は 1 月 1 日に始まり、12 月 31 日に終わります。

＊ ただし、日常会話では「始まり、初め」には début (nm)(☞ A-121）が使われることが多い。

27 ラテン語 computāre（「数え上げる」→「計算する」）から

compter v 数える
compte nm 数えること、計算

□ Le comptable ***a compté*** toutes nos dépenses du mois.
□ Le comptable a fait le **compte** de tout ce qu'on a dépensé ce mois-ci.

会計士が今月支出した総額を計算した。

関連語 comptoir (nm)「（カフェ・銀行・空港などの）カウンター」、compteur (nm)「メーター、計器」。

A 1-668
B 1-269
C 1-255
索 引

28 ラテン語 dīrigere「目標に向ける、真っ直ぐにする」(英語 direct も同語源)

droit, e adj まっすぐな、右の
droite nf 直線、右

☐ Tracez une ligne ***droite*** entre ces deux points.
☐ Tracez une **droite** entre ces deux points.

この2つの点をつなぐ直線を引きなさい。

☐ Regardez du côté ***droit***, c'est ma maison de famille.
☐ Regardez sur la **droite**, c'est ma maison de famille.

右側を見てください、あれが実家です。

29 (一瞬の) mom「動き」

momentané, e adj 一時的な、束の間の
moment nm 瞬間、時

☐ Elle a eu une absence ***momentanée***.
☐ Elle a eu un **moment** d'absence.

彼女は少しの間席を外した。

関連語 momentanément (adv)「一時的に、しばらくの間」。

30 (音や理解を) en「中に」+ tendre「伸ばす、向ける」

(s') entendre v / v.pr 聞こえる、聞く、わかる、理解し合える
entente nf 相互理解、協調

☐ Enzo et Ethan ***s'entendaient*** bien.
☐ Il y avait une bonne **entente** entre Enzo et Ethan.

エンゾとエタンは仲よくやっていた。

31 travail「拷問台」(←ラテン語 trepālium「3 本の杭を用いた拷問の道具」)
→「骨の折れるもの、苦しめるもの」

travailler v 働く、勉強する
travailleur, travailleuse adj 勤勉な、よく働く
travail nm 仕事、勉強

☐ Térence ne ***travaille*** pas soigneusement.
☐ Térence est négligent dans son **travail**.

テランスは仕事が雑だ。

☐ C'est quelqu'un de très ***travailleur***.

☐ C'est un bourreau de travail.

彼は実によく働く人だ。

* un bourreau de travail は「仕事の鬼（虫）」の意味で、そもそも bourreau (nm) は「死刑執行人」を指す。なお、英語 travel は travail と同語源なのだが、フランスと違って、四方を海に囲まれた英国では「旅」が「身を苦しめるもの」の意味になった。

32 fémin「（乳を飲ませる）女性」

féminin, e adj 女性の、女らしい、女性的な ↔ masculin, e
femme nf 女性 ↔ homme (nm)
féminité nf 女性らしさ

☐ On entend parfois une voix ***féminine*** dans le couloir.
☐ On entend parfois une voix de femme dans le couloir.

ときに廊下で女性の声が聞こえることがある。

☐ Ma voisine du dessus est très ***féminine***.
☐ Ma voisine du dessus a beaucoup de féminité.

上の階に住んでいる人はとても女性らしい。

関連語 (se) féminiser (v/v.pr)「女らしくする。女らしくなる」、féminisation (nf)「（職種・組織への）女性の進出」。

33 at「に」+（心を）tend,tent「伸ばす、向ける」

attendre v （人が）待つ、期待する
attente nf 待つこと、期待

☐ Il faut ***attendre*** 30 minutes avant que le dernier bus arrive.
☐ Il y a 30 minutes d'attente avant que le dernier bus arrive.

最終バスが来るまで 30 分待たなくてはならない。

☐ Il a veillé toute la nuit en ***attendant*** le retour de sa femme.
☐ Il a veillé toute la nuit dans l'attente du retour de sa femme.

彼は妻の帰りを一晩中寝ずに待っていた。

☐ Il a fallu ***attendre*** longtemps la vaccination contre la Covid-19.
☐ Le temps d'attente pour la vaccination contre la Covid-19 a été long.

コロナワクチンの接種を待つのに長い時間がかかった。

* L'attente pour la vaccination contre la Covid-19 a été longue. とも表現できる。

関連語 attendu, e (adj)「待ち望まれた、予期された」。

34 re「元に戻して」+ mettre「置く」

remettre v （元の場所、状態に）戻す

remise nf （元の場所、状態に）戻すこと

☐ On doit collecter des fonds pour ***remettre*** l'église en état.

☐ On doit collecter des fonds pour la remise en état de l'église.

教会を元の状態に戻すために資金を集めなくてはならない。

35 ラテン語 appellāre「呼びかける」（← ap「〜に」+ peler「押し動かす」）

(s') appeler v / v.pr 呼ぶ、電話をかける、〜という名前である

appel nm （来るように）呼ぶこと、（電話の）コール、通話

appellation nf （物品の）呼び名、名称

☐ Agnès n'a pas répondu quand je l'***ai appelée***.

☐ Agnès n'a pas répondu à mon appel.

アニェスは私の電話にでなかった。

☐ Je ne sais pas comment ce produit ***s'appelle***, mais je connais son numéro de référence.

☐ Je ne connais pas l'appellation de ce produit, mais je connais son numéro de référence.

この製品の名称はわかりませんが、照会番号はわかります。

関連語 (se) rappeler (v/v.pr)「呼び戻す、思い出す」。（☞ A-54）

36 per「通して」+ met, mis「置く、送る」→「通過を許す」

permettre v 許す、許可する、（物が主語で）可能にする

permis, e adj 許可された

permission nf 許可

☐ Nos parents nous ***ont permis*** de regarder la télé jusqu'à 22h.

☐ Nos parents nous ont donné la permission de regarder la télé jusqu'à 22h.

両親は私たちが午後 10 時までテレヴィを見ることを許した。

☐ Les retards non ***permis*** ne sont pas tolérés dans cette entreprise.

☐ Les retards sans permission ne sont pas tolérés dans cette entreprise.

この事業では、許可なく遅延することは許されません。

関連語 permis (nm)「許可証、免許証（= permis de conduire)」、permissif, permissive (adj)「寛大な、寛容な」。

37 oc「に対して」+ cup「取る」→「自分のものにする」

occuper **v** （場所を）占める、住む、占拠する
occupation **nf** 占領、占拠
occupant **nm** 居住者、占有者

☐ L'ennemi ***occupe*** cette région depuis trois ans.
☐ L'occupation de cette région par l'ennemi dure depuis trois ans.
☐ Les occupants ennemis sont dans cette région depuis trois ans.

敵軍がこの地域を占領して3年になる。

38 grand「大きい」(←ラテン語 grandis)

grandir **v** 大きくなる
grand, e **adj** 大きい、多くの、重大な、偉大な
grandeur **nf** 大きさ、重大さ、偉大さ

☐ Leur amitié ***grandit*** de jour en jour.
☐ Leur amitié devient de plus en plus ***grande***.
☐ La grandeur de leur amitié continue d'augmenter.

彼らの友情はますます深まっていく。

☐ Gustave n'a pas peur d'admettre qu'il a de ***grandes*** ambitions.
☐ Gustave n'a pas peur d'admettre la grandeur de ses ambitions.

ギュスターヴは大きな野心を抱いていると認めることを恐れていない。

関連語 (s') agrandir (v/v.pr)「大きくする、大きくなる、広がる」。

39 gouvern「船の舵をとる」→「国を治める」

gouvernemental, e **adj** 政府の
gouvernement **nm** 政府

☐ L'absence de mesures ***gouvernementales*** est flagrante dans la lutte contre la récession économique.
☐ Le gouvernement ne fait absolument rien contre la récession économique.

経済不況に政府はまるで無策だ。

40 原義は「分ける」(← part「部分」)

partir **v** 出発する
départ **nm** 出発

☐ Je n'ai pas encore décidé quand je vais ***partir*** en vacances.

☐ Je n'ai pas encore décidé la date de mon départ en vacances.

ヴァカンスに出発する日がまだ決まっていない。

⋆ この例を La date de mon départ des vacances n'a pas encore été décidée. と受動態で書くと、ヴァカンスの出発日を決めるのは「自分ではない」という含意の文になる。

関連語 repartir (v)「再び出発する、帰っていく」。

41 dé「分離」+ cid「切る」→「(他の意見と) 切り離す」

décider v ～することに決める

décision nf 決定、決心

☐ Mon collègue ***a décidé*** de changer d'emploi.

☐ Mon collègue ***est décidé*** à changer d'emploi.

☐ Mon collègue a pris la décision de changer d'emploi.

同僚は転職すると決めた。

☐ Qu'est-ce que tu ***as décidé*** ?

☐ Quelle décision as-tu prise ?

どんな決断をしたの?

関連語 décidé, e (adj) 決然とした、明確な、(à を) 決心している

42 nom「名前」

nommer v 名づける、命名する =dénommer、任命する

nom nm 名前

☐ Le président ***a nommé*** notre société « N-KEN ».

☐ Le président a choisi le nom « N-KEN » pour notre société.

社長はわが社を"N-KEN"と名づけた。

関連語 nommément (adv)「名前をあげて、名指しで」。

43 ar「へ」+ rive「川岸」→「岸に着く」

arriver v 到着する

arrivée nf 到着 ↔ départ (nm)

☐ Elle attendait avec impatience que son fiancé ***arrive*** à Paris.

☐ Elle attendait avec impatience l'arrivée de son fiancé à Paris.

彼女はフィアンセがパリにやってくるのを今や遅しと待っていた。

☐ À peine ***était***-elle ***arrivée*** à Dijon qu'elle a trouvé un emploi.

☐ Dès son arrivée à Dijon, elle a trouvé un emploi.

ディジョンに到着してすぐ、彼女は仕事を見つけた。

* 出だしを Tout de suite après son arrivée à Dijon と書くこともできる。

44 poss「能力がある」

possible **adj** 可能な、あり得る ↔ imposiible
possibilité **nf** 可能性、見込み

□ Toutes les couleurs sont ***possibles***.
□ Les **possibilités** de couleurs sont infinies.

色彩の可能性は限りないものだ。

45 ラテン語 mensis「月」から

mensuel, mensuelle **adj** 月一回の、月ごとの
mois **nm** 月

□ Quel est son salaire ***mensuel*** ?
□ Combien gagne-t-elle par **mois** ?

彼女の給料は月いくらですか?

関連語 mensualité (nf)「月賦、月給」、mensualisation (nf)「月給制、月払いにすること」。

46 re「再び」+ venir「来る」

revenir **v** 戻ってくる、戻る
retour **nm** 帰ること、(元に) 戻ること

□ Je changerai d'emploi quand je ***serai revenu(e)*** du Canada.
□ Je changerai d'emploi après mon **retour** du Canada.

カナダから戻ったら転職します。

47 イタリア語の gruppo「塊、瘤 (こぶ)」から

(se) grouper **v / v.pr** 集める、集まる、一団になる
groupe **nm** 集まり、グループ

□ ***Groupez-vous*** par cinq.
□ Réunissez-vous en **groupes** de cinq.

5人ずつの組になってください。

関連語 groupement (nm)「集めること、(groupe より大きな) 団体」。

48 re「再び」+ apporter「持ってくる」

(se) rapporter v / v.pr 報告する、～と関連がある
rapport nm 報告、関係

☐ Je dois ***rapporter*** les résultats de mes recherches à mon patron.
☐ Je dois faire le **rapport** sur les résultats de mes recherches à mon patron.

研究結果を指導教授に報告しなければならない。

☐ Votre question ne ***se rapporte*** pas à mon cours.
☐ Il n'y a aucun **rapport** entre votre question et mon cours.

あなたの質問は私の講義と何の関係もありません。

49 re「うしろで」+ cept「取る、つかむ」

recevoir v 受け取る、（客などを）迎え入れる、受信する
réception nf （郵便物などを）受け取る、応接、もてなし、（電波などの）受信

☐ Veuillez procéder au paiement de cette facture dès que vous l'***aurez reçue***.
☐ Veuillez procéder au paiement de cette facture dès sa **réception**.

この請求書を受け取り次第、速やかにお支払いください。

☐ Nos amis nous ***ont reçu(e)s*** chaleureusement dans leur chalet.
☐ Nos amis nous ont réservé une **réception** chaleureuse dans leur chalet.

友人は山小屋で私たちを暖かく迎えてくれた。

☐ Je ne te ***reçois*** pas bien, je peux te rappeler plus tard ?
☐ La **réception** est mauvaise, je peux te rappeler plus tard ?

受信状態が悪いので、あとでかけ直してもいい?

50 ré「戻す」+ (s)pond「約束する」→「約束を返す」→「返答する」

répondre v 答える、返事をする
réponse nf 返答、返事

☐ J'ai attendu que Rémi me ***réponde*** pendant trois jours.
☐ J'ai attendu la **réponse** de Rémi pendant trois jours.

レミの返事を 3 日間待った。

51 long「長い」

long, longue adj （空間的・時間的に）長い
longueur nf （空間的・時間的に）長さ

☐ ***Longue*** de 6 mètres, cette limousine porte mal son nom de « Mini ».
☐ Avec une longueur de 6 mètres, cette limousine porte mal son nom de « Mini ».

長さ 6 メートルあるこのリムジンが「ミニ」という名とは似つかわしくない。

*実際に Mini と名づけられた BMW のストレッチリムジンがある。

関連語 (s') allonger (v/v.pr)「長くする、伸ばす、長くなる」。

語形成 **long「長い、縦の」** longévité (nf)「寿命、長寿」、longitude (nf)「経度」(↔ latitude)。

52 serv「仕える」

(se) servir v / v.pr 食事を出す、仕える、役に立つ、(de を) 使う
serviable adj 世話好きな
service nm 手助け、サーヴィス

☐ Vous ne pouvez pas ***vous servir*** de ce distributeur, il ne fonctionne pas.
☐ Ce distributeur est hors service.

この自販機は故障している。

☐ Sara est ***serviable*** avec tout le monde.
☐ Sara est toujours prête à rendre service à tout le monde.

サラはみなに親切にしようとする。

53 mini「小さい」人→「神や王の召使」

ministériel, ministérielle adj 内閣の、省の、大臣の発する
ministre nm 大臣

☐ Tous les journalistes ont accès aux communiqués ***ministériels***.
☐ Tous les journalistes ont accès aux communiqués des ministres.

すべてのジャーナリストが大臣たちのプレスリリースにアクセスできる。

54 re「再び」+ appeler「呼ぶ」

(se) rappeler v / v.pr 呼び戻す、召喚する、思い出す
rappel nm 呼び戻すこと、召喚、思い出すこと

☐ On ***a rappelé*** immédiatement l'ambassadeur du Japon.
☐ Le rappel de l'ambassadeur du Japon a été immédiat.

日本の大使が即座に召喚された。

☐ Sa sécrétaire lui ***a rappelé*** la situation avant la réunion.
☐ Sa sécrétaire lui a fait un rappel de la situation avant la réunion.

秘書が会議の前に彼に状況を念押しした。

55 pré「前に」+ s「ess：存在している」→「目の前に存在する」

présenter v 紹介する、解説（司会）する、発表する
présentation nf （多く複数で）紹介、（作品などの）発表、（商品の）展示
présentateur, présentatrice n （番組の）司会者、ニュースキャスター

□ Je ne connais pas ton ami, tu nous ***présentes*** ?
□ Je ne connais pas ton ami, tu fais les **présentations** ?

君の友人を知りません、紹介してもらえますか?

□ En janvier, on ***présente*** les collections d'été à Paris.
□ En janvier, on fait la **présentation** des collections d'été à Paris.

1月に夏のパリコレが発表される。

□ Qui ***présente*** le journal télévisé ?
□ Qui est le **présentateur** du journal télévisé ?

誰がテレヴィのニュースキャスターを務めていますか?

56 sim「1つ」+ ple「折る」→「1つ折りの」→「単純な」

simple adj 簡単な、単純な
simplicité nf 単純さ

□ Cette équation est très ***simple*** à résoudre.
□ La résolution de cette équation est d'une grande **simplicité**.

この方程式の解法はとても簡単です。

関連語 simplement (adv)「単純に、ただ単に」。

57 im「中に」+ port「運ぶ」+ ant「もの」→「中に運び入れるほど大事な」

important, e adj 重要な、重大な
important nm 重要なこと
importance nf 重大さ、重要性

□ Il est ***important*** de terminer cette traduction à la date indiquée.
□ L'**important** est de terminer cette traduction à la date indiquée.

指定の日までにこの翻訳を終えることが肝心だ。

□ Cette information est très ***importante*** pour nous.
□ Cette information a une grande **importance** pour nous.

その情報は私たちにとって大変重要です。

* Cette information est d'une grande importance pour nous. としても同義。

58 pré「前に」+ s「ess：存在している」→「人の目の前に置く」

présent, e **adj** 出席している ↔ absent, e
présence **nf** いること、存在、出席

□ L'empereur sera ***présent*** à cette cérémonie, alors faites attention à votre comportement.
□ Faites attention à votre comportement pendant la cérémonie en la présence de l'empereur.

皇帝がこの式典に出席なさいますので、ふるまいにご注意ください。

59 pose「置く」

poser **v** 置く、取り付ける
pose **nf** 設置、取り付け

□ Mon père a engagé un carreleur pour ***poser*** le nouveau carrelage dans la cuisine.
□ Mon père a engagé un carreleur pour la pose du nouveau carrelage dans la cuisine.

キッチンに新しいタイルを敷くために父はタイル張りの職人を雇った。

60 ラテン語 jocus「遊び、冗談」

jouer **v** 遊ぶ、競技をする、（役を）演じる
joueur, joueuse **n** 競技者、演奏者、賭博（遊び）が好きな人
jeu **nf** 遊び、ゲーム、競技

□ Il ***joue*** au golf.
□ C'est un joueur de golf.

彼はゴルフをする（ゴルフプレーヤーだ）。

□ Jacques aime ***jouer*** au casino.
□ Jacques est un grand joueur.

ジャックはとても賭博が好きだ。

□ Ces enfants ne pensent qu'à ***jouer***.
□ Ces enfants ne pensent qu'au jeu.

この子たちは遊ぶことしか頭にない。

関連語 jouet (nm)「おもちゃ、玩具」。

A 1-668
B 1-269
C 1-255
索 引

61 re「再び」+ connaître「わかる」

reconnaître v それとわかる、認める

reconnaissant, e adj 感謝している

reconnaissance nf それとわかること、認めること、感謝の気持ち

□ Si on ne ***reconnaît*** pas ses fautes, on ne peut pas être pardonné.

□ Sans reconnaissance de ses fautes, on ne peut pas être pardonné.

自らの過ちを認めなければ、許されません。

□ Nous sommes ***reconnaissant(e)s*** de l'aide que notre médecin nous a apporté.

□ Nous avons de la reconnaissance pour l'aide que notre médecin nous a apporté.

かかりつけ医のご協力に感謝いたします。

62 of「に向かって」+ fr「運ぶ」→「捧げる」

offrir v 贈る、与える、提供する

offre nf 提供、申し出

□ Combien d'emplois ***sont offerts*** chaque semaine sur ce site Web ?

□ Combien d'offres d'emplois y a-t-il chaque semaine sur ce site Web ?

このウェブサイトには毎週何件の求人広告が載りますか?

63 choi「楽しむ」→「(楽しんで) 好きなものを選ぶ」

choisir v 選択する、選ぶ

choix nm 選択

□ Je pense que Charles ***a*** mal ***choisi*** sa carrière.

□ Je pense que Charles s'est trompé dans son choix de carrière.

シャルルは職の選択を間違ったと思う。

□ Voici le menu, appelez-moi quand vous ***aurez choisi***.

□ Voici le menu, appelez-moi quand vous aurez fait votre choix.

こちらがメニューです、お決まりになりましたらお呼びください。

* 見出し語は最も一般的に「選ぶ」こと。sélectionner (☞ B-93) は「同種の複数から一番好ましいものを慎重に選ぶ」、élire (☞ A-327) は「投票で選ぶ」、préférer (☞ A-214) は「好みで選ぶ」こと。

64 nat「生まれ」

national, e adj 国民の、国の

nation nf 国民、国

nationale nf 国道

☐ Cette crise est un problème ***national***.

☐ Cette crise est un problème pour la nation tout entière.

この危機は国全体の問題です。

* tout は entière を強める副詞、無変化である点に注意。

☐ Cette route n'est pas large, mais c'est une route ***nationale***.

☐ Cette route n'est pas large, mais c'est une nationale.

この通りは幅が広くはないですが、国道です。

関連語 nationalité (nf)「国籍」。

65 pro「前もって」+ jeter「投げ出す」→「前もって打ち出した計画」／「前に映し出す」

projeter v 計画する、（映像などを）映し出す、映写する、投げ出す

projet nm 計画、プラン

projection nf 映写、発射

☐ Je ***projette*** un voyage en Suisse en automne.

☐ J'ai un projet de voyage en Suisse en automne.

秋にスイスへの旅を計画している。

☐ Le film muet ***est projeté*** dans la salle des sciences.

☐ La projection du film muet a lieu dans la salle des sciences.

無声映画は理科室で上映されています。

66 古フランス語 tochier「触れる」から

toucher v 触る

toucher nm 手触り、触覚

☐ ***Touchez*** combien ce kimono en soie est doux !

☐ Que ce kimono en soie est doux au toucher !

この絹の着物はなんて手触りがやわらかなんだろう!

67 force, fort「力」

forcer v 強いる、強制する

fort, e adj 強い、強力な

force nf 力、強さ

☐ La police ***a forcé*** les habitants à évacuer le quartier.

☐ La police a évacué les habitants du quartier par la force [de force].

警察は力ずくで近所の住民を避難させた。

☐ Mon mari a 70 ans, mais il est plus ***fort*** qu'il en a l'air.

☐ Mon mari a 70 ans, mais il a plus de force qu'il n'en a l'air.

夫は 70 歳だが、見た目よりも力が強い。

関連語 fortement (adv)「強く、しっかりと、非常に」、(se) fortifier (v/v.pr)「(体を) 強く (丈夫に) する、体を鍛える」。

68 ラテン語 proprius「自分の、特別な」から

propre adj 清潔な、きれいな ↔ sale

propreté nf 清潔さ

☐ La vaisselle n'est pas toujours ***propre*** à la sortie du lave-vaisselle.

☐ La propreté de la vaisselle à la sortie du lave-vaisselle n'est pas toujours parfaite.

食器洗い機から出した食器類がいつも清潔とは限らない。

＊なお、語源に直結する propre「固有の、特有の」の語義に対応する名詞は propriété (nf)「所有、所有権」である点に注意。

関連語 proprement (adv)「清潔に、きれいに」。

69 ラテン語 amāre「愛する」

(s') aimer v 愛する、愛し合う

amoureux, amoureuse adj 恋をしている

amour nm 愛、愛情、恋

☐ Fais-le parce que tu m'***aimes***.

☐ Fais-le par amour pour moi.

私を愛しているならそれをやって。

☐ Je ne peux pas expliquer combien je l'***aime***.

☐ L'amour que je ressens pour lui est inexplicable.

彼をどれほど愛しているか口では説明できません。

＊Je ne peux pas exprimer combien je l'aime. とすることもできる。なお、amour (nm) は古フランス語では女性名詞とされていた名残で「私の初恋」mes premières amours など、文章語ではときに女性扱いとなることがある。

☐ Elle est ***amoureuse*** de l'art de Cézanne.

☐ Elle porte un grand amour pour l'art de Cézanne.

彼女はセザンヌの芸術に熱をあげている。

関連語 amoureusement (adv)「愛情を込めて」。

70 （五感を通じて）sens「感じる」

sensé, e **adj** 良識のある、分別のある ↔ insensé, e

sens **nm** 感覚、センス

□ Sylvain est bien connu pour être quelqu'un de ***sensé***.

□ Sylvain est bien connu pour avoir beaucoup de bon **sens**.

シルヴァンは良識ある人としてよく知られている。

71 nombre「数」（←ラテン語 numerus から）

dénombrer **v** 数え上げる

nombre **nm** 数、大勢

□ Il faut du temps pour ***dénombrer*** les personnes disparues après le tsunami.

□ Il faut du temps pour déterminer le **nombre** de personnes disparues après le tsunami.

津波のあとの行方不明者数を把握するには時間がかかる。

関連語 nombreux, nombreuse (adj)「多くの、多数の」、innombrable (adj)「数え切れない（= incalculable）、無数の（= sans nombre）」。

72 ラテン語 perdere「失う」（← per「尽くす」+ dere「与える」）から

perdre **v** 失う、（時間などを）浪費する、負ける

perte **nf** 失うこと、無駄、敗北

□ Pierrick ***a perdu*** le contrôle et le drone s'est écrasé sur le toit.

□ Le drone s'est écrasé sur le toit à cause de la **perte** de contrôle de Pierrick.

ピエリックがドローンを制御しきれなくなったせいで屋根に衝突した。

関連語 perdu, e (adj)「失われた、浪費された、負けた」。

73 ex「外に」+ pliqu, plic「平らな」→「見えるように平たく広げる」→「複雑な中身を頭の外に出して解く」

expliquer **v** 説明する、解説する

explication **nf** 説明、言い訳

□ Il est très difficile d'***expliquer*** cette situation avec précision.

□ L'**explication** précise de cette situation est très difficile.

この状況を的確に説明するのはとても難しい。

関連語 explicatif, explicative (adj)「説明の、説明的な」、explicable (adj)「説明のつく、もっともな」。

74 con「しっかり」+ sider「星」→「星をしっかり観察して占う」→「考慮する」

considérer v 考慮する、検討する

considération nf 考慮、配慮

☐ Il faut d'abord ***considérer*** la santé de l'athlète.

☐ Il faut d'abord prendre la santé de l'athlète en considération.

まず、アスリートの健康を考慮しなくてはなりません。

* Il faut d'abord tenir compte de la santé de l'athlète. とも書ける。

関連語 reconsidérer (v)「考え直す、再検討する」。

75 俗ラテン語 operīre から

ouvrir v 開ける、開く、営業する ↔ fermer

ouvert, e adj 開いた、開いている

ouverture nf 開くこと、開始、開店

☐ À quelle heure ce magasin ***ouvre***-t-il ?

☐ À quelle heure est l'ouverture de ce magasin ?

この店は何時に開きますか?

☐ Contactez-nous par téléphone pour savoir quand le magasin est ***ouvert***.

☐ Contactez-nous par téléphone pour connaître les horaires d'ouverture du magasin.

店の営業時間は電話にてお問い合わせください。

76 gagn, gain「手に入れる」

gagner v もうける、稼ぐ、(時間・場所を)節約する、(試合などに)勝つ

gain nm もうけ、利益、(時間・場所の)節約

gagnant, e n 勝者

☐ Si on ne pense qu'à ***gagner*** de l'argent, aucun client ne viendra.

☐ Si on ne pense qu'aux gains, aucun client ne viendra.

金もうけのことしか考えていないなら、客は誰一人来ません。

* être âpre au gain「もうけ(利益)に貪欲である(→がめつい)」の意味。

☐ Vous pourriez ***gagner*** du temps en suivant la route secondaire.

☐ Vous pourriez faire un gain de temps en suivant la route secondaire.

脇道を行けば時間が稼げます。

* ちなみに、フランスには道路の混雑状況を知らせる Bison Futé という交通情報サーヴィスが存在している。この文に当てはめてみれば、Vous pourriez gagner du temps en suivant Bison Futé.(←ビゾンフュテに従えば時間が稼げます)といった具合に使われる。

☐ Il ***a gagné*** le tournoi.

☐ C'est le **gagnant** du tournoi.

彼はトーナメントで優勝した。

関連語 regagner (v)「(失ったものを) 取り戻す、(もとの場所に) 戻る」。

77 ラテン語で「測定する」を意味する mensūra から

mesurer v 測定する、測る

mesure nf 測定、手段

☐ Comment ***mesurez***-vous la taille d'une pièce complexe ?

☐ Comment prenez-vous les **mesures** d'une pièce complexe ?

複雑な部屋の大きさはどうやって測るのですか?

78 ラテン語 altus「育てる」の過去分詞 alto から(語頭の有音の h は同じ意味のゲルマン語 hôh の影響)

† haut, e adj 高い

† haut nm 上、高さ

† hauteur nf 高さ

☐ Cette tour est ***haute*** de 30 mètres.

☐ Cette tour fait 30 mètres de **haut** [**hauteur**].

この塔は高さ30メートルです。

* "数詞 + de haut [hauteur]" で「高さ〜の」の意味になる。Cette tour a une hauteur de 30 mètres. とか La hauteur de cette tour est de 30 mètres. といった言い方もしないではない。

79 pre「公衆の前に」+ side「座る」

présider v 議長となる、主宰する

présidentiel, présidentielle adj 大統領の

présidence nm 大統領の職、議長の職

président, e nm 大統領、議長

☐ Je n'ai pas l'intention d'accepter de ***présider*** la séance.

☐ Je n'ai pas l'intention d'assumer la **présidence** de la séance.

私は会議の議長を受けるつもりはありません。

☐ En quelle année les élections ***présidentielles*** françaises ont-elles eu lieu ?

☐ En quelle année est-ce qu'on a élu le **président** de la République française ?

フランスの大統領選挙は何年に行なわれましたか?

語形成 **side「座る」** subside (nm)「援助金、助成金」(← sub「そばに」+「座っているもの」→「その時が来るまではそばに置いておくもの」)。

80 ex「外に」+ sist「立つ」→「存在する」

exister v 存在する、生存する
existence nf 存在、生き方

☐ Mon fils croit que le Père Noël ***existe***.
☐ Mon fils croit en l'existence du Père Noël.

息子はサンタクロースがいると信じています。

* Mon fils croit au Père Noël. と書くこともできる。

関連語 coexister (v)「(avec と) 共存する」。

81 sûr「確かな」(←ラテン語 sēcūrus、英語はこれを secure として直に取り入れた)

sûr, e adj 確信している、確かな、安全な
sûreté nf 安全、(物事の) 確かさ

☐ Le Japon est connu pour être très ***sûr***.
☐ Le Japon est connu pour sa sûreté.

日本はとても安全なことで知られています。

関連語 sûrement (adv)「きっと、確かに、安全に」。

82 re「戻して」+ fus「注ぐ」→「注がれたものを戻す」→「断る」

refuser v 拒む、断る
refus nm 拒否、拒絶

☐ Robert ***a*** catégoriquement ***refusé*** ma demande.
☐ Robert a opposé un refus catégorique à ma demande.

ロベールは私の頼みをきっぱり断った。

83 mort「死」

mortel, le adj 死すべき、致命的な ↔ immortel, immortelle
mort nf 死

☐ Le poison du poisson-globe est ***mortel***.
☐ Le poison du poisson-globe entraîne la mort.

ふぐの毒は命にかかわる。

関連語 mourir (v)「(de で) 死ぬ」、mortellement (adv)「致命的に、死ぬほどに」、mortalité (nf)「死亡率」(= taux de mortalité) (↔ natalité (nf))。

84 ラテン語 legere「集める、読む」（ギリシア語 légein「集める、読む」）

lire v 読む
lecteur, lectrice n 読者
lecture nf 読むこと、読書

☐ Tu aimes ***lire*** ?
☐ Tu aimes la **lecture** ?

読書は好きですか?

☐ Le nombre de personnes qui ***lisent*** son blog augmente chaque jour.
☐ Le nombre de **lecteurs** de son blog augmente chaque jour.

彼（彼女）のブログの読者数が毎日増えている。

関連語 lisible (adj)「（文字が）読み取れる、（本などが）読みやすい」、relire (v)「読み返す、再読する」。

85 「成功する」を意味するイタリア語 riuscrire から

réussir v （人が）成功する、合格する
réussite nf 成功、（試験の）合格 ↔ échec

☐ La nouvelle expérience de transport par drone ***a été réussie***.
☐ La nouvelle expérience de transport par drone a été une **réussite**.

ドローンによる新しい輸送実験はうまくいった。

86 change「変える」

changer v 変更する、変わる、変化する
changeant, e adj 変わりやすい、不安定な
changement nm 変更、変化、乗り換え
change nm 両替、両替所 = bureau de change

☐ On ne ***change*** pas de train d'ici à Paris : c'est direct.
☐ Il n'y a pas de **changement** d'ici à Paris : c'est direct.

ここからパリまで乗り換えはありません、直通です。

☐ Il est d'humeur ***changeante***.
☐ Ses **changements** d'humeur sont habituels.

彼は気が変わりやすい。

☐ Y a-t-il un endroit où on peut ***changer*** son argent près d'ici ?
☐ Y a-t-il un bureau de **change** près d'ici ?

この近くに両替する場所（両替所）はありますか?

87 humain「人間の」

humain, e adj 人間の、人間的な、人間味のある ↔ inhumain, e
humanité nf 人間、人間味

□ Tous les drames qu'écrit ce scénariste sont très ***humains***.
□ Tous les drames qu'écrit ce scénariste sont pleins d'**humanité**.

あの脚本家が手がけるドラマはすべて人間味にあふれている。

関連語 humainement (adv)「人間味をもって、人間として」。

88 vrai「真」

vrai, e adj 真の、正しい ↔ faux, fausse 、本当の
vérité nf 真実、正しさ

□ À ***vrai*** dire, je ne suis pas célibataire.
□ En **vérité**, je ne suis pas célibataire.

本当のことを言うと、自分は独身ではありません。

関連語 vraiment (adv)「本当に、実際に、まったく」。

89 re「代わって」+ present「発表する」→「代表する」

représenter v 表現する、代表する、上演する
représentation nf 表現、上演
représentant, e n 代表者

□ Un sourire peut ***être représenté*** par deux points et une parenthèse.
□ La **représentation** d'un sourire peut être faite par deux points et une parenthèse.

笑顔は2つの点（コロン）と1つのカッコで表すこと“ :) ”ができます。

□ Les ambassadeurs ***représentent*** leur pays à l'étranger.
□ Les ambassadeurs sont les **représentants** de leur pays à l'étranger.

外交官は海外において自国を代表する者だ。

関連語 représentatif, représentative (adj)「〜を代表する」。

90 di「ない」+ ficult「容易な（facile）」→「容易でない」

difficile adj 困難な、気難しい
difficulté nf 困難

□ Daniel fait face aux problèmes ***difficiles*** sans hésitation.
□ Daniel fait face aux **difficultés** sans hésitation.

ダニエルは臆することなく難題に正面からぶつかっていく。

関連語 difficilement (adv)「やっとのことで、苦労して」。

91 soci「仲間」+ été「(の) 集まり」

social, e adj 社会の、社会的な
sociétal, e adj 社会の、社会生活（制度）に関する
société nf 社会

☐ Je m'intéresse beaucoup aux problèmes ***sociaux***.
☐ Je m'intéresse beaucoup aux problèmes ***sociétaux***.
☐ Je m'intéresse beaucoup aux problèmes de société.

私は社会問題に大いに関心がある。

関連語 socialement (adv)「社会的に」、sociologie (nf)「社会学」(← logie「学問」)。

92 as「に対して」+ sur「確かだと言う」

assurer v 断言する、保証する、保険をかける
assuré, e adj 自信のある、確実な、保険がかけてある
assurance nf 自信、確信、保証、保険

☐ Je vous ***assure*** qu'elle l'a vu dans le couloir.
☐ J'ai l'assurance qu'elle l'a vu dans le couloir.

断言しますが、彼女は彼が廊下にいるのを見ました。

* 直訳は「私は彼女が廊下にいる彼を見たと保証する（確信する）」となる。

☐ Elle parlait d'un air ***assuré*** devant le directeur des ventes.
☐ Elle parlait avec assurance devant le directeur des ventes.

営業部長の前で彼女は自信ありげに話していた。

☐ Je suis très bien ***assuré(e)*** contre les accidents de la route.
☐ J'ai une très bonne assurance contre les accidents de la route.

私は交通事故に対して非常に手厚い保険に加入している。

93 「計量」を意味する後期ラテン語 exagium から

essayer v 試験する、試みる、～しようと試みる、試着する
essai nm 試し、テスト、随筆
essayage nm 試着

☐ Je ne sais pas si ce shampooing est bon ou pas, c'est pour ***essayer***.
☐ Je ne sais pas si ce shampooing est bon ou pas, c'est un essai.

このシャンプーの良し悪しはわかりませんが、試してみます。

☐ Où est la cabine pour ***essayer*** (les vêtements) ?
☐ Où est la cabine d'**essayage** ?

試着室はどこですか?

94　　juste「公平な、正しい」

juste adj 公平な、正しい、正確な ↔ injuste
justice nf 正しさ、正義
justesse nf 正確さ、的確さ

☐ La question n'est pas de savoir si c'est ***juste***, mais si c'est légal.
☐ Ce n'est pas une question de **justice**, mais de légalité.

問題なのはそれが正しいかどうかではなく、合法かどうかだ。

☐ Ses remarques sont rarement ***justes***.
☐ Ses remarques manquent souvent de **justesse**.

彼（彼女）の発言が的確なことはめったにない。

95　　em「中に」+ pêch「足（← pes「足」）枷」

empêcher v 妨げる、じゃまする
empêchement nm 妨害、支障

☐ Prévenez-moi si quelque chose vous ***empêche*** d'assister à la réunion.
☐ Prévenez-moi si vous avez un **empêchement** pour assister à la réunion.

会議の出席に支障がある場合にはお知らせください。

96　　ラテン語 sortīrī（←「籤 (くじ)sort」を引く）：移動のニュアンスを帯びたのは「（箱などに入れた籤を）中から外へ」という発想からか?

sortir v 出る ↔ entrer、外出する、公開（発売）される
sortie nf （人が）出ること、出口、公開、（本の）出版

☐ C'est la première fois que la princesse ***sort*** de manière officielle.
☐ C'est la première **sortie** officielle de la princesse.

王女が公式にお出ましになるのはこれが初めてだ。

☐ Les fans attendent avec impatience qu'elle ***sorte*** son nouveau roman.
☐ Les fans attendent avec impatience la **sortie** de son nouveau roman.

ファンは彼女が新しい小説を出版するのを心待ちにしている。

97 con「一緒に」+ tinue「保持する」→「一続きとなる」

continuer v 続ける、続く
continu, e adj 連続した、持続的な
continuel, continuelle adj 連続的な、たえまない
continuation nf 継続、続行
continuité nf 連続性、恒常性

☐ Il sera difficile de ***continuer*** mes études sans bourse.
☐ Sans bourse, la **continuation** de mes études sera difficile.

奨学金がないと私の学業を続けるのは困難だ。

☐ Cet hôpital garantit des soins ***continus***.
☐ Cet hôpital assure des soins ***continuels***.
☐ Cet hôpital assure la **continuité** des soins.

この病院は継続的なケアを保証している。

関連語 continuellement (adv)「たえず、しょっちゅう」。

98 re「再び」+ prendre「取る」

reprendre v 再び取る、取り戻す、再び活気づく
reprise nf 再び取ること、立ち直り

☐ Quand l'économie japonaise va-t-elle ***reprendre*** ?
☐ Quand la **reprise** économique au Japon va-t-elle avoir lieu ?

日本経済はいつ活況を取り戻すのだろうか?

* Quand aura lieu la reprise de l'économie japonaise ? とすることもできる。

99 intér「間に」ある ess, es, ê「存在」への興味

(s') intéresser v / v.pr 興味を引く、関心がある、興味を抱く ↔ (se) désintéresser
intéressant, e adj 面白い、興味深い
intérêt nm 興味、面白み

☐ Je ***m'intéresse*** beaucoup à la musique classique.
☐ J'ai un grand **intérêt** pour la musique classique.

クラシック音楽に大きな関心があります。

☐ Son dernier roman n'est pas ***intéressant***.
☐ Son dernier roman est sans **intérêt**.

彼（彼女）の最新の小説は面白くない。

* Son dernier roman est inintéressant. とも表現できる。

100 dé「離して」+ tail「切る」→「細かく切り分ける」

détaillé, e adj 詳しい、詳細な
détail nm 細部、詳細

☐ Veuillez nous donner une explication ***détaillée***.
☐ Veuillez nous expliquer tout en détail.

私たちに詳しい説明をお願いいたします。

101 a「方へ、中に」+ par「強意」+ tenir「持つ、保つ」

appartenir v （à に）所属する、一員である
appartenance nf 属すること、所属、帰属

☐ Il est utile d'***appartenir*** à un journal étudiant si on veut devenir journaliste.
☐ L'appartenance à un journal étudiant est utile si on veut devenir journaliste.

ジャーナリストになりたいなら、学生新聞に所属するとためになります。

102 イタリア語 risco「危険」あるいは「船で絶壁の間を行く」を意味する俗ラテン語 risicare から

risquer v 危険を冒す、～する恐れがある
risque nm 危険、リスク

☐ Le pompier ***a risqué*** sa vie pour sauver la vieille dame.
☐ Le pompier a couru un grand risque pour sauver la vieille dame.

消防士は命の危険を冒して老婦人を救った。

＊ risque は「被害を受ける恐れ、危険性」をいう。一般的に広く「危険」を意味する単語は danger (nm)（☞ A-268）で、「逼迫した大きな危険」を指す péril (nm) といった語もある。

103 ap「を」+ prendre「つかむ」

apprendre v 学ぶ、習う
apprenti, e n 見習い
apprentissage nm 見習い（期間）

☐ Il ***apprend*** le métier de charpentier.
☐ Il est apprenti charpentier.
☐ Il est en apprentissage chez un charpentier.

彼は見習いの大工だ。

＊ Il est apprenti chez un charpentier. とも表現できる。

関連語 rapprendre (v)「再び学ぶ、学び直す」。

104 古フランス語 encontrer「出会う」から

rencontrer v （偶然に）出会う、知り合う、会見する

rencontre nf 出会い、会見

□ Il est difficile de ***rencontrer*** quelqu'un quand on travaille à la maison.

□ Il est difficile de faire des **rencontres** quand on travaille à la maison.

在宅勤務では人と知り合うのは難しい。

105 créat「生み出す」

créer v 創造する、作る

création nf 創造、創造物、創出

□ Dieu ***a créé*** le ciel et la terre.

□ Le ciel et la terre sont les **créations** de Dieu.

神は天と地を創造した。

□ Le gouvernement s'est fixé pour objectif de ***créer*** une société numériquement robuste.

□ Le gouvernement s'est fixé pour objectif la **création** d'une société numériquement robuste.

政府はデジタル強靭化社会の実現を目標に掲げている。

関連語 créateur, créatrice (n)「創造者、クリエーター」。

106 ob「しっかりと」+ tenir「保つ」

obtenir v 得る、手に入れる

obtention nf 取得、入手

□ Ma grand-mère a mis huit mois pour ***obtenir*** son permis de conduire.

□ L'**obtention** de son permis de conduire a pris huit mois à ma grand-mère.

祖母は運転免許取得に8ヶ月かかった。

107 clair「明るい」

clair, e adj 明るい、わかりやすい、明快（明晰）な

clarté nf 明るさ、明快（明晰）さ

□ Avec une seule fenêtre, cette pièce n'est pas très ***claire***.

□ Avec une seule fenêtre, cette pièce manque de **clarté**.

窓が１つしかないため、この部屋はあまり明るくない。

□ Les explications de Clément sont très ***claires***.

🔊 017

☐ Les explications de Clément sont d'une grande clarté.

クレマンの説明はとても明快だ。

関連語 clairement (adv)「はっきりと、明瞭に」、clairvoyant, e (adj)「洞察力のある」（この単語は voir（☞ A-4）の関連語でもある）。

108 entre「中に入る」

entrer v 入る

entrée nf 入ること、入場、入り口

☐ Vous devez payer pour ***entrer*** dans ce parc.

☐ L'entrée de ce parc est payante.

この公園は入園するのにお金がかかります。

109 pro「前に」+ pose「置く」

proposer v 提案する、申し出る

proposition nf 提案、申し出

☐ Elle m'***a proposé*** quelque chose que je ne peux pas refuser.

☐ Elle m'a fait une proposition que je ne peux pas refuser.

彼女は私が断われない提案をしてきた。

110 ap「方向」+ porter「運ぶ、持つ」

apporter v 持ってくる、もたらす

apport nm 貢献、寄与、供給（物）

☐ Est-ce que vous comprenez ce que la technologie ***a apporté*** à la société ?

☐ Est-ce que vous comprenez quels sont les apports de la technologie à la société ?

テクノロジーが社会にいかなる貢献をしたかおわかりですか?

関連語 (se) rapporter (v/v.pr)「再び持ってくる、持ち帰る、報告する、関連がある」。

111 pro「公に」+ gram「書いたもの」

programmer v プログラム（番組）に関わる、計画を立てる

programme nm 番組、プログラム、スケジュール

☐ Je laisse mon assistant ***programmer*** les concerts pour le festival.

☐ Je laisse mon assistant s'occuper du programme des concerts pour le festival.

アシスタントにフェスティヴァルのためのコンサート計画を立てさせた。

関連語 programmation (nf)「番組編成、計画（作り）」を用いて Je laisse mon assistant s'occuper de la programmation des concerts pour le festival. とするのが今時のフランス語。

112 libre「自由な」

libre adj 自由な、暇な
liberté nf 自由、暇

□ La presse est ***libre*** d'écrire ce qu'elle veut, c'est un droit fondamental.
□ La liberté de la presse est un droit fondamental.

報道の自由は基本的権利だ。

□ Qu'est-ce que tu fais à la maison pendant ton temps ***libre*** ?
□ Qu'est-ce que tu fais à la maison pendant tes moments de liberté ?

暇なときは家で何をしてるの？

関連語 librement (adv)「自由に、気兼ねなく」。

113 uti「使用する」

utiliser v 使う、使用する
utilisation nf 使用、利用

□ La durée de vie de ce produit dépend de la façon dont vous l'***utilisez***.
□ La durée de vie de ce produit dépend de l'utilisation que vous en faites.

この製品の寿命は使い方によって異なります。

関連語 utilisable (adj)「利用できる、使える」（↔ inutilisable）。

114 古典ラテン語 attingere「触れる、達する」から

atteindre v （目的地に）到着する、（目標などに）達する
atteinte nf （目標などへの）到達、達成

□ Il ne peut pas ***atteindre*** cet objectif.
□ Cet objectif est hors de son atteinte.

この目標は彼に達成できるものではない。

115 ラテン語 temptare「手で触れる、試す」から

tenter v 試みる、気をそそる
tentant, e adj 気をそそる、魅力的な
tentative nf 試み
tentation nf （欲望などの）誘惑

☐ Il est imprudent de ***tenter*** de sauter ce fossé.
☐ La tentative de sauter ce fossé est imprudente.

この溝を飛び越えようとするのは無茶です。

☐ Il y a beaucoup de choses qui nous ***tentent*** dans cette boutique en ligne.
☐ Il y a beaucoup de choses très ***tentantes*** dans cette boutique en ligne.
☐ Il y a beaucoup de tentations dans cette boutique en ligne.

あのオンラインショップには人の気を引く品がたくさん並んでいる。

116 dif「分離」+ fér「運ぶ」→「別に運ぶ」→「異なる」

différer v （de と）違う、異なる
différent, e adj 違った、異なった
différence nf 違い、相違（点）

☐ Les frères jumeaux ***diffèrent*** beaucoup par leur caractère.
☐ Les frères jumeaux sont très ***différents*** de caractère.
☐ Il y a une grande différence de caractère entre les frères jumeaux.

その双子の兄弟は性格が大きく違います。

関連語 différemment (adv)「別のやり方で、別に」、différencier (v)「区別する」（☞ C-128）。

117 im「中に」+ port「運ぶ」

importer v 輸入する
importation nf 輸入 ↔ exportation (nf)

☐ Le Japon a besoin d'***importer*** une grande partie de ses produits alimentaires.
☐ Au Japon, l'importation d'une grande partie des produits alimentaires est nécessaire.

日本は食物の多くを輸入する必要がある。

関連語 importateur, importatrice (adj)「輸入の、輸入する」という語を用いて Le Japon est un pays importateur de produits alimentaires. といった言い換えもできる。

118 re「元に」+ lat「運ぶ」→「情報を言葉で持ち帰る」→「話して関係を築く」

relatif, relative adj （à に）関係する
relation nf （物事の）関係

☐ Ce phénomène est ***relatif*** à la tension superficielle.
☐ Ce phénomène est en relation avec la tension superficielle.

この現象は表面張力と関係がある。

関連語 relativement (adv)「比較的、相対的に」。

119 re「強意（徹底的に）」+ cherche「探す」

rechercher v 探し求める、探求（調査）する

recherche nf 探し求めること、捜索、研究

☐ Nous ***recherchons*** un prisonnier échappé, l'avez-vous vu ?

☐ Nous sommes à la **recherche** d'un prisonnier échappé, l'avez-vous vu ?

逃亡した囚人を捜索しているのですが、彼を見ませんでしたか?

☐ Pour mon doctorat, j'***ai recherché*** l'influence du chinois sur le japonais.

☐ Pour mon doctorat, j'ai fait des **recherches** sur l'influence du chinois sur le japonais.

博士号取得のために私は中国語が日本語に与える影響を研究した。

120 迷いつつ dou「2つ」のうちから選ぶ →「疑う」

(se) douter v / v.pr 疑う、疑わしく思う、気づく、～ではないかと思う

doute nm 疑い

☐ Ils ***doutent*** du succès de nos projets.

☐ Ils ont des **doutes** sur le succès de nos projets.

彼らは私たちのプランの成功を疑っている。

* Ils doutent que nos projets réussissent. とすることもできる。

関連語 douteux, douteuse (adj)「疑わしい」を用いて Ils pensent que le succès de nos projets est douteux. といった言い方も類義にはなるが、その場合には形容詞 incertain, e を使うのがネイティヴ感覚。

121 ラテン語 dēbuter「初舞台を踏む」←「女性が社交界に初めて出る」(← but「目標」に向かう) から

débuter v 第一歩みを踏み出す、始まる

débutant, e adj 初心者の

début nm 初め、始まり、(多くは複数で) デビュー

☐ La vidéo ***débute*** par une bagarre.

☐ Au **début** de la vidéo, il y a une bagarre.

そのヴィデオは乱闘シーンで始まる。

☐ C'est une comédienne ***débutante***.

☐ C'est une comédienne qui fait ses **débuts**.

彼女は新人の舞台女優です。

* comédien, comédienne (n) は悲劇や喜劇の別なく「俳優、役者」の意味で広く用いられる。

関連語 débutant, e (n)「初心者」。

122 pro「前に」+ dui, duct「導く」→「生み出す」

produire v 生産する、引き起こす
producteur, productrice adj （deを）生産（産出）する
productif, productive adj 生産する、生産的な
producteur, productrice n 生産者 ↔ consommateur, consommatrice
production nf 生産、生産高、生産物
productivité nf 生産性、生産力
produit nm 生産物、産物

☐ Quel pays d'Asie ***produit*** le plus de pétrole ?
☐ Quel est le premier pays ***producteur*** de pétrole en Asie ?
☐ Quel pays d'Asie est le plus grand **producteur** de pétrole ?
☐ Quel pays d'Asie a la plus grande **production** de pétrole ?
☐ De quel pays d'Asie vient la plus grande quantité de **produits** pétroliers ?

アジアで一番の石油産出国はどこですか?

☐ Ce que ***produit*** l'agriculture dépend fortement du temps.
☐ La **production** agricole est fortement affectée par le temps.

農産物は天候の影響を強く受ける。

☐ Cette usine ne ***produit*** pas assez, il faudra peut-être la fermer.
☐ Cette usine n'est pas assez ***productive***, il faudra peut-être la fermer.
☐ La **productivité** de cette usine n'est pas suffisante, il faudra peut-être la fermer.

この工場の生産性は十分でなく、ことによると閉鎖かもしれない。

☐ Mon père a travaillé pendant de nombreuses années pour ***produire*** cette œuvre.
☐ Cette œuvre est le **produit** de nombreuses années de travail de mon père.

この作品は父の長年の仕事が産み出したものだ。

関連語 productible (adj)「生産できる」、productivisme (nm)「生産性至上主義」。

123 pré「前もって」+ pare「準備する」

(se) préparer v / v.pr 準備（用意）する、調理する、準備をする
préparation nf 準備、用意、調理
préparatifs nmpl （具体的な手順を踏んだ）準備、支度

☐ ***Préparer*** du poisson est un peu difficile.
☐ La **préparation** du poisson est un peu difficile.

魚の下ごしらえは少し難しい。

☐ Il est important de bien ***se préparer*** avant un marathon.
☐ Avant un marathon, la **préparation** est importante.

マラソンの前にちゃんと準備をすることが大切です。

☐ Elles ***préparent*** leur départ.

☐ Elles ***se préparent*** à partir.

☐ Elles font leurs préparatifs de départ.

彼女たちは出発の準備をしている。

* Elles font des préparatifs pour leur départ. と書くこともできる。

124 ラテン語 scrībere「線を引く、（文字を）刻む、書く」から

écrire v 書く、（字や手紙を）書く

écrit, e adj 書かれた

écriture nf （記号としての）文字、筆跡、文体

écrit nm 書類、文書、筆記試験

☐ Ce journaliste ***écrit*** dans un style très démodé.

☐ Ce journaliste a un style d'écriture très démodé.

この記者はとても古めかしい文体で書く。

☐ Ma fille a été reçue à l'épreuve ***écrite*** de son examen.

☐ Ma fille a été reçue à l'écrit de l'examen.

娘は筆記試験に合格した。

125 éco「家」+ nomie「管理」→「経済」

économiser v 節約する、倹約する

économique adj 経済の、安上がりの

économe adj 倹約（家）の ↔ dépensier, ère 、～をむだにしない

économie nf 経済（学）、節約

☐ Elle essaye d'***économiser*** l'énergie autant que possible.

☐ Elle essaye de faire autant d'économies d'énergie que possible.

彼女はできるだけ多くのエネルギーを節約しようとしている。

☐ Cette région a de grosses difficultés ***économiques***.

☐ L'économie de cette région est en crise.

この地域の経済は逼迫している。

☐ Mon boss n'***économise*** pas, il dépense tout son argent chaque mois.

☐ Mon boss n'est pas ***économe***, il dépense tout son argent chaque mois.

☐ Mon boss n'a pas d'économies, il dépense tout son argent chaque mois.

私の上司は倹約家ではありません、毎月すべての金を使います。

関連語 économiquement (adv)「経済的に、節約して、経済面で」。

A 1-668
B 1-269
C 1-255
索引

126 ef「外に」+ fort「力」を出す

(s') efforcer v.pr ～しようと努力する

effort nm 努力

□ ***Efforcez-vous*** de convaincre vos parents.

□ Faites un effort pour convaincre vos parents.

親を説得するよう努力なさい。

127 ラテン語 trahere、あるいはゲルマン語 têri から

tirer v （弾丸などを）発射する、～部印刷される

tir nm 射撃、発射

tirage nm 印刷、（発行）部数

□ Arrêtez de ***tirer*** !

□ Arrêtez les tirs !

撃ち方やめ!

□ La première édition de ce livre ***tire*** à 5 000 exemplaires.

□ Le tirage de la première édition de ce livre est de 5 000 exemplaires.

本書の初版発行部数は 5000 だ。

128 anc「前に」

ancien, ancienne adj 古い、古参の

ancienneté nf 古さ、勤続（在職）年数

□ M. Ando est très ***ancien*** dans le métier.

□ M. Ando a beaucoup d'ancienneté dans le métier.

安藤さんはこの仕事では古株です。

関連語 anciennement (adv)「昔は、以前は」。

129 英語 beautiful は beauty「美しさ」+ ful「いっぱい」

beau (bel), belle adj 美しい、きれいな ↔ laid, e、素晴らしい、（天気が）よい

beauté nf 美しさ、美 ↔ laideur (nf)、美人

□ C'est une très ***belle*** femme.

□ C'est une femme d'une grande beauté.

彼女はとても美しい人だ。

関連語 embellir (v)「（より）美しくする（見せる）、美しくなる（= rendre beau）」。

130 ラテン語 bonus「良い、優れた」から

bon, bonne **adj** 良い、寛大な、親切な、優しい
bonté **nf** 善良、優しさ ↔ cruauté (nf), méchanceté (nf)

☐ M. Bocuse est ***bon*** avec tout le monde.
☐ M. Bocuse est d'une grande **bonté**.

ボキューズ氏はとても思いやりがある。

131 ju「正しい」+ ge「言う」→「正しいことを言う」

juger **v** 裁判する、裁く、判断を下す、(de を) 判断する
jugement **nm** 裁判、判決、判断 (力)

☐ Le jury l'***a jugé*** coupable.
☐ Le jury a rendu son **jugement**, il est coupable.

陪審員は彼に有罪判決を下した。

☐ Josée est intelligente et ***juge*** bien les choses.
☐ Josée est intelligente et a du **jugement**.

ジョゼは聡明で判断力がある。

関連語 juge (n)「裁判官、審査員」。

132 sou「下に」+ haiter「命じる、誓う、約束する」

souhaiter **v** 願う
souhait **nm** 願い、望み

☐ Tu dois ***souhaiter*** quelque chose quand tu souffles tes bougies.
☐ Tu dois faire un **souhait** quand tu souffles tes bougies.

ろうそくを吹き消すときは願い事をしないと。

関連語 souhaitable (adj)「望ましい」。

133 「償い金、罰金、懲罰」→「痛み」を指すラテン語 poena から

peiner **v** (人を) 苦しめる、苦しめる
peine **nf** (精神的な) 苦悩、苦しみ

☐ Ses paroles sans cœur me ***peinent***.
☐ Ses paroles sans cœur me font de la **peine**.

彼 (彼女) の心ない言葉が私を苦しめる。

☐ Je ***peine*** pour monter cet escalier.
☐ J'ai de la **peine** à monter cet escalier.

この階段は上るのに苦労する。

134 péri「周囲」+ od「道」→「時間のまわり」→「期間」

périodique adj 周期的な、定期的な

période nf 期間、時期

☐ Nous avons des soldes ***périodiques*** quatre à cinq fois par an.

☐ Selon les **périodes**, nous avons des soldes quatre à cinq fois par an.

手前どもでは年に 4 ~ 5 回の定期販売を行なっております。

関連語 périodiquement (adv)「周期的に、定期的に」、périodicité (nf)「周期性、定期性」、périodisation (nf)「時代区分」。

135 en「の中に」+ gage「担保」→「担保して縛って働かせる」

(s') engager v / v.pr 雇う、契約する、約束する

engagement nm 約束、契約

☐ Émile ***s'est engagé*** à rembourser sa dette.

☐ Émile a pris l'**engagement** de rembourser sa dette.

エミールは借金を返済することを約束した。

語形成 **gage**「担保」 gager (v)「(担保によって) 保証する」。

136 réal「現実の」+ iser「にする」→「現実のものにする」

réaliser v 実現する

réalisable adj 実現可能な

réalisation nf 実現

☐ Je doute que ce projet puisse ***être réalisé***.

☐ Je ne pense pas que ce projet soit ***réalisable***.

☐ Je ne pense pas que la **réalisation** de ce projet soit possible.

この計画は実現できないと思います。

137 ラテン語 serius「重大な」から

sérieux, sérieuse adj まじめな、重大な

sérieux nm まじめさ、重大さ

☐ Une attitude trop ***sérieuse*** peut parfois être néfaste.

☐ Trop de **sérieux** peut parfois être néfaste.

あまりにもまじめなのはときとして害になりうる。

関連語 sérieusement (adv)「まじめに、真剣に、(病気などが) 重く」。

138 「遭難信号（メーデー）」Mayday は Venez m'aider.「助けに来て」に由来

aider v 助ける

aide nf 援助、助力

□ J'ai besoin que tu m'***aides***, je ne comprends rien à ces papiers.

□ J'ai besoin de ton aide, je ne comprends rien à ces papiers.

君の助けが要ります、この書類がまるで分からないのです。

＊語源説明に関連して May Day（5月1日の労働者の祭典）とは別物。

139 base「土台」（←ラテン語 basis「礎石」）

(se) baser v / v.pr 基礎（基盤）を置く、～を根拠とする

base nf 基礎、基盤

□ Nicolas Bourbaki a résolu des défis mathématiques en ***se basant*** sur sa propre théorie.

□ Nicolas Bourbaki a résolu des défis mathématiques sur la base de sa propre théorie.

ニコラ・ブルバキは独自の理論に基づいて数学の難題を解いた。

□ Il ***a basé*** sa démonstration sur cet argument décisif.

□ Il a pris pour base de sa démonstration cet argument décisif.

彼はこの決定的な論拠を論証の拠り所とした。

関連語 basique (adj)「基本的な、基礎的な」

140 古ラテン語 spēs「望み」から

espérer v 希望する、期待する、願う

espoir nm 希望、期待の的 ↔ désespoir (nm)

□ J'***espère*** vous revoir dans un mois.

□ J'ai l'espoir de vous revoir dans un mois.

1ヶ月後の再会を期待しています。

＊espérance (nf)「希望、期待感」という語も類義だが、通常は日常的な「希望」ではなく、日常を超越した、たとえば宗教的な背景を持った「希望」などを指す。L'espérance est plus profonde que l'espoir.（← l'espérance は l'espoir よりも深い）という印象だ。

141 gross「大きい」

grossir v 太る

gros, grosse adj 太い、太った

grosseur nf 大きさ、肥満

□ Il faut attendre que les fruits ***grossissent*** assez pour les ramasser.

□ Il faut attendre que les fruits soient assez ***gros*** pour les ramasser.

☐ Il faut attendre que les fruits atteignent une grosseur correcte pour les ramasser.

果物を収穫するには、かなり大きくなるまで待たなければならない。

142 ar「に」+ rêt, rest「引き留める」

(s') arrêter v / v.pr （乗り物や機械などを）止める、逮捕する、停車する
arrêt nm 停車
arrestation nm 逮捕、検挙

☐ Veuillez attendre que le bus ***soit*** complètement ***arrêté*** avant de vous lever.
☐ Veuillez attendre l'arrêt complet du bus avant de vous lever.

バスが完全に止まるまで席は立たないでお待ちください。

☐ Tous les journaux parlent du terroriste qui ***a été arrêté*** hier soir.
☐ Tous les journaux parlent de l'arrestation du terroriste hier soir.

全紙が昨夜逮捕されたテロリストを話題にしている。

☐ Un policier en civil ***a arrêté*** un pickpocket dans le train.
☐ Un policier en civil a procédé à l'arrestation d'un pickpocket dans le train.

私服刑事が電車内ですりを逮捕した。

143 re「元に」+ tour「戻ること」

retourner v （元いた場所に）戻る、再訪する
retour nm 帰ること、（元に）戻ること、再び来ること

☐ Raymonde a annoncé sur Facebook qu'elle ***retournera**** au Canada le mois prochain.
☐ Raymonde a annoncé sur Facebook son retour au Canada le mois prochain.

レイモンドは来月カナダに戻るとフェイスブックで知らせてきた。

* retournerait（時制照応をした場合）（☞ A-221）。

144 gard「見張る、見守る」

regarder v 見る
regard nm 視線、見ること

☐ Je sentais qu'elle me ***regardait***.
☐ Je sentais son regard sur moi.

私は彼女の視線を感じていた。

145 ré「うしろに」+ sult「跳ぶ」→「跳ね返ってくるもの」

résulter v 結果として起こる、生じる

résultat nm 結果、成果

□ Sa pauvreté ***résulte*** d'une vie désordonnée.

□ Sa pauvreté est le **résultat** d'une vie désordonnée.

彼（彼女）の困窮は自堕落な暮らしの結果だ。

□ Je voudrais savoir ce qui ***a résulté*** de cette collision planétaire.

□ Je voudrais savoir quel a été le **résultat** de cette collision planétaire.

私はこの惑星衝突から何が生じたかが知りたい。

語形成 **sau「跳ぶ」** saumon (nm)「鮭、サーモン」（「跳ねる魚」から）。

146 terr「大地、土地」

terrestre adj 地球の、陸の

terre nf 地球、陸

□ Cette petite île est un paradis ***terrestre***.

□ Cette petite île est un paradis sur **terre**.

この小さな島は地上の楽園です。

関連語 déterrer (v)「（地中から）掘り出す、発掘する」、enterrer (v)「（土中に）埋める、埋葬する」。

語形成 **terr「大地、土」** terrasse (nf)「（カフェや建物の）テラス」（←そもそもは「土」の層で平らになった土地のこと）、terrier (nm)「（犬種）テリア」（←うさぎの穴に入って狩をする猟犬）、la Méditerranée (nf)「地中海」（←2つの大地、大陸に挟まれた海）。

147 val「価値、力」

valoir v 値段である、価値がある

valeur nf 価値、価格

□ Combien ***vaut*** ce costume violet ?

□ Quelle est la **valeur** de ce costume violet ?

あの紫のスーツはいくらですか（どのぐらいの値打ちがありますか）？

＊例文の意味合いが少しずれている。動詞 valoir を用いれば「値段」を尋ねる言い回しだが、名詞 valeur だと「スーツの売り物」としての値段というよりも、たとえば、コレクターズ・アイテムとしての「スーツの価値」を打診する感覚になる点に注意。

語形成 **val「価値」** évaluation (nf)「評価」（←「価値」を見極める）、ambivalent, e (adj)「両義的な、両面性をもつ」（← ambi「両方」の「価値」を決めかねる）。

148 （con「完全に」）+ fi「信じる」

(se) fier v.pr （à を）信用する
confiance nf 信用、信頼

□ Je ***me fie*** à mon fiancé.
□ Je fais **confiance** à mon fiancé.

私は婚約者のことを信頼しています。

* J'ai confiance en mon fiancé. ともいえる。

149 pré「前に」+ voir, vis「見る」

prévoir v 予想する、予測する
prévisible adj 予測（予想）できる
prévision nf 予想、予測

□ Les changements brusques de temps sont difficiles à ***prévoir***.
□ Les changements brusques de temps sont difficilement ***prévisibles***.
□ Les **prévisions** des changements brusques de temps sont difficiles.

こうした天気の急変は予測が難しい。

* Il est difficile de prévoir les changements brusques de temps. とも表現できる。

関連語 prévisionniste (n)「気象予報士、経済予測の専門家」、prévoyant, e (adj)「用意周到な、先見の明のある」、prévoyance (nf)「（将来に向けての）心がけ、先見の明」。

150 そもそもは「置く」を意味する語から派生したイタリア語 posta（「駅」→「中継局」→「郵便局」）

poster v 投函する、郵便で出す
poste nf 郵便、郵便局

□ ***Poste*** cette lettre, s'il te plaît.
□ Mets cette lettre à la **poste**, s'il te plaît.

この手紙を投函してね。

関連語「郵便の」は postal, e (adj)、「郵便局員」は postier, postière (n) という。

151 type「タイプ、典型」

typique adj 典型的な
type nm 典型

□ M. Tassin est un intellectuel ***typique***.
□ M. Tassin est un intellectuel **type**.

タサン氏は典型的なインテリだ。

☐ C'est une réaction ***typique*** des Japonais.

☐ C'est une réaction **type** des Japonais.

これは日本人の典型的なリアクションだ。

＊この例は type を "[名詞] + type" として形容詞的に用いたもの。なお、副詞を用いて、Cette réaction est typiquement japonaise. としても同義になる。

152 matin「朝」（→昼公演のコンサートや劇は「マチネ」として日本語に入った）

matinal, e adj 早起きの、早朝の、朝の

matin nm 朝

☐ Mon père regarde toujours les informations ***matinales***.

☐ Mon père regarde toujours les informations du **matin**.

父はいつも朝のニュースを見ています。

☐ La douche ***matinale*** est rafraîchissante.

☐ La douche du **matin** est rafraîchissante.

朝のシャワーは爽快です。

関連語 matinée (nf)「午前中」。

153 ラテン語 gravis「重い」から

grave adj 重大な、深刻な

gravité nf 重大さ、重要性

☐ Vous ne comprenez pas combien ce problème est ***grave***.

☐ Vous ne comprenez pas la **gravité** de ce problème.

あなたはこの問題の重大さを理解しておいでではない。

関連語 gravement (adv)「重く、重々しく」、aggraver (v)「（状況や病状を）悪化させる、深刻化する」。

154 re「変更」+ place「（場所に）置く」→「取って代わる」

remplacer v 取り替える、取ってかわる

remplacement nm 取り替え、交換

remplaçant, e n （一時的な穴埋めをする）代理の人

☐ Quand il part en vacances, c'est moi qui le ***remplace***.

☐ Quand il part en vacances, c'est moi qui assure son **remplacement**.

彼が休暇中に代行を務めるのは私です。

☐ Elle ***remplace*** la secrétaire pendant quelque mois.

☐ C'est la **remplaçante** de la secrétaire pendant quelque mois.

彼女は数ヶ月秘書の代理を務めます。

155 avant「(時間的に) 以前に」

(s') avancer v / v.pr 前進する、(時間が) 進む、進展する、前に出す、はかどる
avance nf 前進、(時間などの) 先行
avancement nm 昇進、進展

□ Alban a profité des vacances pour ***s'avancer*** dans ses devoirs.
□ Alban a profité des vacances pour prendre de l'avance dans ses devoirs.

アルバンはヴァカンスを利用して先に宿題を済ませた。

□ Mon frère ***a avancé*** en grade le mois dernier.
□ Mon frère a pris de l'avancement le mois dernier.

兄（弟）が先月昇進した。

156 né「否定」+ cess「譲る」→「譲れない」→「必要な」

nécessaire adj 必要な
nécessité nf 必要

□ Si c'est ***nécessaire***, j'appellerai le client pour m'excuser.
□ Si c'est une nécessité, j'appellerai le client pour m'excuser.

もしその必要があるなら、私が顧客におわびの電話を入れます。

関連語 nécessairement (adv)「どうしても、必ず」、nécessiter (v)「(物事が) ～を必要とする、要する」。

157 act「行動」+ if, ive「傾向（性質）をもった、関係した」

actif, active adj 活動的な、積極的な、活気のある
activité nf 活動、活気 ↔ inactivité (nf)

□ Le Piton de la Fournaise est un volcan ***actif***.
□ Le Piton de la Fournaise est un volcan en activité.

(レユニオン島にある) ピトン・ドゥ・ラ・フルネーズは活火山だ。

*「死火山」は un volcan éteint という。

関連語 activement (adv)「活発に、敏速に」。

語形成 **act「行為・行動」** acteur, actrice (n)「俳優、役者」(← act + -eur「人」)、interaction (nf)「相互作用」(← inter「相互に」+ act)、réaction (nf)「反応、反動」(← ré「再び」+ act)(☞ A-365)。

158 marque「印」(英語 mark)

marquer v 印をつける、痕跡を残す
marqué, e adj 表示された、印のついた
marque nf (識別の) 印、痕跡、斑点

☐ Elle ***a marqué*** le passage important dans le livre.

☐ Elle a fait une **marque** sur le passage important dans le livre.

彼女は本の重要な箇所に印をつけた。

☐ Ce plancher est très ***marqué***, je pense le changer.

☐ Il y a beaucoup de **marques** sur ce plancher, je pense le changer.

この床には斑点がいっぱいあるので、変えようと思っている。

159 re「強意」+ poser「休止する」

(se) reposer v / v.pr ～を休める、疲れを癒す、休む、休息をとる

repos nm 休み、休息、（心の）安らぎ

☐ J'ai travaillé trop dur ces derniers temps et je veux ***me reposer*** un peu.

☐ J'ai travaillé trop dur ces derniers temps et je veux un peu de **repos**.

近頃、働きすぎなので、少し休みが欲しい。

関連語 reposant, e (adj)「（休暇などが）休養になる、心が安らぐ」。

160 é「外に」+ lev「上げる、育てる」

élever v 持ち上げる、建てる、育てる

élévation nf 持ち上げること、建設

élevage nm 飼育、養殖

☐ Est-il possible d'***élever*** le niveau de vie dans ce quartier déshérité ?

☐ L'**élévation** du niveau de vie est-elle possible dans ce quartier déshérité ?

この貧民街の生活水準を上げることは可能だろうか?

☐ Il est prévu d'***élever*** un monument sur cette colline.

☐ L'**élévation** d'un monument est prévue sur cette colline.

あの丘の上に記念碑を建てる予定がある。

☐ On dit qu'il est difficile d'***élever*** des abeilles actuellement.

☐ On dit que l'**élevage** des abeilles est difficile de nos jours.

現代では、養蜂は難しいと言われている。

*「養蜂」は apiculture (nf) とも呼ばれる。

161 cesse「進む、行く」をしない

cesser v 中止する、やめる

cesse nf 中止、休止

☐ Il ne ***cesse*** (pas) de pleuvoir depuis une semaine.

A 1-668
B 1-269
C 1-255
索引

☐ Il pleut sans cesse depuis une semaine.

1週間雨が降り続いている。

＊ La pluie ne cesse (pas) de tomber depuis une semaine. とも表現できる。なお、cesse は無冠詞で否定表現で使う、sans cesse で「たえず、休みなく」の意味。cesser は arrêter（☞ A-142）より改まった単語。

関連語 cessation (nf)「停止、中止」。

162　pour「徹底的に」+ suivre「うしろについていく」

(se) poursuivre v / v.pr 追跡する、続ける、続く
poursuite nf 追跡、続行

☐ Nous ***poursuivons*** un fugitif depuis six mois.
☐ Nous sommes à la poursuite d'un fugitif depuis six mois.

われわれは半年間逃亡者を追っている。

関連語 poursuivant, e (n)「追跡者、追っ手」。

163　main「手で」+ tenir「保持する」

maintenir v 維持する
maintien nm 維持、保持

☐ À cause de la flambée des coûts des matières premières, il est difficile de ***maintenir*** les prix.
☐ À cause de la flambée des coûts des matières premières, le maintien des prix est difficile.

原材料費が高騰するせいで、価格を据え置くことは難しい。

164　古フランス語 estudie「熱意（←身を入れる）」から

étudier v 勉強する、研究する
étude nf 勉強、学業、研究

☐ J'***étudie*** l'économie mathématique à l'université.
☐ Je fais des études d'économie mathématique à l'université.

大学で数理経済学を研究しています。

☐ Elle ***a étudié*** la médecine au Canada.
☐ Elle a fait ses [des] études de médecine au Canada.

彼女はカナダで医学を学んだ。

165 ex「外に」+ press「押し出す」

exprimer v 表現する、言い表す
expressif, expressive adj 表現力に富んだ、生き生きした ↔ inexpressif, inexpressive
expression nf 表現、言い回し、表情

□ Son visage n'***a exprimé*** aucune émotion pendant la réunion.
□ Son visage n'était pas du tout ***expressif*** pendant la réunion.
□ Son visage est resté sans expression pendant la réunion.

会議中、彼（彼女）はまったく無表情のままだった。

関連語 inexprimable (adj)「（考えなどを）表現しようがない、言語に絶する」。

166 form「形、形作る」

(se) former v / v.pr 組織する、（人を）育成する、技術を身につける
formation nf 形成、育成、知識、技能

□ Mon père s'est beaucoup investi pour ***former*** l'équipe de football locale.
□ Mon père s'est beaucoup investi dans la formation de l'équipe de football locale.

父は地元のサッカーチームの育成に力を尽くした。

□ Ma nièce ***a été formée*** chez un bijoutier renommé.
□ Ma nièce a reçu une formation chez un bijoutier renommé.

姪は有名な宝石商（宝石細工人の店）で技術を習得した。

167 at「に」+（気持ちを）tent「向ける」

attentif, attentive adj 注意深い ↔ inattentif, inattentive
attention nf 注意

□ Mon fils n'est pas ***attentif*** à ce que disent ses professeurs, c'est un problème.
□ Mon fils ne fait pas attention à ce que disent ses professeurs, c'est un problème.

息子は教師の言うことに注意を向けない、そこが問題だ。

168 con「一緒に」+ duire「導く」

(se) conduire v / v.pr （乗り物を）運転する、車を運転する、（人を）導く、行動する
conduite nf 運転、案内、行動
conducteur, conductrice n 運転手

□ Chloé ***conduit*** dangereusement.
□ Chloé a une conduite dangereuse.

クロエは危険な運転をする。

☐ Quand elle boit, Célia ***se conduit*** mal.

☐ Quand elle boit, Célia a une mauvaise conduite.

酒が入ると、セリアは素行が悪い。

☐ Cet accident a été causé par l'assoupissement de la personne qui ***conduisait***.

☐ Cet accident a été causé par l'assoupissement du conducteur.

この事故はドライヴァーの居眠りが原因だ。

169

centr「中心」

central, e **adj** 中心の、中央に位置する、主要な

centriste **adj** 中道派の

centre **nm** 中心、中心地、（政党の）中道派

☐ La gare occupe une place ***centrale*** dans le quartier.

☐ La gare est en plein centre du quartier.

駅は地区の中心的な場所にあります。

☐ Les députés ***centristes*** sont contre le projet de loi.

☐ Les députés du centre sont contre le projet de loi.

中道派の議員たちは法案に反対している .

関連語 centre-ville (nm)「中心街」という単語もある。

170

dis「ない」+ apparaître「現れる」→「消える」

disparaître **v** 見えなくなる、（物が）なくなる、（人が）いなくなる

disparu, e **adj** 見えなくなった、行方不明の

disparition **nf** 見えなくなること、消滅

disparu, e **n** 行方不明者、死者

☐ Quand avez-vous décidé que ce comité ***disparaîtrait*** ?

☐ Quand avez-vous décidé la disparition de ce comité ?

この委員会がなくなることはいつ決まったのですか?

☐ La police recherche la personne qui ***a disparu*** depuis hier.

☐ La police recherche la personne ***disparue*** depuis hier.

☐ La police recherche le disparu [la disparue] depuis hier.

警察は昨日から行方不明者を探している。

171 priv「個人の、占有の」

(se) priver v / v.pr 奪う、(人を) 困窮させる、切り詰めた生活をする
privations nfpl 欠乏、貧窮、耐久生活

□ Cette mère célibataire ***s'est privée*** pour élever son enfant.
□ Cette mère célibataire a vécu dans les **privations** pour élever son enfant.

あのシングルマザーは子育てのために切り詰めた暮らしをした。

172 ob「の方に」+ lig「縛る」

obliger v 義務を負わせる、強いる
obligé, e adj 〜せざるを得ない、やむを得ない
obligation nf 義務

□ Rien ne vous ***oblige*** à acheter ce manuel de physique.
□ Vous n'êtes pas ***obligé(e)s*** d'acheter ce manuel de physique.
□ Vous n'êtes pas dans l'**obligation** d'acheter ce manuel de physique.

この物理の教科書をわざわざ購入する必要はありません。

* être dans l'obligation de + inf. で「〜せざるを得ない立場にある」の意味。
関連語 obligatoire (adj)「義務の、当然の」。

173 crain「震える」の意味合い

craindre v 恐る、心配する
crainte nf 恐れ、不安、心配

□ ***Craignant*** de rater le bus, Chantal s'est hâtée vers l'arrêt.
□ Dans la **crainte** de rater le bus, Chantal s'est hâtée vers l'arrêt.

シャンタルはバスに乗り遅れるのではないかと心配でバス停へ急いだ。

* crainte は「恐れ peur (nf) (☞ A-289)」にもつながる「心配」をいう。「不安な思い」なら inquiétude (nf) (☞ A-514)、「気がかり、用心」という程度なら précaution (nf)、そして、広く一般に「心配」の意味なら souci (nm) (☞ A-556) が使われる。

174 dé「完全に」+ clar「明るい」

déclarer v 表明する、申告する
déclaration nf 表明、届出、申告

□ Je dois ***déclarer*** mes revenus avant la fin du mois.
□ Je dois faire ma **déclaration** de revenus avant la fin du mois.

月末までに、所得を申告しなくてはならない。

175 俗ラテン語 oblitāre から

oublier v 忘れる
oubli nm 忘れること、忘却

□ En vieillissant, on ***oublie*** de plus en plus les choses.
□ L'**oubli** croît avec l'âge.

人は年とともに物忘れがひどくなる。

関連語 inoubliable (adj)「忘れられない、心に残る」。

176 ré「戻す」+ spond「約束する」+ able「できる」→「責任をもって返答できる」

responsable adj 責任のある ↔ irresponsable
responsabilité nf （仕事や過失などに関する）責任

□ Qui est-ce qui est ***responsable*** de l'échec aux élections ?
□ Qui est-ce qui a la **responsabilité** de l'échec aux élections ?

選挙での敗北の責任は誰にあるのですか?

関連語 responsable (n)「（業務や組織などの）責任者」。

177 route「道」

routier, routière adj 道路の
route nf 道路

□ Les caméras de la police surveillent le trafic ***routier*** 24 heures sur 24.
□ Les caméras de la police surveillent le trafic sur les **routes** 24 heures sur 24.

警察のカメラが 24 時間道路交通を監視している。

* routier (nm) は「長距離トラック運転手」の意味でも使われる。

178 lance「発射」の意味

lancer v 投げる、（ロケットを）打ち上げる、（商品などの）売り出す
lancement nm 投げること、（ロケットを）打ち上げる、（商品などの）売り出し

□ La fusée a explosé juste après ***avoir été lancée***.
□ La fusée a explosé juste après son **lancement**.

ロケットは打ち上げ直後に爆発した。

□ Il n'est pas facile de ***lancer*** un nouveau produit.
□ Le **lancement** d'un nouveau produit n'est pas facile.

新製品を世に出すのは簡単ではありません。

179 limit「境界」

limiter **v** 制限する、境界をつける
limité, e **adj** 限られた、制限された
limite **nf** 限界、限度、境界
limitation **nf** 制限、規制

□ Ma patience est ***limitée***.
□ Ma patience a des limites.

私の我慢にも限度があります。

□ Pour ne plus ***limiter*** vos téléchargements, souscrivez au plan premium !
□ Marre des téléchargements ***limités*** ? Souscrivez au plan premium !
□ Pour supprimer la limite de téléchargements, souscrivez au plan premium !
□ Pour télécharger sans limitation, souscrivez au plan premium !

無制限にダウンロードするにはプレミアムプランにご登録ください!

＊名詞 limite は「超えることが許されない限度」(例:limite d'âge「年齢制限」)を意味し、limitation は「制限する過程や行為」(例:limitation des naissances「産児制限」)を言う。

180 ob「前に」+ ject「投げ出されたもの」

objectif, objective **adj** 客観的な ↔ subjectif, subjective
objectivité **nf** 客観性

□ Je doute qu'il ait un jugement ***objectif***.
□ Je doute de l'objectivité de son jugement.

私は彼の判断の客観性を疑っている。

181 「目に入れる」を意味する古典ラテン語 pārēre から

paraître **v** 現れる、(書籍が)出版される
parution **nf** (書物の)発行、刊行

□ Quand ce dictionnaire ***est***-il ***paru*** ?
□ Quelle est la date de parution de ce dictionnaire ?

この辞書の発売日はいつでしたか?

＊「(本が)出版される」の意味では助動詞 être を用いて「行為の結果」を表す。

182 an「の方へ」+ nounce「知らせる」

annoncer **v** 知らせる
annonce **nf** 知らせ、発表

☐ Quand on ***a annoncé*** la visite du joueur de shogi, tout le monde était ravi.
☐ L'annonce de la visite du joueur de shogi a ravi tout le monde.

棋士が来訪するという知らせを聞いて皆が歓喜した。

183 volont「意志」

volontaire adj 自分の意志による、強い意志を示す
volonté nf 意志、意向

☐ M.Villon est une personne ***volontaire***.
☐ M.Villon a beaucoup de volonté.

ヴィヨン氏は意志の強い人だ。

関連語 volontaire (n)「ヴォランティア、奉仕者」。

184 後期ラテン語 inviāre「歩き回る」（← in「中に」+ via「道」）から

envoyer v 送る、発送する、（人を）行かせる
envoi nm 発送、送付、派遣

☐ J'ai renoncé à ***envoyer*** ce gros paquet aux États-Unis à cause du prix.
☐ J'ai renoncé à l'envoi de ce gros paquet aux États-Unis à cause du prix.

代金のせいでこの大きな荷物をアメリカに送るのをあきらめた。

☐ Le gouvernement a décidé d'***envoyer*** les forces d'autodéfense dans la région sinistrée pour transporter des marchandises.
☐ L'envoi des forces d'autodéfense dans la région sinistrée pour transporter des marchandises a été décidé par le gouvernement.

政府は物資輸送のために被災地への自衛隊派遣を決めた。

185 part「部分、分かれる」

(se) partager v / v.pr 分ける、分割する、共有する、分かれる、分担する
partage nm 分割、分配、分担

☐ ***Partager*** est essentiel pour les chrétiens.
☐ Le partage est essentiel pour les chrétiens.

分かち合い（恵みや重荷を分け合い共有すること）はクリスチャンにとって不可欠だ。

☐ Pour travailler efficacement, pensez à ***vous partager*** les tâches.
☐ Pour travailler efficacement, pensez au partage des tâches.

効率的に働くために仕事の分担を考えてください。

186 stable「堅固にする」

établir v 設置する、確立する、立証する
établissement nm 施設、確立、立証

□ Notre patron réfléchit à ***établir*** une succursale à Marseille.
□ Notre patron réfléchit à l'établissement d'une succursale à Marseille.

オーナーはマルセイユに支店を設立することを検討している。

□ Il n'était pas facile d'***établir*** l'alibi de l'accusé.
□ L'établissement de l'alibi de l'accusé n'était pas facile.

被告人のアリバイを立証するのは容易ではなかった。

187 古フランス語 guarder「注意している」→「守る」

garder v （人や動物を）守る、世話をする、監視する、見張る
garde nf 保管、管理、監督、見張り

□ Le concierge ***garde*** mon chat pendant mon absence.
□ Le concierge a la garde de mon chat pendant mon absence.

管理人は私が留守中に猫の世話をしてくれる。

関連語 gardien, gardienne (n)「警備員、ガードマン」。

188 inter「間で」+ dire「言う」→「公の命令や法的な規制で差し止める」

interdire v （人が）禁止する
interdiction nf 禁止

□ Le gouvernement pourrait décider d'***interdire*** la cigarette électronique.
□ Le gouvernement pourrait décider l'interdiction de la cigarette électronique.

政府が電子たばこの禁止を決定するかもしれない。

189 place「（平らな）場所」

placer v （場所を決めてしかるべき場所に）置く、配置する、（金を）投資する
place nf （所定の）場所、（空いている）スペース
placement nm 投資、運用

□ ***Placez***-vous dans la file.
□ Prenez votre place dans la file.

列に並んでください。

□ Grâce à tes conseils, j'ai pu bien ***placer*** mon argent.
□ Grâce à tes conseils, j'ai pu faire un bon placement.

君のアドヴァイスのおかげで、私はうまい投資をすることができました。

関連語 (se) déplacer (v/v.pr)「移動する、移動させる」（☞ A-269）、replacer (v)「（元の場所に）再び置く、戻す」。

190　ラテン語 sentīre「感じる、知覚する」から

sentir v 感じる、（感情を）抱く
sentiment nm 感情、愛情、意識

□ En discutant avec lui, j'*ai senti* qu'il me mentait.
□ En discutant avec lui, j'ai eu le sentiment qu'il me mentait.

彼と話し合っているうちに、彼は嘘をついていると感じた。

関連語 sentimental, e (adj)「感情の、愛情の」（☞ C-168）。

191　pay「平和にする」→「債権者の心を穏やかにする」→「支払う」

payer v 支払う
paye, paie nf 支払い、給与
payement, paiement nm 支払い、返済

□ Mon salaire du mois dernier n'*a* pas encore *été payé*.
□ Je n'ai pas encore reçu ma paye du mois dernier.

先月の給与をまだもらっていない（支払われていない）。

□ Vous pouvez *payer* sans contact dans de plus en plus d'endroits.
□ Le paiement sans contact est possible dans de plus en plus d'endroits.

非接触型決済（タッチ決済）はますます多くの場所で可能になっている。

＊通常 payement, paiementどちらも用いられるが「非接触型決済（タッチ決済）」では後者が使われる。

□ La somme à *payer* est de 10 000 yens par mois.
□ Le payement est de 10 000 yens par mois.

返済額は月1万円です。

192　spir「息」→「命の気」→「精神」

spirituel, spirituelle adj 精神的な ↔ charnel, charnelle、才気煥発な、機知のある
esprit nm 精神、才気、エスプリ

□ Elle est *spirituelle*.
□ Elle est pleine d'esprit.

彼女には才気がある。

関連語 spirituellement (adv)「才気にあふれて、精神的に」。

193 di「完全に」+ rect「正しく導く」

diriger v 指揮する、経営（運営）する
dirigeant, e n リーダー、経営者
direction nf 指導、管理、経営陣、方向、方針

□ Les compétences de ceux qui ***dirigent*** notre organisation sont remises en question.
□ Les compétences des **dirigeants** de notre organisation sont remises en question.
□ Les compétences de la **direction** de notre organisation sont remises en question.

われわれの組織を指揮する人（リーダー）たちの手腕が問われている。

194 not「印、知る」→「注意をうながす印」

noter v 書き留める、メモする、採点する
note nf メモ、（学業の）評点、成績
notation nf 採点、成績

□ Nicole ***a noté*** la liste des courses et l'a mise sur le frigo.
□ Nicole a laissé une **note** sur le frigo avec la liste des courses.

ニコルは買い物リストをメモして、冷蔵庫に貼った。

□ Le professeur de français ***note*** de façon très sévère.
□ Les **notes** du professeur de français sont très sévères.
□ La **notation** du professeur de français est très sévère.

そのフランス語教員の成績評価はとても厳しい。

語形成 **not**「知る」 notion (nf)「観念、考え」（←「知られている」もの）、notable (adj)「注目に値する、著名な」（←「知る」+ able「に適した」）。

195 nat「生まれ」→「自然」

naturel, naturelle adj 自然の、生まれつきの
nature nf 自然、性質

□ Mon fils aîné s'intéresse aux sciences ***naturelles***.
□ Mon fils aîné s'intéresse aux sciences de la **nature**.

うちの長男は自然科学に関心がある。

□ Dimitra Milan a des dispositions ***naturelles*** pour la peinture.
□ Dimitra Milan a un vrai talent pour la peinture par **nature**.

ディミトラ・ミランは生まれつき絵の才能がある。

関連語 naturellement (adv)「自然に、生まれつき」。

196 charge「荷車」→「馬車に荷物を積む」

charger v （荷物を）積む、載せる ↔ décharger 、充電する
charge nf 重荷、積荷、充電
chargement nm （荷物の）積載

□ L'ascenseur ne bouge pas s'il ***est*** trop ***chargé***.
□ L'ascenseur ne bouge pas si la **charge** dépasse la limite.

積荷が限界を超えるとエレヴェーターは動かない。

□ Ne pressez aucun bouton pendant que le téléphone ***charge***.
□ Ne pressez aucun bouton pendant que le téléphone est en **charge**.

電話機の充電中はどのボタンも押さないでください。

* Ne pressez sur aucun bouton pendant la charge du téléphone. とすることもできる。

□ Ce camion ***est*** trop lourdement ***chargé***.
□ Le **chargement** de ce camion est trop lourd.

あのトラックは荷物を積みすぎだ。

* Ce camion est surchargé.「積載オーヴァーだ」とも言い換えられる。

197 en「中に」+ traîner「引く」(「訓練」の語義は英語 to train から)

(s') entraîner v / v.pr 引っ張る、連れて行く、(スポーツ) 訓練する
entraînement nm 訓練、トレーニング、引きずること

□ J'ai fait un stage intensif de boxe, on ***s'est entraîné(e)s*** 6 heures par jour pendant deux semaines.
□ J'ai fait un stage intensif de boxe, on a fait 6 heures d'**entraînement** par jour pendant deux semaines.

ボクシングの集中実習を受け、1 日 6 時間 2 週間のトレーニングをした。

関連語 entraîneur, entraîneuse (n)「コーチ、トレーナー」（女性形は「(バーなどの）ホステス」の意味にもなる）。

198 re「再び」+ tenir「持つ、保つ」

(se) retenir v / v.pr 引き止める、制止する、控除する、こらえる
retenue nf 自制、天引き

□ Roxanne ne sait pas ***se retenir***.
□ Roxanne manque de **retenue**.

ロクサーヌはこらえ性がない。

* ただし、代名動詞の例は文脈次第で「おしっこが我慢できない」という意味にもなる。

☐ Le juge a demandé que son salaire ***soit retenu*** pour payer ses impôts.

☐ Le juge a demandé la retenue de son salaire pour payer ses impôts.

裁判官は税金を支払うために彼（彼女）の給料からの天引きを求めた。

199 corp「体」

corporel, corporelle adj 体（からだ）の

corps nm 体、身体

☐ Le langage ***corporel*** représente une partie importante de la communication.

☐ Le langage du corps représente une partie importante de la communication.

ボディー・ランゲージはコミュニケーションの重要な一部分です。

語形成 **corp**「体」 incorporer (v)「合体させる」(← in「中に」+「体」→「一体にする」)、incorporel, incorporelle「肉体を備えていない、無形の」(← in「ない」+「体」)。

200 ラテン語 pater「父」から

paternel, paternelle adj 父の、父方の ↔ maternel, maternelle

père nm 父

☐ Patrice a décidé d'ignorer les recommandations ***paternelles***.

☐ Patrice a décidé d'ignorer les recommandations de son père.

パトリスは父親の勧めを無視することにした。

☐ J'ai passé l'été chez ma grand-mère ***paternelle***.

☐ J'ai passé l'été chez ma grand-mère du côté de mon père.

私は父方の祖母と夏を過ごした。

201 dou「2」+ ble「重ねた」

doubler v 2倍（2重）にする（なる）、（車などを）追い越す、（服などに）裏をつける

double nm 2倍

doublure nf 裏地、裏打

☐ Le nombre d'utilisateurs de services de streaming vidéo ***a doublé*** en six mois.

☐ Le nombre d'utilisateurs de services de streaming vidéo est le double de ce qu'il était il y a six mois.

動画配信サーヴィスの利用者数が半年で2倍になった。

＊Le nombre d'utilisateurs de services de streaming vidéo a augmenté du double en six mois. も同義になる。

☐ La veste de Mme Deslot ***est doublée*** de soie rose.

□ La veste de Mme Deslot a une doublure en soie rose.

デロ夫人のジャケットにはピンクの絹の裏地がついている。

関連語 double (adj)「2倍の」。

202 con「一緒に」+ seil「座ること」→「(座って) 説き勧める」

conseiller v (人に) 勧める、助言を与える ↔ déconseiller

conseil nm 忠告、カウンセラー

□ Je lui ***ai conseillé*** de ne pas manger ce champignon, mais il ne m'a pas écouté.

□ Il n'a pas écouté mon conseil de ne pas manger ce champignon.

そのキノコを食べないよう忠告したが、彼は私の言うことを聞かなかった。

203 sou「下で」+ tenir「持つ、保つ」

soutenir v 支える、支持する

soutien nm 支持

□ Sidonie m'***a soutenu(e)*** pendant mon cancer.

□ Sidonie m'a apporté son soutien pendant mon cancer.

シドニは私が癌の間ずっと支えてくれました。

関連語 insoutenable (adj)「支持できない、耐えられない」。

204 pac「平和にする」

pacifique adj 平和を好む

paisible adj 穏やかな、平和な

paix nf 平和、平穏

□ Contrairement à celui de son prédécesseur, le règne de cet empereur a été ***pacifique***.

□ Contrairement à son prédécesseur, cet empereur a régné en paix.

前任とは異なり、この皇帝の治世は平和だった。

□ Je voudrais mener une vie ***paisible*** après la retraite.

□ Je voudrais vivre en paix après la retraite.

引退後は平穏な暮らしをしたい。

関連語 pacifier (v)「平和をもたらす」、pacifiste (adj/n)「平和主義の／平和主義者」。

語形成 **pac「平和にする」** Pacifique (nm)「太平洋」(= l'océan Pacifique)(←「平穏な海」から。ちなみに「太」は「泰平」の謂)。

205　イタリア語 mancare「不足する、失う」から

manquer v ～を欠く、不足している、足りない、欠けている
manque nm 不足、欠如

- ☐ La production de cette usine est faible parce qu'elle ***manque*** de main-d'œuvre.
- ☐ La production de cette usine est faible à cause du manque de main-d'œuvre.

この工場は人員不足のため生産量が少ない。

- ☐ Tu as quelque chose à grignoter ? Je ***manque*** de sucre.
- ☐ Tu as quelque chose à grignoter ? Je suis en manque de sucre.

何かちょっと食べるものはある? 糖分が足らなくて。

206　act「行動する」→「実際に行う」

actuel, actuelle adj 現代の、現在の、今日的な ↔ ancien, ancienne
actualité nf 現代性、現実性、ニュース性

- ☐ Ce mode de vie n'est plus ***actuel***.
- ☐ Ce mode de vie n'est plus d'actualité.

そうした生き方はもう時代に合いません。

関連語 actuellement (adv)「現在、目下」(= en ce moment)。

207　po「反対に」+ pose「置く」

(s') opposer v / v.pr 対立させる、反対する
opposé, e adj 反対（側）の
opposant, e n （à に対する）反対者
opposition nf 対立、反対

- ☐ Ceux qui ***s'opposent*** au gouvernement actuel sont nombreux.
- ☐ Les opposants au gouvernement actuel sont nombreux.

現政権に反対の人たちは大勢いる。

- ☐ Tout le monde se déclare ***opposé*** aux essais nucléaires.
- ☐ Tout le monde exprime son opposition aux essais nucléaires.

皆が核実験に反対の意を表明している。

208　sign「印」をつける→「印が何かを意味する」

signifier v （物が）～を意味する、明示する
signification nf 意味、語義

- ☐ Que ***signifie*** ce <ICP> ?

☐ Quelle est la signification de ce <ICP> ?

この＜ICP＞とはどういう意味ですか?

関連語 significatif, significative (adj)「明白な、(de を) はっきり示す」。

209 trait「引っぱる」(引き回す→取り扱う)

traiter v 扱う、(病人・病気を) 治療する
traitement nm 待遇、治療

☐ Les filles ***sont*** mal ***traitées*** dans certains pays.

☐ Les filles reçoivent de mauvais traitements dans certains pays.

一部の国では少女たちがひどい扱いを受けている。

☐ Le cancer de mon oncle ***est traité*** à l'étranger.

☐ Mon oncle suit un traitement à l'étranger pour son cancer.

おじは海外で自らの癌を治療している。

210 in「中に」+ dicate「指し示す」

indiquer v 指示する、示す
indiqué, e adj 指示された、指定された
indication nf 指示、表示

☐ Le chemin qu'Igor m'***a indiqué*** n'était pas du tout clair, je me suis perdu(e) trois fois.

☐ Le chemin ***indiqué*** par Igor n'était pas du tout clair, je me suis perdu(e) trois fois.

☐ Les indications qu'Igor m'a données n'étaient pas du tout claires, je me suis perdu(e) trois fois.

イゴールが教えてくれた道はまったくわかりにくくて、私は3度道に迷った。

211 俗ラテン語 tūtāre から

tuer v 殺す
tueur, tueuse n 殺人者、殺し屋 = tueur à gages

☐ Dans ce jeu, vous devez ***tuer*** des gens pour gagner des points.

☐ Dans ce jeu, vous êtes un tueur et chaque meurtre vous rapporte des points.

このゲーム内では、あなたは殺し屋で人を殺すたびにポイントを獲得することになります。

関連語 (s') entretuer (v.pr)「殺し合う」(s'entre-tuer とも綴る)。

212 ギリシア語 tekhnē → tech「技術」

technique adj （科学）技術の、専門的な
technologie nf 工学、（科学）技術

☐ Les progrès ***techniques*** sont remarquables.
☐ Les progrès de la **technologie** sont remarquables.

科学技術の進歩は目を見張るばかりだ。

関連語 technologique (adj)「科学技術の、工学の」、techniquement (adv)「技術的に、専門的に」。

213 ré「うしろに」+ dui「導く」→「減らす」

réduire v 減らす、割引する
réduit, e adj 割引の
réduction nf 削減、割引

☐ ***Réduire*** les prix peut vous aider à augmenter les ventes.
☐ Des prix ***réduits*** peuvent vous aider à augmenter les ventes.
☐ Une **réduction** des prix peut vous aider à augmenter les ventes.

価格を割り引けば売り上げを伸ばすことができます。

214 pré「前に」+ fér「運ぶ」→「A か B、好きな方を前方に」

préférer v ～の方を好む
préférable adj より好ましい
préférence nf 好み
préféré, e n お気に入り

☐ Je ***préférerais*** dormir à l'hôtel.
☐ Il est ***préférable*** que je dorme à l'hôtel.
☐ De **préférence**, je voudrais dormir à l'hôtel.

私はどちらかというとホテルで寝る方がいい。

☐ Qu'est-ce que tu ***préfères***, au chocolat ou à la vanille ?
☐ Quel est ton goût **préféré**, chocolat ou vanille ?

チョコレートとヴァニラ、どちらの味が好みですか?

215 riche「裕福な、強力な」

riche adj 金持ちの、（内容の）豊富な
richesse nf 富、豊かさ

☐ Pour Richard, être ***riche*** c'est être heureux.

☐ Pour Richard, la **richesse** c'est le bonheur.

リシャールにとって、富は幸福だ。

☐ Il est bien connu que les légumes sont ***riches*** en vitamines.

☐ La **richesse** des légumes en vitamines est bien connue.

野菜にヴィタミンが豊富に含まれていることはよく知られている。

関連語 (s') enrichir (v/v.pr)「金持ちにする、豊かにする、金持ちになる」。

216 bref, brève「短い」(←ラテン語 brevis から：男物の短いパンツは briefs)

bref, brève adj （時間が）短い、（話や表現が）短い

brièveté nf （時間の）短さ ↔ longeur (nf)、（文章などの）簡潔さ

☐ L'assistance a été surprise par les ***brèves*** salutations des invités.

☐ L'assistance a été surprise par la **brièveté** des salutations des invités.

列席者は来賓たちの挨拶が短くて驚いた。

関連語 brièvement (adv)「手短に、簡単に」。

217 vio「暴力」

violent, e adj 乱暴な、粗暴な

violence nf 暴力

☐ Il a la mauvaise habitude de devenir facilement ***violent***.

☐ Il a la mauvaise habitude de recourir facilement à la **violence**.

彼はすぐに暴力に訴える悪い癖がある。

＊この「すぐに」は「軽々しく、容易に」の意味合いで、rapidement などを用いるのは自然ではない。

関連語 violemment (adv)「乱暴に、力強く」、non-violence (nf)「非暴力主義」。

218 dure「続く」

durer v 続く、持続する

durée nf （持続する）期間

☐ Le vol entre Haneda et Hong Kong ***dure*** environ cinq heures.

☐ La **durée** du vol entre Haneda et Hong Kong est d'environ cinq heures.

羽田・香港間の飛行時間はおよそ5時間です。

219 cap「つかむ」+ able「できる」

capable adj ～できる、～する能力がある ↔ incapable

capacité nf 能力、（複数で）（個人の）能力、力量

☐ Cet ordinateur est ***capable*** de faire des millions de calculs à la seconde.

☐ Cet ordinateur a la capacité de faire des millions de calculs à la seconde.

このコンピュータは 1 秒あたり数百万の計算ができる。

220 ラテン語 līberāre「自由にする」(→ libre)

livrer v （商品を）配送する、引き渡す

livraison nf （商品の）配送、引き渡し

☐ Est-ce que vous ***livrez*** à domicile ?

☐ Est-ce que vous proposez la livraison à domicile ?

宅配してもらえますか?

関連語 livreur, livreuse (n)「（商品の）配達人、配送係」。

221 ラテン語 largus「豊富な、大きい」

large adj 幅の広い

large nm 幅、横

largeur nf 幅、横

☐ Cette route est ***large*** de 50 mètres.

☐ Cette route fait 50 mètres de large.

☐ Cette route a une largeur de 50 mètres.

この道路は幅が 50 メートルある。

* La largeur de cette route est de 50 mètres. も可。

☐ Je n'ai pas vérifié si la porte est* assez ***large*** pour faire passer le canapé.

☐ Je n'ai pas vérifié si la largeur de la porte est* suffisante pour faire passer le canapé.

そのドアがソファの通る幅があるかどうか確認していなかった。

注意 例文を読み上げる前提があるため、できるだけ書き言葉ではなく、口語に近い形で例文を作成している。そのため、口頭ではあまり厳守されていない「時制照応（時制の一致）」を本書内で行なっていないケースがある。この例なら、動詞 être を直説法半過去 était にすれば時制照応をしたいわば書き言葉の対応となる。なお、この対応が該当する本書内の例には*を記し、注意を喚起している。

222 「燃えるような暑さ」を意味するラテン語 æstus から

estival, e adj 夏の

été nm 夏

☐ La température ***estivale*** sur cette île n'est pas très élevée.

☐ La température en été sur cette île n'est pas très élevée.

この島の夏の気温はそれほど上がらない。

☐ En période ***estivale***, cette plage est bondée.

☐ En été, cette plage est bondée.

夏、この海岸は人でごった返す。

＊他の季節は「秋」automne (nm)、「秋の」automnal, e、「春」(☞ A-480)、「冬」(☞ A-563)。

関連語「(夏の) ヴァカンス客」は estivant, e (n) と呼ばれる。

223 in「中に」+ vit「求める」→「招く」

inviter v 招待する、(人に) 促す

invitation nf 招待 (状)、勧誘

☐ J'***ai été invité(e)*** à dîner.

☐ J'ai reçu une invitation à dîner.

私は夕食に招かれた。

関連語 invité, e (n)「招待客」。

224 re「再び」+ pét「求める」

répéter v 繰り返して言う、反復する

répétition nf 繰り返し、反復

☐ ***Répéter*** ce que vous entendez est un bon moyen de vous entraîner à parler.

☐ La répétition de ce que vous entendez est un bon moyen de vous entraîner à parler.

聞いたことを繰り返し口にするのは話をする練習にとって優れた方法です。

225 pro「前進して」+ fit「作る」→「利益」

profiter v (de を) 活用する、利用する

profitable adj (à にとって) 利益になる

profit nm 利益、有益、利点

☐ Il faut choisir des investissements qui peuvent te ***profiter***.

☐ Il faut choisir des investissements qui peuvent t'être ***profitables***.

☐ Il faut choisir des investissements qui peuvent te rapporter des profits.

あなたに利益をもたらすことができる投資を選ばなければなりません。

226 prouv「証明する、調べる」

prouver v 証明する
preuve nf 証拠、証明

□ Pierre m'a offert cette bague pour ***prouver*** combien il m'aime*.
□ Pierre m'a offert cette bague comme preuve de son amour.

ピエールは彼の愛の証としてこの指輪をくれた。

* aimait（時制照応をした場合）。

□ Malgré leurs efforts, les agents de police n'ont rien pu ***prouver***.
□ Malgré leurs efforts, les agents de police n'ont pu fournir aucune preuve.

努力したものの、警察官たちは何も証明できなかった。

227 古フランス語 achater（←俗ラテン語 accaptāre「手に入れようとする」）

acheter v 買う
achat nm 購入

□ Alice envisage d'***acheter*** une villa à Nice.
□ Alice envisage l'achat d'une villa à Nice.

アリスはニースに別荘を買う予定でいる。

□ Cet homme riche ***a acheté*** une Ferrari rouge.
□ Cet homme riche a fait l'achat d'une Ferrari rouge.

その資産家は赤いフェラーリを買った。

* ショッピングの意味合いで「買い物をする」なら faire des achats というが、「日用品・食料品の買い物」を言うときには faire les courses（☞ A-481）が使われる。

関連語 acheteur, acheteuse (n)「買い手、客」(= client, e)（↔ vendeur, vendeuse）。

228 i「ない」+ gnor「知る」

ignorer v 知らない
ignorant, e adj 無知な
ignorance nf 知らないこと、無知

□ Irène ***ignore*** tout de l'histoire japonaise.
□ Irène est complètement ***ignorante*** de l'histoire japonaise.
□ Irène est d'une ignorance totale en histoire japonaise.

イレーヌは日本史をまったく何も知らない。

229 im「似た」+ age「もの」→「似たものを心に描く」→「想像する」

imaginer v 想像する
imaginaire adj 想像上の、架空の
imaginatif, imaginative adj 想像力の豊かな
imagination nf 想像、想像力

□ Meiji Ken'ichi est un personnage que j'***ai imaginé***.
□ Meiji Ken'ichi est un personnage ***imaginaire*** que j'ai créé.
□ Meiji Ken'ichi est un personnage qui vient de mon **imagination**.

明治健一は私が作り出した架空の人物です。

□ Cet écrivain à succès est très ***imaginatif***.
□ Cet écrivain à succès a beaucoup d'**imagination**.

あの流行作家は想像力の豊かな人だ。

230 sou「下で」+「じっと運ぶ」→「耐える」

souffrir v 苦しむ
souffrance nf 苦しみ、苦痛

□ Selon la prophétie de la boule de cristal, tu ne ***souffriras*** plus jamais.
□ Selon la prophétie de la boule de cristal, tu ne connaîtras plus jamais de **souffrances**.

水晶の予言によれば、あなたはこれから決して苦労せずにすみますよ。

関連語 souffrant, e (adj) は「体調（気分）の悪い、（軽い）病気の」の意味だが、malade (adj)（☞ A-375）とは使い方が少し違う。たとえば、会社や学校などで誰かが休んだ場合に用いる単語で、いわば「病名のはっきりしない体調不良」を指す感覚。

231 fix「固定する」

fixer v （ある場所に）固定する、（価格や日時を）決める、設定する
fixation nf 固定、取り付け、取り決め

□ Comment va-t-on faire pour ***fixer*** le prix ?
□ Comment va-t-on faire pour la **fixation** du prix ?

価格はどのように設定されますか?

関連語 fixe (adj)「一定の、固定した」、fixe (nm)「固定給」、fixité (nf)「固定していること、（視線が）じっと動かないこと」。

232 mater「母」（←古フランス語 medre, madre から）

maternel, maternelle adj 母の、母性の

mère nf 母

□ L'amour ***maternel*** est-il vraiment plus profond que la mer ?

□ L'amour d'une mère est-il vraiment plus profond que la mer ?

母の愛は本当に海よりも深いものなのか?

関連語 maternité (nf)「母性（↔ paternité (nf)）、出産」。

233 arm「武装」

(s') armer v / v.pr 武装させる、（de で）武装する

arme nf 武器、兵器

armement nm 武装化、軍備 ↔ désarmement (nm)

□ Les membres des forces d'autodéfense ***sont armés***.

□ Les membres des forces d'autodéfense portent des armes.

自衛隊の隊員は武器を持っている。

□ Ce pays a urgemment besoin de ***s'armer*** de l'arme nucléaire.

□ L'armement nucléaire est un besoin urgent pour ce pays.

この国は核武装を急いでいる。

* se doter de l'arme nuclaire とも表現できる。なお、英語 arm は「腕」で、複数 arms で「武器」。To the arms.「武器を取れ」から alarm「警報」が派生（仏語では alarme（nf）という）、alarm clock で「目覚まし時計」。仏語は「目を覚ます」se réveiller →「目覚まし時計」réveil（nm）となる。

234 im「ない」+ poss「能力、可能性がある」

impossible adj 不可能な

impossibilité nf 不可能であること

□ Il m'est ***impossible*** de vous aider financièrement.

□ Je suis dans l'impossibilité de vous aider financièrement.

あなたを金銭的に援助することはできません。

235 古典ラテン語 vīsere（voir「見る」の強調語）から

viser v （銃などで）ねらう、（地位などを）ねらう

visée nf ねらうこと、（複数形で）目標、望み

□ M. Vigo ***visait*** le poste de doyen de la faculté de médecine.

□ M. Vigo avait des visées sur le poste de doyen de la faculté de médecine.

ヴィゴ氏は医学部長のポストをねらっていた。

236 re「再び」+ tirer「引く」

retirer v 引き出す、取り消す
retrait nm (資格などの) 取り消し

☐ Un excès de vitesse peut justifier que votre permis de conduire vous ***soit retiré***.

☐ Un excès de vitesse peut justifier le **retrait** de votre permis de conduire.

スピードの出し過ぎがあなたの運転免許証の取り消しの根拠となるものです。

237 ラテン語 totum「全部」

totaliser v 総計する、総計に達する
total, e adj 全体の
total nm 総計、合計
totalité nf 全体

☐ Depuis qu'il travaille ici, il ***totalise*** 1956 minutes de retard.

☐ Depuis qu'il travaille ici, il a été en retard un **total** de 1956 minutes.

ここで働いてから、彼は合計 1956 分遅刻している。

☐ D'après mon médecin, je dois faire un changement ***total*** de mes habitudes alimentaires.

☐ D'après mon médecin, je dois changer en **totalité** mes habitudes alimentaires.

医者の話だと、私は食生活を一変させる必要があるそうだ。

関連語 totalement (adv)「全面的に、完全に」(↔ partiellement)。

238 date「与えられた」日時

dater v 日付を書き入れる
date nf 日付、月日

☐ J'***ai oublié*** de dater ma lettre.

☐ J'ai oublié de mettre la **date** sur ma lettre.

手紙に日付を書き入れるのを忘れた。

239 cont「逆に」+ rôl「転がせる」→「支配する」

contrôler v 点検 (検査) する、調べる、制御する
contrôle nm 点検、検査、制御、コントロール

☐ Il est naturel de ***contrôler*** votre identité avant que vous montiez dans l'avion.

☐ Il est naturel de procéder à un **contrôle** de votre identité avant que vous montiez dans l'avion.

搭乗前に身元を調べるのは当然のことです。

☐ Le chauffeur n'a pas pu ***contrôler*** son camion.

☐ Le chauffeur a perdu le **contrôle** de son camion.

運転手はトラックのハンドルを取られた。

240 con「一緒に」+ serve「保存する」

(se) conserver v / v.pr （食品を）保存する、保つ、（食品が）長持ちする

conservation nf 保存、保管

☐ Combien de temps peut-on ***conserver*** cette confiture après ouverture ?

☐ Quelle est la durée de **conservation** de cette confiture après ouverture ?

開封後、このジャムはどのくらいの期間保存できますか?

241 réel「(架空ではなく)「現実の」

réel, réelle adj 現実の

réel nm 現実、現実の世界

réalité nf 現実、現実の物事

☐ Le projet fou d'envoyer des humains sur Mars deviendra peut-être bientôt ***réel***.

☐ Le projet fou d'envoyer des humains sur Mars deviendra peut-être bientôt une **réalité**.

火星に人間を送るというクレイジーな計画はひょっとしてすぐに現実になるかもしれない。

☐ La réalité augmentée brouille la frontière entre le monde virtuel et le monde ***réel***.

☐ La réalité augmentée brouille la frontière entre le virtuel et le **réel**.

☐ La réalité augmentée brouille la frontière entre le virtuel et la **réalité**.

拡張現実 (AR) は仮想と現実の境界線を曖昧にする。

関連語 réellement (adv)「実際に、現実に」。

242 campagne は「平野、開けた土地」の意味

campagnard, e adj 田舎の

campagne nf （都会に対して）田舎、農村

☐ Tu penses que la vie ***campagnarde*** te plairait ?

☐ Tu penses que la vie à la **campagne** te plairait ?

田舎暮らしを君が気に入ると思いますか?

243 naiss「生まれ」

naître v 生まれる ↔ mourir
naissance nf 誕生

☐ Notre bébé ***naîtra*** fin mai.
☐ La naissance de notre bébé est prévue fin mai.

私たちの赤ちゃんは5月末に生まれる予定です。

☐ Nathan nous a offert un berceau quand notre fils ***est né***.
☐ Nathan nous a offert un berceau pour la naissance de notre fils.

ナタンは息子が生まれた際にゆりかごを贈ってくれた。

語形成 **naiss「生まれ」** renaissance (nf)「再生、よみがえり、(大文字で)ルネサンス」(← re「再び」+「生まれる」→「生まれ変わること」)。

244 tour「回る」

tourner v 回る、曲がる、～に変わる、撮影する、(文を) 組み立てる
tournoyer v くるくる回る、(道などが) 曲がりくねっている
tournant nm 曲がり角、カーヴ
tournage nm (映画などの) 撮影
tournure nf 成り行き、展開、言い回し

☐ La route Nikko Iroha-zaka à Tochigi ***tourne*** beaucoup.
☐ La route Nikko Iroha-zaka à Tochigi ***tournoie*** entre les montagnes.
☐ La route Nikko Iroha-zaka à Tochigi a de nombreux tournants.

栃木の日光いろは坂はカーヴが多い。

＊真ん中の例は直訳すれば「山の間をうねうねと通っている」という意味。

☐ Ce film japonais ***a été tourné*** en trois ans dans un village de Nagasaki.
☐ Le tournage de ce film japonais a duré trois ans dans un village de Nagasaki.

この邦画は長崎の村で3年にわたって撮影された。

☐ Cette phrase n'est pas très jolie, tu devrais essayer de la ***tourner*** autrement.
☐ Cette phrase n'est pas très jolie, tu devrais essayer une autre tournure.

この文はあまりしゃれていません、別の言い回しをひねり出すべきでしょう。

245 parti「部分」+ cip「取る」→「全体の一部になる」

participer v 参加する
participation nf 参加

☐ Est-il obligatoire de ***participer*** à ce colloque ?
☐ La participation à ce colloque est-elle obligatoire?

この討論会への参加は義務ですか？

関連語 participant, e (n)「（会議や討論などへの）参加者、出席者」。

246 後期ラテン語 veclus「古い、昔の」

vieillir v 年をとる、老ける
vieux (vieil), vieille adj 年老いた、古い
vieillissant, e adj ふけ始めた、高齢化していく
vieillesse nf 老年、老化、老い
vieillissement nm 年をとること、高齢化
vieillard, e n 老人、（多く複数で）高齢者

☐ Au Japon, la population qui ***vieillit*** est un grave problème.
☐ Au Japon, la population ***vieillissante*** est un grave problème.
☐ Au Japon, la vieillesse de la population est un grave problème.
☐ Au Japon, le vieillissement de la population est un grave problème.

日本では人口の高齢化が深刻な問題となっている。

☐ Il a encore la quarantaine, mais on dirait un ***vieil*** homme.
☐ Il a encore la quarantaine, mais on dirait un vieillard.

彼はまだ 40 代なのに、老人のようだ。

247 rap「奪い取る」→「すばやく運び去る」

rapide adj （速度やテンポが）速い ↔ lent, e、（動作が）すばやい
rapidité nf 速さ、すばやさ

☐ Mon nouvel ordinateur est très ***rapide***, je suis impressionné(e).
☐ La rapidité de mon nouvel ordinateur m'impressionne.

新しいパソコンは非常に高速で感動した。

☐ Ce joueur de tennis est connu pour son jeu ***rapide***.
☐ Ce joueur de tennis est connu pour la rapidité de son jeu.

このテニスプレーヤーはゲーム運びのすばやさで知られている。

関連語 rapidement (adv)「速く、すみやかに」(= avec rapidité)。

248 re「うしろを振り返って」+ spect「見る」→「注目、尊敬する」

respecter v 尊敬する
respectueux, respectueuse adj 敬意を抱いている、尊敬している
respect nm 尊敬

□ Les étudiants ne ***respectent*** pas toujours leurs professeurs.

□ Les étudiants ne sont pas toujours ***respectueux*** envers leurs professeurs.

□ Les étudiants manquent parfois de **respect** envers leurs professeurs.

学生は必ずしも教師を尊敬しているわけではない。

□ Le confucianisme apprend aux gens à ***respecter*** les personnes âgées.

□ Le confucianisme apprend aux gens le **respect** des personnes âgées.

儒教は老人を敬うように教える。

* フランス語訳は難しいが「敬老精神」は esprit de respect vis-à-vis des personnes âgées (nm) といった言い方ができそうだ。

関連語 respectable (adj)「尊敬に値する、立派な」。

249　　ad「の方へ」+ opt「選ぶ」

adopter v 採用（採択）する、養子にする
adoption nf 採用、採択、養子（縁組）

□ Savez-vous combien de temps il faut pour ***adopter*** un enfant ?

□ Savez-vous combien de temps il faut pour l'**adoption** d'un enfant ?

子どもを養子にするのにどれくらいの時間がかかるかご存知ですか?

関連語 adoptif, adoptive (adj)「養子縁組の」。

250　　ex「十分に」+ péri「試み」

expérimenter v 試験する、体験する、実験する
expérimenté, e adj 経験豊かな
expérience nf 経験、実験
expérimentation nf （科学）実験

□ Après ***avoir*** beaucoup ***expérimenté*** sur des souris, les médecins ont confirmé que ce médicament n'est* pas dangereux.

□ Après de nombreuses **expériences** sur des souris, les médecins ont confirmé que ce médicament n'est* pas dangereux.

□ Après de nombreuses **expérimentations** sur des souris, les médecins ont confirmé que ce médicament n'est* pas dangereux.

マウスでたくさんの実験を行なったあと、医師はこの薬の安全性を確認した。

* était（時制照応をした場合）。

□ C'est un médecin ***expérimenté***.

□ Ce médecin a beaucoup d'**expérience**.

この医者は経験豊富だ。

251 ad「へ」+ mettre, mis「置く、送る」→「送り込むのを認める」

admettre v （組織や場所に）入ることを許す、入学を許可する

admission nf 入学（加入）許可

☐ Ana-Maria a demandé à ***être admise*** dans le country club.

☐ Ana-Maria a demandé son **admission** dans le country club.

アナ-マリアはカントリークラブへの入会を求めた。

252 dé「除く」+ couvrir「覆い」→「覆いを取り除く」

découvrir v 発見する、見つけ出す

découverte nf 発見

☐ En quelle année Christophe Colomb ***a***-t-il ***découvert*** l'Amérique ?

☐ De quelle année date la **découverte** de l'Amérique par Christophe Colomb ?

コロンブスのアメリカ大陸発見は何年のことですか?

*「アメリカ大陸発見」はアメリカ大陸への最初の到達を意味する歴史用語。なお、大陸に到着した最初のヨーロッパ人はコロンブスの偉業から遡ること約 500 年前のヴァイキングだ。

関連語 découvreur, découvreuse (n)「発見者、探検家」。

253 dé「強意」+ passer「（止まらずに）通る」

dépasser v 追い越す、通過する

dépassement nm （車の）追い越し

☐ Il est interdit de ***dépasser*** par la gauche.

☐ Les **dépassements** par la gauche sont interdits.

左側からの追い越しは禁止です。

254 af「に対して」+ firm「確かだと思う」

affirmer v 断言する、主張する

affirmation nf 断言、主張

☐ Peu importe ce qu'il ***affirme***, on ne peut pas lui faire confiance.

☐ Peu importe ses **affirmations**, on ne peut pas lui faire confiance.

彼が何と言おうと信頼できません。

255 sou「下」+ mission「任務」

(se) soumettre v / v.pr 服従させる、降伏する、従う、降伏（屈服）する

soumission nf 服従、従順

☐ La junte militaire n'a pas pu amener certains rebelles à ***se soumettre***.

☐ La junte militaire n'a pas pu obtenir la **soumission** de certains rebelles.

(クーデター直後の）革命軍政権は一部の反逆者を服従させることができなかった。

☐ Pour devenir membre de l'Union Européenne, l'état doit accepter de se ***soumettre*** au droit européen.

☐ Pour devenir membre de l'Union Européenne, la **soumission** de l'état au droit européen est nécessaire.

欧州連合の加盟国になるには、国が EU 法に従うことに同意する必要がある。

関連語 soumis, e (adj)「従順な」(↔ insoumis, e)。

256 古フランス語 freis「新鮮な」(←「塩漬けされていない」）から

frais, fraîche **adj** 涼しい、冷たい、新鮮な

fraîcheur **nf** 涼しさ、冷気、新鮮さ

☐ En été, je profite des soirées ***fraîches*** sur la terrasse.

☐ En été, je profite de la **fraîcheur** des soirées sur la terrasse.

夏はテラスで宵涼し（涼しい宵）を楽しみます。

☐ Ce marché est réputé pour son poisson ***frais***.

☐ La **fraîcheur** du poisson de ce marché est réputée.

この市場は新鮮な魚が並ぶことで有名です。

関連語 fraîchir (v)「涼しくなる、冷える」。

257 indu「中に」+ strie「積み重ねる」→「まじめに積み重ねられて生まれる産業」

(s') industrialiser **v / v.pr** 工業化する、産業化する

industrie **nf** 工業、産業

industrialisation **nf** 工業化、産業化

☐ Nous devons nous dépêcher d'***industrialiser*** cette région.

☐ Le développement d'**industries** dans cette région est une question urgente.

☐ L'**industrialisation** de cette région est une question urgente.

この地域の工業化は喫緊の課題です。

関連語 industriel, industrielle (adj)「工業の、産業の」。

258 ap「に」+ par「現れる」→「目の前に現れる」

apparaître **v** （不意に）現れる、明らかになる ↔ disparaître、出現する

apparition **nf** 現れること、出現

☐ Le magicien ***est apparu*** dans le public et a surpris tout le monde.

☐ L'apparition du magicien dans le public a surpris tout le monde.

観客の中に不意にマジシャンが現れ、みんなを驚かせた。

関連語 réapparaître (v)「再び現れる」。

259　ré「うしろに」+ serve「保存する」→「取っておく」

réserver **v** （席などを）予約する、（将来のために）取っておく、保留する

réservation **nf** （席やホテルなどの）予約

réserve **nf** 蓄え、保留

☐ J'***ai réservé*** une chambre dans mon hôtel préféré à Hakone.

☐ J'ai fait une réservation dans mon hôtel préféré à Hakone.

箱根のお気に入りのホテルに部屋を予約した。

☐ Ma femme ***a réservé*** cette bouteille il y a 10 ans pour une occasion spéciale.

☐ Ma femme a mis cette bouteille en réserve il y a 10 ans pour une occasion spéciale.

特別な機会のためにと妻はこのボトルを 10 年前に取っておいた。

260　con「一緒に」+ stitute「立てる」→「組み立て、構成する」

constituer **v** 構成する、組織（設立）する

constitutionnel, constitutionnelle **adj** 憲法の、合憲の

constitution **nf** 構成、組成、設立、(Constitution で) 憲法

☐ De combien d'argent avez-vous besoin pour ***constituer*** une entreprise ?

☐ De combien d'argent avez-vous besoin pour la constitution d'une entreprise ?

会社設立にはどれぐらいの金がかかりますか?

☐ Cette loi est-elle bien ***constitutionnelle*** ?

☐ Cette loi ne viole-t-elle pas la Constitution ?

この法律は合憲ですか?

関連語 constitutionnellement (adv)「憲法に従って」(↔ anticonstitutionnellement：この単語は通常の辞書に載っている一番スペリングの長い単語として知られている)。

261　ラテン語 pauper「貧乏」(← paucus「少数の」)

pauvre **adj** 貧しい、貧乏な

pauvre **n** 貧乏人

pauvreté **nf** 貧乏　↔ richesse (nf)

□ Les habitants de ce quartier sont très ***pauvres***.
□ Beaucoup de pauvres vivent dans ce quartier.
□ Les habitants de ce quartier vivent dans la pauvreté.

この地区の住民は貧困の中で暮らしている。

関連語 (s') appauvrir (v/v.pr)「貧しくする、貧しくなる」(↔ enrichir)。

262 organ「道具、組織」(←ラテン語 organum から)

(s') organiser **v / v.pr** 組織する、準備する、段取りがよい
organisé, e **adj** 準備された、計画性のある、手順がいい
organisation **nf** 組織(化)、計画(性)、組織能力

□ Cette agence de voyage ***organise*** principalement des voyages d'entreprise.
□ Cette agence de voyage est spécialisée dans l'organisation de voyages d'entreprise.

この旅行代理店は主として企業旅行を企画しています。

* un voyage organisé なら「団体(パック)旅行」の意味になる。

□ Selon l'évaluation des compétences, c'est Olga qui sait le mieux ***s'organiser***.
□ Selon l'évaluation des compétences, Olga est la plus ***organisée***.
□ Selon l'évaluation des compétences, Olga a la meilleure organisation.

スキル評価によれば、オルガが一番高い組織能力を有している。

語形成 **organ**「道具」 organe (nm)「器官、(国などの)機関」、orgue (nm)「パイプオルガン」(←教会に必要な「道具」)。

263 poss「能力がある」+ séd, sess「座る」→「支配者が座る」→「占有する」

posséder **v** 所有する
possession **nf** 所有(物)

□ Le Japon prétend ***posséder*** cette île, mais la Corée le conteste.
□ La possession de cette île par le Japon est contestée par la Corée.

日本はこの島を所有していると主張し、韓国はそれに異議を唱えている。

□ Je ***possède*** un diamant bleu.
□ J'ai un diamant bleu en ma possession.

私はブルーのダイヤをもっています。

* Je suis en possession d'un diamant bleu. とも言い換えられる。

264 pro「前に」+ nonc「知らせる、叫ぶ」→「目の前の人に叫ぶ」

prononcer v 発音する

prononciation nf 発音

□ Paolino ***prononce*** bien le français.

□ Paolino a une bonne prononciation du français.

パオリーノはフランス語の発音がいい。

□ La plupart des Japonais ne sont pas doués pour ***prononcer*** « je ».

□ La plupart des Japonais ne sont pas doués pour la prononciation de « je ».

大半の日本人は <je> の発音が苦手だ。

265 ゲルマン語 blank「白」から

blanc, blanche adj 白い

blancheur nf 白さ

□ La couleur ***blanche*** des dents de cet acteur est trop artificielle.

□ La blancheur des dents de cet acteur est trop artificielle.

あの俳優の歯の白さはあまりに不自然だ。

＊"色→色 + ir（第2群規則動詞）": blanc → blanchir「白くする、洗濯する」/ rouge → rougir「（顔が）赤らむ、赤くなる」（☞ A-378）/ jaune → jaunir「黄色くする」etc.

266 ラテン語 oriri「オリエント」→ origo「太陽が昇り 1 日が始まる」

originaire adj 生まれの、出身の

origine nf 始まり、出身

□ Monsieur, vous êtes ***originaire*** de Bretagne ?

□ Monsieur, vous êtes d'origine bretonne ?

あなたはブルターニュのご出身ですか?

267 vendre「売る」（←ラテン語 vendere）

vendre v 売る

vente nf 販売

□ Le cannabis peut ***être vendu*** dans ce pays.

□ La vente de cannabis est autorisée dans ce pays.

この国では大麻の販売が許されている。

関連語 invendable (adj)「売れない」、revendre (v)「転売する、再販する」。

041

268　　danger「支配」→「支配権をもった領主は危険な存在」

dangereux, dangereuse adj 危険な、恐るべき
danger nm 危険

☐ C'est peut-être un préjugé, mais je pense que le surf est un sport ***dangereux***.
☐ C'est peut-être un préjugé, mais je pense aux **dangers** du surf.

偏見かもしれませんが、サーフィンは危険なスポーツだと思う。

関連語 dangereusement (adv)「危険なほどに、命にかかわるほどに」。

269　　dé「離れて」+ placer「置く」

(se) déplacer v / v.pr 移動させる、位置を変える、移動する
déplacement nm 移動、転任

☐ Mon patron ***se déplace*** parfois en hélicoptère.
☐ Mon patron fait parfois ses **déplacements** en hélicoptère.

うちのボスはときどきヘリコプターで移動することがある。

270　　ギリシア語 energós（← en「中に」+ ergie「仕事、力」）「活動、作動する」から

énergique adj 精力的な、エネルギッシュな
énergie nf 力、エネルギー

☐ Le nouveau directeur d'usine est ***énergique***.
☐ Le nouveau directeur d'usine a beaucoup d'**énergie**.

新しい工場長は精力的だ。

関連語 énergiquement (adv)「精力的に、強力に」。

271　　俗ラテン語 febilis「哀れむべき」から

faible adj 弱い、もろい、衰弱している、能力が乏しい
(s') affaiblir v / v.pr 弱らせる、衰弱させる
faiblesse nf 弱さ、能力の乏しさ、衰弱

☐ Fabienne est clairement ***faible*** en géographie.
☐ La **faiblesse** de Fabienne en géographie est claire.

ファビアンヌは明らかに地理が弱い（苦手だ）。

☐ Le cancer l'***a*** beaucoup ***affaibli***.
☐ Il est d'une grande **faiblesse** depuis son cancer.

彼は癌を患ってから非常に弱っている。

関連語 faiblement (adv)「弱く、わずかに」。

272　em「中に」+ ploy「折る」→「中に入れて使う」

(s') employer v / v.pr （人を）雇う、使う、使われる
emploi nm 職、仕事、使用

□ Les mesures du gouvernement ont seulement permis d'***employer*** quelques centaines de personnes.
□ Les mesures du gouvernement ont seulement permis la création de quelques centaines d'**emplois**.

政府の措置は数百人の雇用創出につながっただけだった。

関連語 employé, e (n)「従業員」、反意語「雇用者」は employeur, employeuse (n) という。

273　uni「1」

(s') unir v / v.pr 結びつける、1つに結びつく、団結する
union nf 結合、団結

□ Nous sommes ici aujourd'hui pour ***unir*** Ulysse et Una par les liens du mariage.
□ Nous sommes ici aujourd'hui pour célébrer l'**union** d'Ulysse et d'Una par les liens du mariage.

私たちが今日ここにいるのはユリスとユナを結婚の絆で結びつけるためです。

関連語 uni, e (adj)「ひとつに結ばれた、連合した」。

274　sup「下に」+ pose「置く」→「ある事柄の下に置いて前提とする」→「仮定する」

supposer v 推測する、仮定する
supposition nf 推測、仮定

□ Arrêtez de ***supposer***, donnez-moi des faits !
□ Arrêtez vos **suppositions**, donnez-moi des faits !

仮定の話はやめて、事実を教えてください!

275　ラテン語 exigere（←「外へ」+「動かす」= agir）→「追い出す」→「要求する」

exiger v 要求する、必要がある
exigeant, e adj 要求の多い
exigence nf 要求、要望

□ L'entraîneur ***exige*** beaucoup de nous.
□ Notre entraîneur est très ***exigeant***.
□ Notre entraîneur est d'une grande **exigence**.

うちのコーチはとても口うるさい。

関連語 exigible (adj)「要求（請求）し得る」。

276 inter「間に」+ ven「来る」→「間に入ってくる」

intervenir v 介入する、意見を述べる
intervention nf 介入、（討論などでの）発言

□ Elle aurait dû ***intervenir*** dans le débat.
□ Elle aurait dû faire une intervention pendant le débat.

彼女は討論中に発言すべきだったのに。

277 dis「離して」+ cut, cuss「打ち砕く」→「砕いて詳しく調べる」→「話し合う」

discuter v 討論する、議論する
discutable adj 議論の余地がある ↔ indiscutable
discussion nf 討論、討議

□ Les nouvelles règles sont en train d'***être discutées*** par le conseil d'administration.
□ Les nouvelles règles sont en discussion par le conseil d'administration.

新しい規定は理事会で審議中だ。

□ On peut ***discuter*** de cette question à l'avenir.
□ Cette question est ***discutable*** à l'avenir.
□ Cette question pourra être sujet à discussion à l'avenir.

この問題は今後議論の余地がある。

* discuter は「話し合う」という意味からの延長で「議論する」というニュアンス。公開で、正式に「人々と討議する」と言いたいときには débattre (☞ B-269) が使われる。

278 pro「前を」+ tég, tect「覆う」

protéger v 保護する、守る、（人を）庇護する
protégé, e n お気に入り
protection nf 保護

□ On a manifesté pour ***protéger*** l'environnement devant le Parlement.
□ On a manifesté pour la protection de l'environnement devant le Parlement.

議事堂前で環境保護を訴えてデモをしていた。

□ Le patron de l'usine ***protège*** Pélagie.
□ Pélagie est la protégée du patron de l'usine.

ペラジは工場長のお気に入りだ。

関連語 protecteur, protectrice (adj)「保護する」。

語形成 **tect**「覆う」 détective (n)「私立探偵、（英国の）刑事」（← dé「離す」+「覆い」→「覆いを取る人」）。

279 古フランス語 à bandon「放棄する」から（← a「に向けて」+ ban「兵を召喚する布告命令」+ don「与える」→「兵役に応じないことへの禁止令（追放）」→「故郷や家などを捨てる」）

abandonner v （危険や必要に迫られて）見捨てる ↔ conserver, garder、（試合などを）棄権する

abandon nm 放棄、見捨てられた状態、（スポーツ）棄権

☐ Les gens ***abandonnent*** fréquemment leurs chiens et chats à la veille des vacances.

☐ Les **abandons** de chiens et chats sont fréquents à la veille des vacances.

ヴァカンス直前に犬や猫が捨てられることがよくある。

* un chat abandonné は「捨て猫」、une maison abandonnée なら「廃屋」（「ここは廃屋だ」Cette maison est abandonnée. / C'est une maison abandonnée.）の意味。

☐ Nous avons gagné le match parce que l'autre équipe ***a abandonné***.

☐ Nous avons gagné le match grâce à l'**abandon** de l'autre équipe.

相手のチームが棄権したので私たちは試合に勝った。

*「相手のチーム」は l'équipe adverse とすることもできる。

語形成 **ban「布告→追放」** bannir (v)「追放する、排除する」、bannissement (nm)「（国外への）追放」。

280 古典ラテン語 vidēre「見る、思う」（← voir）から

(se) raviser v.pr 意見を変える、思い直す

avis nm 意見

☐ Sans aucune hésitation, je ***me suis ravisé(e)***.

☐ Sans aucune hésitation, j'ai changé d'**avis**.

何のためらいもなく私は意見を変えた。

281 bat「打つ」（たとえば「野球のバット」）

battre v 打つ、（心臓が）動悸を打つ

battement nm （繰り返し）打つこと、打つ音

☐ Mon bébé aime s'endormir au rythme de mon cœur qui ***bat***.

☐ Mon bébé aime s'endormir au rythme des **battements** de mon cœur.

私の赤ちゃんは私の鼓動に合わせて眠りにつくのが好きです。

関連語 imbattable (adj)「打ち負かしがたい、無敵の」（会話では un prix imbattable「（どこよりも）安い値段」という言い方でも用いる）。

語形成 **bat「打つ、たたく」** combat (nm)「戦闘、勝負」（← com「共に」打ち合う、殴り合う）、débat (nm)「討議、討論」（←言葉で「打ち合う」）（☞ B-269）、batterie (nf)「電池、バッテリー」（←放電システムが batterie の古い意味「砲撃」に似ている→「ひと組で力を発揮するもの」）。

282 ligne「麻の糸」→「線」

(s') aligner v / v.pr 一列に並べる、一列に並ぶ
ligne nf 列

☐ Les enfants doivent ***s'aligner*** devant la classe en attendant le professeur.
☐ Les enfants doivent attendre le professeur en **ligne** devant la classe.

子どたちは教室の前に整列して先生を待たなければなりません。

283 pré「前もって」+ cis「切る」→「正確に切る」

préciser v 正確に言う、明言する
précis, e adj 正確な
précision nf 正確さ、的確さ

☐ ***Précisez***-moi à quelle heure vous êtes disponible.
☐ Dites-moi l'heure **précise** à laquelle vous êtes disponible.

何時になったらあなたは手があくのか正確に教えてください。

☐ Son tir est vraiment ***précis***.
☐ La **précision** de son tir est remarquable.

彼（彼女）の射撃は実に正確だ。

関連語 précisément (adv)「正確に、的確に、ちょうど」。

語形成 **cid「切る」** pesticide (nm)「殺虫剤」(← pest「害虫」+「切る」)、suicide (nm)「自殺」(← sui「自分自身」+「切る」)（☞ B-57）。

284 at「(行為の) 目的」+ tirer「引く」

attirer v 引きつける、引き寄せる
attirance nf 引きつけられること、魅力

☐ Je ne peux pas bien l'expliquer, mais la vie en ville m'***attire*** beaucoup.
☐ Je ne peux pas bien l'expliquer, mais la vie en ville a beaucoup d'**attirance** pour moi.

うまく説明できませんが、私には都会暮らしは魅力的です。

＊Je ne peux pas bien expliquer l'attirance (que je ressens) pour la vie en ville. といった言い方もできる。

関連語 attirant, e (adj)「魅力的な」。

285 「ゼロ」zéro を意味する中世ラテン語 cifra から

chiffrer v （金額を）計算する、暗号で書く、大きな額になる
chiffrement nm （通信文の）暗号化、暗号文の作成
chiffre nm 数字、総額

□ Dans le service du personnel, on doit ***chiffrer*** toutes les communications électroniques.
□ Dans le service du personnel, le **chiffrement** de toutes les communications électroniques est obligatoire.

人事課では、すべての電子通信を暗号化する必要があります。

□ Tous ces travaux publics finissent par ***chiffrer***.
□ Tous ces travaux publics finissent par atteindre un **chiffre** important.

この公共の土木工事は最後には大きな金額になる。

＊ chiffre は 0 ～ 9 といった個々の「記号」のことで、nombre (nm)（☞ A-71）は「chiffre 全体」を指す（つまり、54 なら、5 と 4 の chiffre で形作られた nombre ということ）。なお、écrire un nombre en chiffres なら「1, 2, 3」と数字で表記することを意味し、écrire un nombre en lettres なら「un, deux, trois」と文字で書くことをいう。

286 di「離して」+ verse「向く」→「さまざまな方向に向く」

divers, e adj さまざまな、多様な
diversité nf 多様性

□ Ce festival est réputé pour proposer des styles de musique très ***divers***.
□ Ce festival est réputé pour la **diversité** des styles de musique qu'il propose.

このフェスティバルは非常に多様なスタイルの音楽を提供することで知られている。

関連語 diversement (adv)「さまざまに、色々に」、(se) diversifier (v/v.pr)「多様化する、さまざまに変化する」、diversification (nf)「多様化、（経営の）多角化」。

287 ap「に」+ plic「折る」→「2つに折り合わせる、重ねる」

appliquer v 押し当てる、当てはめる、実施する
application nf 適用、実行、実施

□ On demande que les mesures pour éliminer la discrimination raciale ***soient*** immédiatement ***appliquées***.
□ On demande l'**application** immédiate des mesures pour éliminer la discrimination raciale.

人々は人種差別をなくすための措置がすぐ実施されるよう求めている。

関連語 applicable (adj)「適応できる、実行できる」。

A 1-668
B 1-269
C 1-255
索引

288 「急な落下」を意味した tumb（擬音派生）から

tomber v 転ぶ、落ちる、（日が）暮れる

tombée nf 落ちること、（日が）暮れること

□ La température a soudainement chuté quand la nuit ***est tombée***.

□ La température a soudainement chuté à la **tombée** de la nuit.

夕暮れ時に急に気温が下がった。

*「夕暮れ時に」は au crépuscule あるいは à la tombée du jour という言い方もできる。

関連語 retomber (v)「再び倒れる、（悪い状態に）また陥る」。

289 ラテン語 pavor「恐怖」（← pavēre「怖がっている」）

peureux, peureuse adj 臆病な、怖がりの、おびえた

peur nf 恐怖、おびえ

□ Mon chat est très ***peureux***, il se cache au moindre bruit.

□ Mon chat a **peur** de tout, il se cache au moindre bruit.

うちの猫は何にでもおびえて、わずかな物音でも隠れます。

関連語 apeuré, e (adj)「おびえた」。

290 ラテン語 firmāre「強くする、堅固にする」から

fermer v 閉じる、休む、（電気・水道を）止める、閉まる

fermeture nf 閉鎖、閉店 ↔ ouverture (nf)

□ Je suis en congé forcé pendant un mois parce que mon entreprise ***est fermée*** pour travaux.

□ Je suis en congé forcé pendant un mois à cause de la **fermeture** de mon entreprise pour travaux.

工事で会社が閉まっているので、私はやむを得ず 1 か月の休暇を取っています。

291 ラテン語 lucta「格闘技、レスリング」

lutter v 闘う

lutte nf 闘争、戦い

□ Cette association recueille des dons pour ***lutter*** contre la drogue.

□ Cette association recueille des dons pour sa **lutte** contre la drogue.

この協会は麻薬撲滅のために寄付を集めている。

関連語 lutteur, lutteuse (n)「レスラー、格闘家」。

292 ラテン語「予言、占い、前兆」を意味する augurium から

heureux, heureuse adj 幸せな、幸運な

bonheur nm 幸福 ↔ malheur (nm)、幸運 = chance (nf)

☐ Elle a été ***heureuse*** jusqu'à sa mort.

☐ Son **bonheur** a duré jusqu'à sa mort.

彼女は死ぬまで幸福だった。

関連語 heureusement (adv)「幸せに」(←副詞を作り出す接尾辞 ment は「精神の動き→心」のこと。よって、この副詞のそもそもの意味合いは「幸せな心持ちで」ということ)。

293 numéro「数字」(←ラテン語 numerus から)

numéroter v 番号を打つ

numéro nm 数字

☐ Les pages de ce livre ne ***sont*** pas ***numérotées***, ce n'est pas pratique.

☐ Il n'y a pas de **numéros** de page dans ce livre, ce n'est pas pratique.

この本にはノンブル(ページ番号)がついておらず、不便だ。

294 ré「再び」+ soud「分解する、解く」

(se) résoudre v / v.pr (問題などを)解く、決心する

résolution nf 決心、決意、解決

☐ Mon oncle ***s'est résolu*** à se présenter aux élections.

☐ Mon oncle a pris la **résolution** de se présenter aux élections.

おじは立候補する意志を固めた。

関連語 résolu, e (adj)「(人・態度などが)断固とした、(問題などが)解決された」。

295 pub「公に」+ lier「する」

publier v 出版する

publication nf 出版、刊行

☐ Quand ce dictionnaire ***a***-t-il ***été publié*** ?

☐ Quelle est la date de **publication** de ce dictionnaire ?

この辞書の出版日はいつですか?

296 in「近くに」+ stan「立っている」→「即座の」

instantané, e adj 瞬間的な、インスタントの

instant nm 瞬間

☐ Grâce à internet, on peut contacter n'importe qui n'importe où de manière ***instantanée***.

☐ Grâce à internet, on peut contacter n'importe qui n'importe où en un **instant**.

インターネットのおかげで誰とでもどこでも瞬時に連絡をとることができる。

関連語 instantanément (adv)「瞬間的に、直ちに」を使って書き換えれば、Grâce à internet, on peut contacter n'importe qui n'importe où instantanément. となる。

297　ラテン語 pulsāre「激しく押す」が古フランス語 poulser「たたく、押す」を経て

pousser v 押す

poussée nf 押す力、圧力

poussette nf ベビーカー

☐ Il suffit de ***pousser*** la poussette pour qu'elle bouge.

☐ Il suffit d'une **poussée** pour que la **poussette** bouge.

ベビーカーは押せば動きます。

＊poussette は直訳的に訳せば「人が押す小さな車」の意味。

298　banque「盛り上がった場所」→「長椅子」（イタリアの両替商が聖堂前の長椅子に腰掛けて商売を始めたことに由来）

bancaire adj 銀行の

banque nf 銀行

☐ Comment ouvrir un compte ***bancaire*** en France ?

☐ Comment ouvrir un compte en **banque** en France ?

フランスではどのようにして銀行口座を開設するのですか?

関連語 banquier, banquière (n)「銀行家」。

299　（人が）satis「十分な」（状態に）+ faire「する」

(se) satisfaire v / v.pr （人を）満足させる、（de で）満足する

satisfait, e adj （人が）満足した ↔ insatisfait, e

satisfaisant, e adj 満足のいく

satisfaction nf 満足

☐ Ma maison n'est pas très grande, mais elle me ***satisfait***.

☐ Ma maison n'est pas très grande, mais j'en suis ***satisfait(e)***.

☐ Ma maison n'est pas très grande, mais elle est ***satisfaisante*** pour moi.

☐ Ma maison n'est pas très grande, mais elle me donne **satisfaction**.

わが家はさほど大きくはありませんが、それでも満足しています。

300 é「外へ（強調）」+ changer「取りかえる」

échanger **v** （誰かと）交換する、交わし合う
échange **nm** 交換、貿易

□ Les élèves ***échangent*** souvent des cartes pokémon à l'école.
□ Les élèves font souvent des échanges de cartes pokémon à l'école.

生徒たちは学校でポケモンカードを交換することがよくある。

*「何かを差し出すと同時に同種のものを受け取る」という「交換」で、「同種のものをもらわない」交換なら changer を使う（changer une ampoule「電球を取りかえる」）。

301 ob「を」+ serve「守る」→「見守る」

observer **v** 観察する、観測する
observateur, observatrice **adj / n** 観察好きの（人）、観察眼の鋭い（人）
observation **nf** 観察

□ Le chercheur a soigneusement pris des notes sur ce qu'il ***a observé***.
□ Le chercheur a soigneusement noté ses observations.

研究者は自分が観察したことを注意深く記録した。

□ Odette a l'esprit ***observateur***.
□ Odette a l'esprit d'observation.

オデットは鋭い観察力を持っている。

* Odette a un sens aigu de l'observation. といった言い方もできる。

302 dé「下に」+ pend「ぶら下がる」→「何かにぶら下がる」

dépendre **v** （de）次第である、依存する
dépendant, e **adj** 依存する
dépendance **nf** 依存

□ Les jeunes oursons ***dépendent*** de leur mère.
□ Les jeunes oursons sont ***dépendants*** de leur mère.
□ Les jeunes oursons sont sous la dépendance de leur mère.

若い子熊は母熊に依存している。

語形成 **pend「ぶら下がる、垂れ下がる」** pendentif (nm)「ペンダント」（←仏語の pendant (nm) は「（飾りのついた）イヤリング」のこと）、appendice (nm)「虫垂」（←「大腸 gros intestin(nm)」から「垂れ下がっている」ため）、appendicite (nf) なら「虫垂炎」。

303 con「一緒に」+ struct「建設する」

construire v 建築する、建設する
construction nf 建築、建設

☐ Nous avons hâte que le stade de rugby soit enfin fini d'***être construit***.
☐ Nous avons hâte que la construction du stade de rugby soit enfin finie.

ラグビースタジアムの建設がついに終わるのが待ちきれない。

関連語 constructif, constructive (adj)「建設的な、創造的な」。

304 se「分離」+ cret「分けられた」→「別に隔離された」

secret, secrète adj 秘密の
secret nm 秘密

☐ Je compte sur toi pour garder mes confidences ***secrètes***.
☐ Je compte sur toi pour garder mes secrets.

頼む、秘密は守ってくれよ。

関連語 secrètement (adv)「密かに、秘密裏に」、secrétaire (n)「秘書」。

305 ラテン語 placēre「喜ばれる」→ 古フランス語 plaisir「気に入る」

plaire v ～の気に入る ↔ déplaire、～を好む
plaisir nm 喜び、楽しみ

☐ Je suis ravi(e) de vous avoir rencontré(e), notre discussion m'***a*** beaucoup ***plu***.
☐ Je suis ravi(e) de vous avoir rencontré(e), c'était un plaisir de discuter avec vous.

お会いできてうれしく思いますし、おしゃべりできて楽しかったです。

☐ Son cadeau m'***a*** beaucoup ***plu***.
☐ Son cadeau m'a fait très plaisir.

私は彼（彼女）の贈り物がとても気に入った。

関連語 plaisant, e (adj)「（行ないが）楽しい、（場所が）快適な（= agréable）」。

306 pro「前方に」+ voqu「呼ぶ」

provoquer v （人を）挑発する、（望ましくないことを）引き起こす
provocant, e adj 挑発的な、挑戦的な
provocation nf 挑発、挑戦、挑発的言動

☐ Son attitude me ***provoquait***.
☐ Il a eu une attitude ***provocante***.
☐ Il a eu une attitude de provocation.

彼は挑発的な態度をとった。

307 ab「から離れて」+ s「存在している」

(s') absenter v.pr （一時）不在になる、（de を）留守にする

absent, e adj 不在の、欠席の、留守の ↔ présent, e

absence nf 不在、欠席、留守

☐ Adèle est passée me voir au bureau, mais je ***m'étais absenté(e)***.

☐ Adèle est passée me voir au bureau, mais j'étais ***absent(e)***.

☐ Adèle est passée me voir au bureau pendant mon absence.

アデールがオフィスを訪ねてきたが私は留守だった。

308 sign「印」をつけること

signer v 署名する、サインする

signature nf 署名、サイン

☐ Si vous voulez être absent(e) demain, il faut que vos parents ***signent*** une autorisation.

☐ Si vous voulez être absent(e) demain, il me faut la signature de vos parents.

明日欠席したいのなら、ご両親の署名が必要です。

309 ギリシア語 kólaphos「平手打ち」→ ラテン語 colapus「拳で打つこと」(→ coup「一撃」)

(se) couper v / v.pr 切る、断つ、止める、（刃物が）切れる、自分の〜を切る

coupe nf 切り取り、伐採、（髪の）カット、（服の）裁断

coupure nf 切傷、停電、断水

☐ Mes cheveux ***sont coupés*** trop court, je ne suis pas content(e).

☐ Ma coupe de cheveux est trop courte, je ne suis pas content(e).

髪を短く切られすぎて、不満です。

＊ Le coiffeur m'a coupé les cheveux trop court, je ne suis pas content. といった書き換えもできる。

☐ Chiara ***s'est coupé*** le doigt avec un couteau de cuisine.

☐ Chiara s'est fait une coupure au doigt avec un couteau de cuisine.

キヤラは包丁で指を切ってしまった。

☐ À l'intérieur de la salle de théâtre, l'électricité ***sera coupée*** de 17 à 20 heures.

☐ À l'intérieur de la salle de théâtre, il y aura une coupure d'électricité de 17 à 20 heures.

劇場内は午後5時から午後8時まで停電します。

関連語 découper (v)「細く切る、（新聞の記事などを）切り抜く」

310 crime「選り分ける」→「判決を下す」

criminel, criminelle adj 罪のある
crime nm （重い）犯罪、殺人

☐ Il a été condamné pour un acte ***criminel*** ignoble.
☐ Il a été condamné pour un **crime** ignoble.

彼は卑劣な犯罪で有罪になった。

関連語 criminel, criminelle (n)「殺人犯（= assassin (n), meurtrier, meurtrière (n)）」あるいは「刑事犯」の意味。

311 in「中に」+ sta「立たせる」→「設置する」

installer v 設置する
installation nf 取り付け、設置

☐ Il a fallu du temps pour ***installer*** la sonnette d'alarme.
☐ L'**installation** de la sonnette d'alarme a pris du temps.

非常ベルの設置に時間がかかった。

312 fac「行なう、作る」+ il「易い」→「活動を容易にする」

faciliter v 容易にする
facile adj 容易な、簡単な
facilité nf 容易

☐ Ce petit ustensile ***facilite*** la cuisson des frites.
☐ Ce petit ustensile rend la cuisson des frites très ***facile***.
☐ Ce petit ustensile permet de cuire les frites avec **facilité**.

この小さな道具でフライドポテトを簡単に調理できる。

* avec facilité で 関連語 facilement (adv)「容易に、楽に」の意味になる。

☐ Votre idée est ***facile*** à comprendre.
☐ Votre idée se comprend avec **facilité**.

あなたの考えは理解しやすい。

* 非人称を用いて Il est facile de comprendre votre idée. とも書ける。

313 aug「増大する」

augmenter v 増える、値上がりする、増す
augmentation nf 増大、増加、賃上げ

☐ Le loyer ***augmentera*** à partir du mois prochain.

□ À partir du mois prochain, il y aura une augmentation du loyer.

来月から家賃が上がる。

□ Le prix de l'essence ***a augmenté***.

□ Il y a eu une augmentation du prix de l'essence.

ガソリンの価格が上がった。

314 ré「再び」+ uni「1つ」→「1つに結合する」

(se) réunir v / v.pr （物・人を）集める、（人が）集まる、（会が）開かれる

réunion nf （職場などでの）会議、集会

□ Les professeurs de cette université ***se réunissent*** trois ou quatre fois par semaine.

□ Les professeurs de cette université font une réunion trois ou quatre fois par semaine.

この大学の教授たちは週に3~4回会議を開いている。

315 （心の）im「中に」+ press「押しつける」

impressionner v 強い印象を与える、感動させる

impressionnant, e adj 印象的な

impression nf 印象、感想

□ Les paroles de mon professeur m'***ont*** beaucoup ***impressionné(e)***.

□ Les paroles de mon professeur était très ***impressionnantes*** pour moi.

□ Les paroles de mon professeur m'ont fait une forte impression.

恩師の言葉が私に非常に大きな印象を与えた。

関連語 impressionnable (adj)「（人が）感受性の強い、心を動かされやすい」。

316 médic「治す」

médical, e adj 医学の、医者の

médecine nf 医学

médecin nm 医者

□ L'Institut Pasteur est réputé pour ses découvertes ***médicales***.

□ L'Institut Pasteur est réputé pour ses découvertes en médecine.

パスツール研究所はいくつもの医学的発見でその名を知られている。

□ Il va sans dire que la profession ***médicale*** consiste à soigner et guérir les malades.

□ Il va sans dire que la profession de médecin consiste à soigner et guérir les malades.

言うまでもないが、医師の仕事は患者の世話をし治療することにある。

317 polic「秩序のための統治」

policier, policière adj 警察の
police nf 警察

□ Les chiens ***policiers*** ont généralement des yeux doux.
□ Les chiens de la **police** ont généralement des yeux doux.

警察犬は普段は優しい目をしている。

関連語 policier, policière (une femme policier)(n)「警官」(= agent de police, flic)。

318 ラテン語 constāre「(ある価格で) しっかり立つ」(英語 cost) から

coûter v 値段が〜する、費用が〜かかる、人に犠牲を払わせる
coût nm 経費、費用

□ Combien ***coûte*** la réparation d'une horloge ?
□ Quel est le **coût** de la réparation d'une horloge ?

時計の修理代はいくらですか?

関連語 coûteux, couteuse (adj)「費用のかかる、高価な、犠牲をともなう」、coûteusement (adv)「高い金をかけて」。

319 particule「小さな部分」→「小さな部分に関する、特定の」

particulier, particulière adj 独特な、特有な、特別な
particularité nf 特色、特徴

□ Ces lunettes de soleil ***particulières*** peuvent également prendre des photos.
□ Ces lunettes de soleil ont aussi la **particularité** de pouvoir prendre des photos.

このサングラスは写真を撮れるのが特徴です。

関連語 particulièrement (adv)「特に、とりわけ」。

320 faut「間違った」

fautif, fautive adj 過ちを犯した、責任のある
faute nf 過ち、ミス、責任、落ち度

□ Elle est ***fautive***.
□ C'est (de) sa **faute**.

彼女のミスだ (責任だ)。

321 ラテン語 levāre「軽くする、上げる」

(se) lever v / v.pr 上げる、起こす、取り集める、起きる、（太陽などが）昇る
lever nm 日の出
levée nf 除去、徴収

☐ On a attendu sur la plage que le soleil ***se lève***.
☐ On a attendu sur la plage le lever du soleil.

浜辺で太陽が昇るのを待った。

☐ Le roi a besoin de ***lever*** des fonds pour rester au pouvoir.
☐ Une levée de fonds est nécessaire au roi pour rester au pouvoir.

王は権力の座にとどまるために資金を徴収する必要がある。

* ちなみに、民主的国家と見えながら、実際には個人のゆがんだ利益や利権にまみれた国を指して、フランス語では une république bananière（→バナナ共和国）と呼ぶ。

322 proche「近い」/ proxim「最も近い」

proche adj （空間的・時間的に）近い
proximité nf 近いこと、（時間的な）近さ

☐ L'odeur de la marée nous dit que la mer est ***proche***.
☐ L'odeur de la marée nous annonce la proximité de la mer.

潮の香りは海が近いことを教えてくれる。

☐ Quand l'examen est ***proche***, les étudiants deviennent nerveux.
☐ La proximité de l'examen rend les étudiants nerveux.

試験が近づくと学生たちはピリピリしてくる。

323 ラテン語 mons, montis「山」から

monter v 登る、昇る
montée nf 登ること、上昇

☐ Il est plus dangereux de descendre d'un arbre que d'y ***monter***.
☐ La descente d'un arbre est plus dangereuse que la montée.

木に登るより降りるときの方が危険だ。

☐ Les prix ***ont monté*** et la vie des gens ordinaires est devenue encore plus difficile.
☐ La montée des prix a rendu la vie des gens ordinaires encore plus difficile.

物価上昇で庶民の暮らしはますます逼迫した。

* この意味では monter に助動詞 avoir を用いる点に注意。

324 pro「前もって」+ miss「送る、置く」

promettre v 約束する

promesse nf 約束

□ Il ***a promis*** de se marier dans les six mois.

□ Il a fait la promesse de se marier dans les six mois.

彼は半年したら結婚すると約束してくれた。

325 con「一緒に」+ centr「中心」→「中心に集まる、集める」

(se) concentrer v / v.pr 集中させる、精神を集中する

concentration nf 集中

□ J'ai souvent du mal à ***me concentrer*** quand il y a du bruit autour de moi.

□ J'ai des problèmes de concentration quand il y a du bruit autour de moi.

周りがうるさいと集中できないことがたびたびある。

関連語 concentré, e (adj)「(人口などが) 集中した、精神を集中した」。

語形成 **centr「中心」** excentrique (adj)「とっぴな、奇抜な」(← ex「外に」+「中心」→「中心を外れる」)、égocentrique (adj)「自己中心的な」(← égo「自分」が「中心」になる)、géocentrique (adj)「地球中心の」(← géo「地球」を「中心」とする)。

326 ラテン語 provincia「(ローマの) 属州、(ローマの支配が及ばない) 地方」から

provincial, e adj 地方の、田舎の

province nf (首都に対して) 地方、田舎

□ À une époque où le travail à distance est populaire, la vie ***provinciale*** n'est pas mal.

□ À une époque où le travail à distance est populaire, la vie en province n'est pas mal.

リモートワークが盛んな時代、田舎暮らしも悪くない。

*「田舎で暮らす」なら vivre en province という。

関連語 provincial, e (n)「地方の人、地方出身者」。

327 é「外に」+ lect「集める、選ぶ」→「選び出す」

élire v 選挙する、(選挙で) 選ぶ

électoral, e adj 選挙の

élection nf (多くは複数で) 選挙

élu, e n (選挙の) 当選者

□ Mon oncle ***a été élu*** maire de Lyon.

□ Mon oncle a gagné les élections municipales de Lyon.

おじはリヨンの議会選挙で勝った。

☐ C'est aujourd'hui le dernier jour de la campagne ***électorale***.

☐ C'est aujourd'hui le dernier jour de la campagne pour les élections.

今日は選挙運動の最終日だ。

☐ Dix membres de ce parti ***ont été élus***.

☐ Ce parti compte dix élus.

この政党から10人が当選した。

328 cardi「心臓」の意味（←ギリシア語 cardio「心臓の」）

cardiaque adj 心臓の、心臓病の

cœur nm 心臓

☐ Depuis combien de temps est-il hospitalisé pour son problème ***cardiaque*** ?

☐ Depuis combien de temps est-il hospitalisé pour son problème de cœur ?

彼は心臓疾患で入院してどれくらいですか？

*「心臓疾患、心臓病」は医学用語では cardiopathie (nf) とも呼ばれる。

329 「探し求める」を意味するラテン語 inquarere から

enquêter v （アンケート）調査する

enquête nf 調査、アンケート

☐ Il y a eu plusieurs effractions dans le quartier, la police ***enquête***.

☐ Il y a eu plusieurs effractions dans le quartier, la police fait son enquête.

近所でいくつかの不法侵入があり、警察が調査している。

* なお「アンケート」は和製英語ではない。英語では questionnaire を用いる。

330 con「完全に」+ fi「信じる」

(se) confier v / v.pr （秘密などを）打ち明ける、意中を打ち明ける

confidence nf 打ち明け話

☐ Corinne ne ***se confie*** à personne.

☐ Corinne ne fait de confidence à personne.

コリンヌは誰にも胸の内を打ち明けない。

関連語 confidentiel, confidentielle (adj)「内密の」。

331 re「強く、何度も」+ marque「印をつける、注目する」

remarquer v 気づく、注目する、指摘する
remarque nf 指摘、注意

□ On m'a fait ***remarquer*** que j'ai* un accent.
□ On m'a fait des **remarques** sur mon accent.

私に訛（なま）りがあると指摘された。

* avais（時制照応をした場合）。

関連語 remarquable (adj)「注目すべき、傑出した」、remarquablement (adv)「すばらしく、見事に」。

332 supér「上に、超えた」

supérieur, e adj 上の、より優れた、上位の ↔ inférieur, e
supériorité nf 優越、優位

□ Elle se croit ***supérieure*** aux autres.
□ Elle a un complexe de **supériorité**.

彼女は他の人たちより優れていると思っている。

語形成 **super「上に、超えた」** superordinateur (nm)「スーパーコンピュータ」、superpuissance (nf)「超大国」、surpergrand (nm)「超大国、巨大企業」、supernova (nf)「超新星」。

333 con「完全に」+ dam「害を与える」

condamner v 刑を宣告する、非難する
condamnation nf 刑の宣告、非難

□ La cour l'***a condamné(e)*** à mort.
□ La cour a prononcé sa **condamnation** à mort.

裁判所は彼（彼女）に死刑を宣告した。

関連語 condamnable (adj)「非難すべき、罰すべき」。

334 juste「公平な」+ ifier「化する」→「正当化する」

(se) justifier v / v.pr （無実などを）証明する、正当化する、根拠がある
justification nf 正当化、弁明、裏付け

□ Vous ne pouvez pas prendre un jour de repos sans ***vous justifier***.
□ Vous ne pouvez pas prendre un jour de repos sans **justification**.

きちんと根拠を示さずに休暇を取ることはできない。

関連語 justifiable (adj)「正当化できる」（↔ injustifiable）。

335 dé「解く」+ velop「包み」→「包みを解く」→「可能性を開く」

(se) développer v / v.pr 発達（発展、発育）させる、発達（発展、発育）する

développé, e adj 発達（発展、発育）した

développement nm 発達、発育

☐ Ce quartier ***s'est*** rapidement ***développé*** grâce à l'aide du gouvernement.

☐ Le développement de ce quartier a été rapide grâce à l'aide du gouvernement.

この地区は政府の肝いりで急速に発展した。

☐ C'est une région qui ***se développe***.

☐ C'est une région en voie d'être ***développée***.

☐ C'est une région en voie de développement.

そこは発展途上の（発展しつつある）地域です。

* ただし、2つ目の en voie d'être développée はあまり使われないし、曖昧な言い方でもあり、C'est une région qui n'est pas encore développée.（←まだ発展していない地域）という意味合いにもなり得る。

語形成 **velop「包む」** enveloppe (nf)「封筒、包装紙」(← en「中に」+「包み込む」)。

336 Vulcānus（ローマ神話の火の女神）→ イタリア語 volcano「火山」

volcanique adj 火山の

volcan nm 火山

☐ C'est une région ***volcanique***.

☐ C'est une région de volcans.

そこは火山地帯です。

337 con「一緒に」+ tact「触れる」→「触れ合う」

contacter v 連絡をとる、接触する

contact nm 接触、連絡

☐ Le secrétaire ***a contacté*** le directeur en vacances.

☐ Le secrétaire a pris contact avec le directeur en vacances.

秘書は休暇中の部長と連絡をとった。

338 con「一緒に」+ clure「閉じる」

conclure v 取り決める、結論を引き出す

conclusion nf 結論、（協定などの）締結

☐ Qu'est-ce qu'on peut ***conclure*** de cette expérience de chimie ?

☐ Quelle conclusion est-ce qu'on peut tirer de cette expérience de chimie ?

この化学実験からどのような結論を導き出すことができるだろうか？

語形成 **clu「閉じる」** inclure (v)「(全体の一部として) 含める、包括する」(← in「中に」+「閉じる」)、exclure (v)「締め出す、排除する」(← ex「外に」+「閉じる」)。

339　co(n)「(しっかりと) 共に」+ stater「立っている」

constater v (事実としてそれを) 確認する、分かる
constatation nf (事実や現状などの) 確認、所見

□ Vous nous ferez part de tout ce que vous aurez pu ***constater***.
□ Vous nous ferez part de toutes vos constatations.

お気づきの点は何でも当方にお知らせください。

340　「楽しみ、満足、享受、成果、果実」といった意味を持つラテン語 fructus から

fruitier, fruitière adj 果実がなる
fruit nm 果実、果物

□ Quel genre d'arbre ***fruitier*** cultivez-vous ici ?
□ Quel genre d'arbre à fruits cultivez-vous ici ?

ここで育てている果樹は何ですか?

341　ラテン語 ligāre「結ぶ」

(se) lier v / v.pr 縛る、(人や事柄を) 結びつける、(avec と) 親交を結ぶ
lien nm 紐(ひも)、綱(つな)、(事物間の) 関連、(人との) 絆(きずな)

□ Il n'y a rien qui ***lie*** ces deux crimes.
□ Il n'y a aucun lien entre ces deux crimes.

この2つの犯罪の間にはいかなる関連もない。

□ Il ***s'est lié*** d'amitié avec mes frères.
□ Il a noué des liens d'amitié avec mes frères.

彼はうちの兄弟と親交を結んだ。

342　in「上に」+ sist「立つ」→「自分の考えに立って主張する」

insister v 強調する、しつこく言う
insistance nf しつこさ、固執

□ L'éditeur ***a insisté*** pour avoir son nouveau manuscrit.
□ L'éditeur a réclamé avec insistance son nouveau manuscrit.

編集者はしつこく彼(彼女)の新しい原稿を催促した。

語形成 **sist「立つ」** assistance (nf)「補助、援助、出席」(← as「に」+「(そばに) 立つ」、résistance (nf)「抵抗、反対」(← ré「反対して」+「立つ」)(☞ A-494)。

343 avant「(序列・順位) 先に、上に」→「一歩前に出た状態」

avantager v (魅力を) 引き立たせる、有利にする ↔ désavantager
avantageux, avantageuse adj 有利な、好都合な
avantage nm 優位、優勢、利益

□ Si elle obtient son doctorat, cela l'***avantagera*** par rapport aux autres.
□ Si elle obtient son doctorat, elle aura un avantage sur les autres.

彼女が博士号を取得すれば、他の人より優位になるでしょう。

□ Cette proposition est très ***avantageuse***.
□ Cette proposition présente de grands avantages.

この提案には大きな利点がある。

344 his「王の」+ stoire「話」

historique adj 歴史の、歴史的な、歴史上の
histoire nf 歴史、物語

□ Aujourd'hui est un jour ***historique*** pour notre entreprise.
□ Aujourd'hui est un jour important pour l'histoire de notre entreprise.

本日は当社にとって歴史的な日です。

関連語 historien, historienne (n)「歴史家」。

語形成 **ique「の性質をもった」(adj)** écologique「生態学の、環境保護の」、traumatique「外傷性の、トラウマの」、charismatique「カリスマ的な」、journalistique「ジャーナリズム特有の」。

345 voy「道」(←ラテン語 via)

voyager v 旅行する
voyage nm 旅行
voyageur, voyageuse n 旅行者

□ Je vais ***voyager*** en Europe le mois prochain.
□ Je vais faire un voyage en Europe le mois prochain.

来月ヨーロッパを旅します。

□ Mon grand-père ***voyage*** beaucoup.
□ Mon grand-père est un grand voyageur.

祖父は大の旅行家だ。

* 英語では a trip「旅」、a journey「陸の旅」、a voyage「船旅、宇宙の旅」などと分けられるが、フランス語は1語 voyage で足りる。

346　　フランク語 markôn「足跡を刻む」から

marcher v 歩く、(機械などが) 動く
marche nf 歩くこと、(乗り物などの) 進行、(機械などの) 運転

□ Il faut ***marcher*** environ 20 minutes pour arriver à la gare la plus proche.
□ Il faut environ 20 minutes de marche pour arriver à la gare la plus proche.

最寄駅に行くには 20 分ほど歩かなくてはなりません。

* La gare la plus proche est à environ 20 minutes de marche d'ici. といった言い方もできる。

347　　com「一緒に」+ merc「商品」を扱う

commercialiser v 商業化 (商品化) する、(市場に) 売り出す
commercial, e adj 商業の、貿易の
commerce nm 商業、商売、貿易
commercialisation nf 商業化、商品化、売り出し

□ Ce produit de beauté n'***est*** pas encore ***commercialisé***.
□ Ce produit de beauté n'est pas encore dans le commerce.

この化粧品はまだ市場に出ていない。

* dans le commerce で「製品が市場に出ている」という意味。

□ Il est difficile de ***commercialiser*** ce nouveau produit.
□ La commercialisation de ce nouveau produit est difficile.

この新製品の商品化は難しい。

□ Mon fils travaille pour une société ***commerciale***.
□ Mon fils travaille pour une maison de commerce.

息子は商社で働いている。

*「商社」une maison de commerce はいささか古めかしい。前置詞は dans を使って Mon fils travaille dans une société commerciale. とすることもできる。なお、commercial (nm) は「(企業の) 営業部門」の意味でも使われる (例：Mon fils est commercial dans une grande entreprise.「息子は大企業の営業担当です」)。

348　　(価値基準に従って) critique「見分ける」

critiquer v 批判する、批評する、非難する
critique nf 批判、非難

□ La dictature militaire ***a été*** fortement ***critiquée*** dans le monde entier.
□ La dictature militaire a fait l'objet d'une forte critique dans le monde entier.

軍事独裁は世界中から強い批判を浴びた。

関連語 critiquable (adj)「批判の余地のある、非難されるべき (↔ louable)」。

349 bas「低い」

baisser v 低くする、低くなる、値段（値打ち）が下がる
baisse nf 低下、値下げ

□ Le taux de natalité qui ***baisse*** est un problème sociétal grave.
□ La baisse de la natalité est un problème sociétal grave.

出生率の低下は深刻な社会問題だ。

□ Je voudrais profiter de ce que les prix ***baissent*** pour acheter un PC.
□ Je voudrais profiter de la baisse des prix pour acheter un PC.

私は値段が下がるのをうまく利用してパソコンを購入したい。

350 cult「耕された」（← ラテン語 colere「耕す」）

(se) cultiver v / v.pr （土地を）耕す、（作物を）栽培する、教養を身につける
culturel, culturelle adj 文化の
culture nf 文化、教養、耕作、栽培

□ On ***cultive*** surtout le riz dans ce village.
□ On fait surtout la culture du riz dans ce village.

この村では主に稲作をしている。

□ Mon fils ***s'est*** beaucoup ***cultivé*** pendant son séjour à Londres.
□ Mon fils a acquis une grande culture pendant son séjour à Londres.

息子はロンドン滞在中に大いに教養を深めた。

□ Les différences ***culturelles*** peuvent créer des problèmes dans le commerce international.
□ Les différences de cultures peuvent créer des problèmes dans le commerce international.

文化の違いは国際貿易に問題を引き起こす可能性がある。

語形成 **culture「栽培、育成」** aquaculture, aquiculture (nf)「（魚介類）養殖、（植物の）水耕法」（← aqua, aqui「水の」+「栽培」）、ostréiculture (nf)「牡蠣（かき）の養殖」（← ostréi「牡蠣」= huître +「育成」）、puériculture (nf)「育児（法）」（← puéri「子ども」+「育成」）。

351 ラテン語 coactāre「集める、一緒にする」（cōgere）から

(se) cacher v / v.pr 隠す、隠れる
cachette nf 隠れ場所、隠し場所
cache-cache nm かくれんぼ

□ La petite fille cherchait un endroit pour ***se cacher***.

☐ La petite fille cherchait une cachette.

少女は身を隠せる場所を探していた。

☐ On joue à ***se cacher*** ?

☐ On joue à cache-cache ?

かくれんぼする?

352 prê「前に、近くに」+ ester「立っている」→「味方する、貸す」

prêter v 貸す ↔ emprunter、提供する

prêt nm 貸すこと、貸与、融資

☐ Je lui ***ai prêté*** 500 euros il y a un mois.

☐ Je lui ai fait un prêt de 500 euros il y a un mois.

1ヶ月前、彼（彼女）に 500 ユーロ貸した。

☐ La banque ***a prêté*** 20 millions de yens à notre entreprise comme fonds de roulement.

☐ La banque a accordé un prêt de 20 millions de yens à notre entreprise comme fonds de roulement.

銀行がわが社の運転資金として 2000 万円のローンを認めた。

353 dé「完全に」+ fin「区切り」→「区切りを明確にする」

définir v 定義する、規定する

définition nf 定義、明確化

☐ Un Français m'a dit : « Beaucoup de mots japonais sont impossibles à ***définir***. »

☐ Un Français m'a dit : « La définition de beaucoup de mots japonais est impossible. »

フランス人が「日本語には定義できない単語がたくさんある」と言った。

関連語 indéfinissable (adj)「定義の下せない、名づけようのない」。

354 ex「外に」+ pose「置く」→「さらす」

exposer v 展示する、説明する

exposition nf 展示、展覧会

☐ Des fossiles de dinosaures ***seront exposés*** dans ce musée.

☐ Ce musée accueillera une exposition de fossiles de dinosaures.

あの博物館で恐竜の化石展が開かれる。

355 pro「前に」+ gress「歩く」

progresser v 進歩する、向上する、前進する
progrès nm 進歩、向上
progression nf 前進

□ Le lutteur de sumô mongol ***a*** rapidement ***progressé*** en japonais.
□ Le lutteur de sumô mongol a fait des progrès rapides en japonais.

モンゴルの力士は急速に日本語が上達した。

□ On a vu une équipe d'alpinistes ***progresser*** sur une crête lointaine.
□ On a observé la progression d'une équipe d'alpinistes sur une crête lointaine.

登山隊が遠い稜線を前進していく姿が見えた。

356 ラテン語 mare「海」から

marin, e adj 海の
mer nf 海

□ J'aime l'agréable brise ***marine***.
□ J'aime l'agréable brise de mer.

心地よい海風が好きです。

357 puy「土台、基礎」の方へ

(s') appuyer v / v.pr 支える、支持（支援）する、もたれかかる
appui nm 支え、支持、支援

□ Vous pouvez ***vous appuyez*** ici avant de sauter de l'avion.
□ Vous pouvez prendre appui ici avant de sauter de l'avion.

（スカイダイヴィングで）飛行機から飛び降りる前にここにつかまっていてください。

□ Je vous remercie d'***avoir appuyé*** ma proposition.
□ Je vous remercie pour votre appui de ma proposition.

私の提案をご支持いただき感謝いたします。

358 r「元へ戻る」+ entrer「入る」

rentrer v （本拠地に特に自宅に）帰る、帰宅する ↔ sortir
rentrée nf （本拠地に）帰ること、戻ること

□ Les bergers se préparent à ***rentrer*** les moutons pour l'automne.
□ Les bergers préparent la rentrée des moutons pour l'automne.

羊飼いたちは秋に向けて羊を帰還させる準備をする。

359 dé「逆にする」+ struct「建設する」→「取り壊す」

détruire v 破壊する
destruction nf 破壊

□ Ce grand tremblement de terre a totalement ***détruit*** la ville.
□ La **destruction** de cette ville par le tremblement de terre a été totale.

あの地震で都市は完全に壊滅した。

360 com「一緒に」+ plex「折る」→「折り重なった」

complexe adj 複雑な
complexité nf （物事や性格などの）複雑さ

□ Ce théorème mathématique est ***complexe***.
□ Ce théorème mathématique est d'une grande **complexité**.

この数学の定理はとても複雑だ。

関連語 compliquer (v)「複雑にする」（☞ A-646）（↔ simplifier）（☞ B-195）。

361 trans「別の場所に」+（港を出て）port「運ぶ」

transporter v 運ぶ、輸送する
transportable adj 輸送可能な ↔ intransportable
transport nm 輸送

□ Il est impossible de ***transporter*** cet énorme conteneur par air.
□ Cet énorme conteneur n'est pas ***transportable*** par air.
□ Le **transport** aérien de cet énorme conteneur est impossible.

この巨大なコンテナを空輸するのは不可能だ。

関連語 transporteur (nm)「運搬業者、運搬装置、輸送船」。

362 dé「分離」+ fend「打つ」→「相手を打って遠ざける」

défendre v 守る、保護する、弁護する、禁じる
défense nf 防衛、擁護、保護、禁止
défenseur, défenseuse n 保護者、支持者、弁護士

□ Nous sommes chargés de ***défendre*** les habitants.
□ Nous sommes chargés de la **défense** des habitants.

私たちは住民を保護するのが任務です。

＊défense は「禁止」の意味でも使われるがその場合、通常は「掲示や張り紙」などで「～禁止」という形で使われるのが大半。辞書や参考書によっては faire défense à qqn de + inf.「～に…することを禁じる」といった例が載っているものの、実際に使われている場面に遭遇したことがない。

□ Il va employer cet avocat pour ***défendre*** son honneur.
□ Il va employer cet avocat comme défenseur de son honneur.

彼は自らの名誉を守るためにこの弁護士を雇うつもりだ。

363 5世紀ごろ王国を建国したフランク族 Franc, Franque が「自由、率直な」民であったことから

franc, franche adj 率直な、誠実な、純粋な
franchise nf 率直さ、誠実さ

□ Pour être ***franc***, mon portefeuille est vide.
□ En toute franchise, mon portefeuille est vide.

実のところ、私の財布はからなのです。

関連語 franchement (adv)「率直に、率直に言えば、はっきりと」。

364 sé「離れて」+ pare「準備する」→「分ける、分離する」

(se) séparer v / v.pr 分ける、隔てる、分かれる、別れる
séparé, e adj 別れた、別々の
séparation nf 分けること、別れ、別居

□ Je ne savais pas que M. et Mme Sato ***s'étaient séparés***.
□ Je ne savais pas que M. et Mme Sato étaient ***séparés***.
□ Je n'étais pas au courant de la séparation de M. et Mme Sato.

佐藤夫妻が別居中とは知らなかった。

関連語 séparément (adv)「別々に、離れ離れに」。

365 ré「対立・拮抗」+ agir, act「行動する」

réagir v 反応する、反発する
réaction nf 反応、反発

□ Roseline n'***a*** pas du tout ***réagi*** comme je l'espérais.
□ Roseline n'a pas du tout eu la réaction que j'espérais.

ロズリーヌは私が望んでいたような反応はまったくしなかった。

□ Le gouvernement doit ***réagir*** fermement contre cette attaque.
□ La réaction du gouvernement contre cette attaque doit être ferme.

政府はこの襲撃に対して断固反発すべきだ。

関連語 réactif, réactive (adj)「反応する、反応性の」。

366 dis「離して」+ pose「置く」

disposer v 配置する、自由に使える
disposition nf 配置、(人や物を) 自由に使えること

□ L'armée ***dispose*** de 250 000 soldats.
□ L'armée a 250 000 soldats à sa disposition.

軍には 25 万人の兵士が配されている。

□ Vous pouvez ***disposer*** à votre guise des provisions dans le frigo.
□ Les provisions dans le frigo sont à votre disposition.

冷蔵庫にある食糧を自由にお使いください。

367 sci「知る」+ ence「こと」

scientifique adj 科学的な、学問的な
science nf 科学、学問

□ Le développement des mathématiques apporte de grands progrès ***scientifiques***.
□ Le développement des mathématiques apporte de grands progrès à la science.

数学の発展は大きな科学 (学問) の進歩をもたらす。

関連語 scientifique (n)「科学者」、scientiste (n)「科学主義者」。

368 in「ない」+ dé「下に」+ pend「ぶら下がる」→「何かにぶら下がらない」

indépendant, e adj 独立した、独立心の強い、無関係の ↔ dépendant, e
indépendance nf 独立、自立、関連のなさ

□ Il est difficile pour de nombreux jeunes Japonais d'être ***indépendants***.
□ L'indépendance est difficile à acquérir pour de nombreux jeunes Japonais.

多くの日本の若者にとって自立は手にするのが難しい。

□ Ces deux problèmes sont certainement ***indépendants*** l'un de l'autre.
□ L'indépendance de ces deux problèmes est certaine.

この2つの問題が無関係であることは確かです。

関連語 indépendamment (adv)「無関係に、独立して」。

369 rég「規定、支配」

régler v 調整する、解決する
réglage nm 調整、調節
règlement nm (事件などの) 解決

☐ N'utilisez pas ce drone sans l'***avoir réglé*** au préalable.

☐ N'utilisez pas ce drone sans réglage préalable.

このドローンは事前の調整なしに使用しないでください。

☐ Grâce à l'enquête initiale de la police, les cas difficiles ***ont été*** vite ***réglés***.

☐ Grâce à l'enquête initiale de la police, le règlement des cas difficiles a été rapide.

警察の初動捜査のおかげで、難事件はすぐに解決された。

370 co「強く」+ mand「命じる」

commander **v** 命令する、指揮する、注文する
commandement **nm** 命令、指揮
commande **nf** 注文、注文品

☐ M. Camus ***commande*** notre régiment depuis deux ans.

☐ M. Camus a pris le commandement de notre régiment il y a deux ans.

2年前から、カミュ氏がわが連隊を指揮している。

☐ Je n'ai pas encore reçu ce que j'***ai commandé***.

☐ Je n'ai pas encore reçu ma commande.

注文品をまだ受け取っていない。

371 俗ラテン語 fundus「底、基礎」から

fonder **v** 創設する、(事柄が)根拠になる
fondation **nf** 創設
fondement **nm** 基礎、根拠

☐ Ce prix littéraire ***a été fondé*** en 1935.

☐ La fondation de ce prix littéraire remonte à 1935.

この文学賞の創設は 1935 年だ。

☐ Sur quoi ***fondez***-vous votre raisonnement ?

☐ Quels sont les fondements de votre raisonnement ?

あなたの推論は何を根拠にしていますか?

372 ex「外に」+ cice「囲い」→「囲いの外で家畜を動かす、働かせる」

(s') exercer **v / v.pr** 訓練する、練習する
exercice **nm** (体の)運動、練習

☐ Ma grand-mère ***s'exerce*** au piano tous les matins.
☐ Ma grand-mère fait des exercices de piano tous les matins.

祖母は毎朝ピアノの練習をします。

373　mani「手で」+ fest「つかめる」→「現行犯で捕らえられかねない」

manifester v デモに参加する
manifestation nf デモ

☐ Ils vont ***manifester*** demain.
☐ Ils vont participer à la manifestation demain.

彼らは明日デモに参加する。

＊会話では manif「デモ」と略されることもある。

374　menace「突き出る」→「脅威を与えるもの」

menacer v 脅す、脅迫する
menace nf 脅し、脅迫

☐ Il ***a menacé*** de me tuer au téléphone.
☐ Il m'***a menacé(e)*** de mort au téléphone.
☐ Il m'a fait des menaces de mort au téléphone.

彼は電話で私を殺すと脅した。

関連語 menaçant, e (adj)「脅迫的な、危険をはらんだ」。

375　mal「悪い」状態を持つ

malade adj 病気の
malade n 病人、患者
maladie nf 病気

☐ Ce vagabond fait semblant d'être ***malade***.
☐ Ce vagabond fait le malade.

あの浮浪者は病人のふりをしている。

☐ Mon chien est ***malade***.
☐ Mon chien a une maladie.

うちの犬は病気です。

376 ré「再び」+ form「形作る」

réformer **v** 改革する
réforme **nf** 改革

☐ Ce candidat a pour projet de ***réformer*** le système des retraites s'il est élu.
☐ Ce candidat projette une réforme du système des retraites s'il est élu.

選出されれば、あの候補者は年金制度改革を計画している。

* ちなみに、réformer ではなく動詞 reformer なら「～を作り直す、再編成する」という意味。

377 re「戻して」+ jet「投げる」→「投げ返す」

rejeter **v** 拒絶する、投げ返す、追い返す
rejet **nm** 拒絶、投棄

☐ La faculté ***a rejeté*** la proposition du président, mais cela n'a surpris personne.
☐ Le rejet de la proposition du président par la faculté n'a surpris personne.

学部による学長提案の拒否に対して誰も驚かなかった。

378 ラテン語 ruber「赤」から

rougir **v** （物が）赤くなる、顔を赤らめる
rouge **adj** 赤い
rouge **nm** 赤
rougeur **nf** （顔の）紅潮、（皮膚の）赤い斑点

☐ Il ***rougit*** toujours quand il doit parler en public.
☐ Il devient tout ***rouge*** quand il doit parler en public.
☐ Le rouge lui monte toujours au visage quand il doit parler en public.

彼は人前で話さなければならないときにはいつも顔を赤らめる。

☐ M. Rouard a des taches ***rouges*** sur la peau.
☐ M. Rouard a des rougeurs sur la peau.

ルアール氏は皮膚に紅斑がある。

379 auto「創造する、物を生んで増やす」（者）→「正式に許可する」

autoriser **v** 許可する
autorisation **nf** 許可、同意

☐ Mon patron nous ***a autorisé(e)s*** à organiser une fête en plein air.
☐ Mon patron nous a donné l'autorisation d'organiser une fête en plein air.

社長が野外パーティーの開催を許可してくれた。

380 bord「板、船の舷（げん、ふなべり）」

border v （deで）縁取る、囲む、（〜に）沿う
bord nm 沿岸、道端、縁
bordure nf 縁

☐ Ce papier à lettres ***est bordé*** d'une ligne dorée.
☐ Il y a une ligne dorée sur le **bord** de ce papier à lettres.
☐ La **bordure** de ce papier à lettres est une ligne dorée.

この便箋は金のラインで縁取られている。

381 fav「熱」→「熱を上げること」→「好意 favor をもつ」

favoriser v 優遇する、特別に可愛がる
favorable adj 好意的な、有利な、好都合な
faveur nf （特別の）計らい、優遇

☐ Le professeur a tendance à ***favoriser*** cette étudiante.
☐ Le professeur a tendance à faire des **faveurs** à cette étudiante.

先生はあの女子学生をひいきにしがちだ。

☐ La chance m'est ***favorable***.
☐ La chance tourne en ma **faveur**.

私に運が向いてきた。

382 pro「前で」+（知識があると）fess「話す」

professionnel, professionnelle adj 職業の、職業上の、プロの
professionnel, professionnelle n プロ、専門家
profession nf 職業

☐ Mon fils suit une formation ***professionnelle*** chez un luthier.
☐ Mon fils suit une formation de lutherie chez un **professionnel**.
☐ Mon fils suit une formation chez un luthier, il veut en faire sa **profession**.

息子は弦楽器製作者（リュート職人）のところで専門的な訓練を受けている。

関連語 professionnellement (adv)「職業的に、職業上」。

383 uti「使用する」

utile adj 役に立つ ↔ inutile
utilité nf 有用性、利益

☐ Ce programme linguistique sera ***utile*** aux étudiants.

□ Ce programme linguistique sera d'une grande utilité aux étudiants.

この語学番組は学生たちにとても役立つでしょう。

関連語 utilement (adv)「有益に、有効に」、utilisation (nf)「使用、利用」(☞ A-113)。

384 ラテン語 cārus「高価な」から

cher, chère adj 高価な、高い

cherté nf 高価であること、高値

□ Tout le monde se plaint que la vie est ***chère***.

□ Tout le monde se plaint de la cherté de la vie.

皆が物価高に不平を言っている。

関連語 chèrement (adv)「高価に、高い犠牲を払って」。

385 in「中に」+ écrire「書く」

(s') inscrire v / v.pr 登録する、記入する

inscription nf 登録、記入

□ Quelle est la date limite pour ***s'inscrire*** à la fac ?

□ Les inscriptions à la fac sont jusqu'à quand ?

学部への登録はいつまでですか?

386 con「一緒に」+ cour「走る」→「一つのものを取り合う」

(se) concurrencer v / v.pr 競争する、(互いに) 競争する

concurrent, e adj (特に商売上の) 競争相手の

concurrent, e n 競争相手

concurrence nf 競争、商売上の競争

□ Ces deux restaurants de sushis ***se concurrencent***.

□ Ces deux restaurants de sushis sont ***concurrents***.

□ Ces deux restaurants de sushis sont des concurrents.

□ Ces deux restaurants de sushis sont en concurrence.

この2軒の寿司屋は商売がたきだ。

387 con「一緒に」+ firm「堅固な」→「確かだと思う」

confirmer v 確認する

confirmation nf 確認

☐ Est-ce que tu as reçu un email qui ***confirme*** notre réservation ?

☐ Est-ce que tu as reçu un email de **confirmation** de notre réservation ?

予約を確認するメールを受け取った？

語形成 **firm「堅固な」** affirmer (v)「断言する、明言する」(af「対して」+「確かである」)(☞ A-254)。

388 con「一緒に」+ tribu「分配する、割り当てる」→「寄せ集めて贈る」

contribuer v (à に) 貢献する、原因になる

contribution nf 貢献、寄与

☐ Il ***a contribué*** au succès de cet événement.

☐ Il a apporté sa **contribution** au succès de cet événement.

彼はこのイヴェントの成功に貢献した。

語形成 **tribu「割り当てる」** attribuer (v)「割り当てる、与える」(← at「に」+「割り当てる」)。

389 at「に」+ taqu「杭（くい）」→「杭を打ち込む」

attaquer v 攻撃する、非難する

attaque nf 攻撃、非難

☐ Les médias ***ont*** sévèrement ***attaqué*** le nouveau gouvernement.

☐ L'**attaque** médiatique contre le nouveau gouvernement a été sévère.

マスコミは新政権を辛辣に攻撃した。

関連語 inattaquable (adj)「攻撃できない、非の打ちどころがない」。

390 re「再び」+ monter「上がる」

remonter v 再び上がる

remontée nf 再び上がること

☐ Le télésiège est une machine qui permet de ***remonter*** au sommet des pistes sans effort.

☐ Le télésiège est une machine qui permet une **remontée** au sommet des pistes sans effort.

チェアリフトはゲレンデの頂上まで再び楽に上がることができる機械だ。

＊ちなみに「（スキー）リフト」は remontée mécanique (nf) とも呼ばれる。

391 ラテン語 firmus「強固な」から

ferme adj 固い、確固とした

fermeté nf 意志の強さ

☐ Sa résolution ***ferme*** nous a beaucoup impressionnés.

☐ La fermeté de sa résolution nous a beaucoup impressionnés.

彼（彼女）の決意の固さにとても感銘を受けた。

関連語 fermement (adv)「しっかりと、断固として」。

392 「眠りこんだ、敏捷さを欠いた」を意味する俗ラテン語 lurdus から

lourd, e adj 重い、重苦しい
lourdeur nf 重さ、重く苦しさ

☐ Je me sens l'estomac ***lourd*** après un repas copieux.

☐ J'ai des lourdeurs d'estomac après un repas copieux.

たっぷりの食事のあとなので胃が重い。

関連語 (s') alourdir (v/v.pr)「重くする、重くなる」(↔ alléger)。

393 ラテン語 dūrus「固い」

(se) durcir v / v.pr 固くする、硬化する、固くなる
dur, e adj 固い、難しい、厳しい
durcissement nm 固くなること、凝固
dureté nf （物の）固さ、硬度、（態度などの）厳しさ ↔ douceur (nf), tendresse (nf)

☐ Ce ciment ***durcit*** très rapidement.

☐ Le durcissement de ce ciment est très rapide.

このセメントはすぐに固まる。

☐ Le marbre est plus ***dur*** que la craie.

☐ La dureté du marbre est plus grande que celle de la craie.

大理石は白亜（チョーク）よりも硬度が高い。

☐ Ce professeur est trop ***dur*** avec ses étudiants.

☐ La dureté de ce professeur avec ses étudiants est excessive.

あの先生の学生に対する厳しさは度が過ぎる。

394 con「一緒に」+ tenir「保つ」→「一緒に含まれたもの」

contenir v 含む、入れる
contenance nf 容量、容積、面積
contenu nm 中身、内容

☐ Cette bouteille en verre ***contient*** trois litres.

☐ La contenance de cette bouteille en verre est de trois litres.

そのガラス瓶の容量は3リットルです。

A 1-668
B 1-269
C 1-255
索引

□ Mon bébé a mangé tout ce que ***contenait*** son assiette.
□ Mon bébé a mangé tout le **contenu** de son assiette.

赤ちゃんは皿の中身（料理）を全部食べた。

＊ただし、この文は Mon bébé a mangé toute son assiette. とする方が自然な言い回し。

395　com「共に」+ muni「交換」→「互いに交換し合う」

communiquer v（情報を）伝える、連絡する、コミュニケーションをとる
communicatif, communicative adj 人に伝わりやすい、話好きの
communication nf（情報などの）伝達、コミュニケーション

□ J'ai du mal à ***communiquer*** avec ma femme.
□ Je ne suis pas très ***communicatif*** avec ma femme.
□ J'ai des problèmes de **communication** avec ma femme.

私は妻とコミュニケーションをとるのに苦労している。

関連語 communicateur, communicatrice (n)「（テレヴィなどの）キャスター」。

396　古フランス語 eschec「戦利品」（複数形 échecs では「チェス」の意味になる）

échouer v 失敗する
échec nm 失敗

□ Emmanuel ***a*** encore ***échoué*** à son examen de passage.
□ Emmanuel a encore subi un **échec** à son examen de passage.

エマニュエルはまた進級試験に失敗した。

397　tras「越えて、向こうに」+ vers「方向を変える」

traverser v 横断する
traversée nf（海や大陸の）横断

□ Mon rêve est de ***traverser*** l'océan Pacifique en yacht.
□ Mon rêve est de faire la **traversée** de l'océan Pacifique en yacht.

私の夢はヨットで太平洋を横断することだ。

398　tans「変換」+ form「形」

(se) transformer v / v.pr（形・様態を）変える、変わる
transformation nf（形・様態の）変化

□ Le maire a accepté de ***transformer*** cette ancienne zone industrielle en parc.

□ Le maire a accepté la transformation de cette ancienne zone industrielle en parc.

市長はこのかつての工業地帯を公園に変えることに同意した。

399 vote「誓約」

voter v 投票する、可決する

vote nm 投票、可決

votant, e n 投票者

□ On doit attendre que la loi ***soit votée***.

□ Il faut attendre le vote de la loi.

法律が可決されるのを待たなくてはならない。

□ Environ 20% des électeurs ***ont voté***.

□ Il y a eu environ 20% de votants.

投票したのは約2割の人だった。

400 r「元へ戻る」+ envoyer「送る」

renvoyer v 解雇する、送り返す、先送りする

renvoi nm 解雇、返送、（将来に）先送りすること

□ Je veux savoir pour quel motif on ***a renvoyé*** mon mari.

□ Je veux connaître le motif du renvoi de mon mari.

夫がどういう理由で解雇されたのか知りたい。

□ Les documents ne peuvent pas vous ***être renvoyés***.

□ Le renvoi des documents n'est pas possible.

書類の返送はできません。

□ ***Renvoyer*** la discussion à plus tard n'est pas une solution.

□ Le renvoi de la discussion à plus tard n'est pas une solution.

議論を先送りしても解決にはならない。

401 re「何度も」+ gret「嘆く」

regretter v 後悔する、残念に思う

regrettable adj 残念な、遺憾な

regret nm 後悔、残念さ

□ Je ***regrette*** de n'avoir pu vous rendre service.

□ Il est ***regrettable*** que je n'aie pas pu vous rendre service.
□ J'ai le regret de n'avoir pu vous rendre service.

お役に立てなかったことが残念です。

402 re「繰り返し」+ command「勧める」

recommander v 推薦する、勧告する
recommandation nf 推薦、勧告

□ Rebecca m'a demandé de lui ***recommander*** quelques films français.
□ Rebecca m'a demandé quelques recommandations de films français.

レベッカは私にいくつかフランス映画を推薦するよう求めてきた。

関連語 recommandable (adj)「(多くは否定的表現で) 推奨に値する、(人柄が) 感心できる」。

403 sur「上から」+ (不意に) prendre, pris「つかむ、つかまれた」

surprendre v 驚かせる、不意に襲う
surpris, e adj 驚いた
surprise nf 驚き

□ Sa visite inopinée m'***a surpris(e)***.
□ Sa visite soudaine a été une surprise pour moi.

彼 (彼女) の思いがけない来訪には驚いた。

□ Elle était trop ***surprise*** pour parler.
□ Elle est restée muette de surprise.

彼女はすごくびっくりして声も出なかった。

語形成 **pris「つかまれた」** prison (nf)「刑務所」、entreprise (nf)「企て、企業、会社」(← entre「間に」+「つかまれた」→「仕事につかまえられた状態」)。

404 mélior「より良い」(← meilleur) の影響

(s') améliorer v / v.pr 改善する、よくなる、(天候や健康が) 回復する
amélioration nf 改善、(天候や健康の) 回復

□ Tout le monde reconnaît qu'il est extrêmement difficile d'***améliorer*** les relations entre les États-Unis et la Chine.
□ Tout le monde reconnaît que l'amélioration des relations entre les États-Unis et la Chine est extrêmement difficile.

米中の関係改善がものすごく難しいことは誰もが認めている。

405 ad「に」+ ministr「仕える」

administratif, administrative adj 管理の、行政の

administration nf 管理、行政（機関）

☐ Les services *administratifs* sont souvent critiqués pour leur lenteur.

☐ Les services de l'Administration sont souvent critiqués pour leur lenteur.

行政サーヴィスは緩慢だと非難されがちだ。

406 ré「元に戻して」+ fléch, fléx「曲げる」→「考えが自分に向かう」

réfléchir v 考える、熟考する

réflexion nf 熟考、（多く複数で）考察

☐ Régine agit souvent sans *réfléchir*.

☐ Régine agit souvent sans réflexion.

レジーヌはしばしばよく考えもせずに行動する。

関連語 réfléchi, e (adj)「（人や性格などが）思慮深い、熟慮された」（↔ irréfléchi, e）。

407 ラテン語 viridis、古フランス語 verd「緑」

verdir v 緑色になる、緑色にする

vert, e adj 緑の、（野菜などが）熟していない

vert nm 緑色

verdure nf （草木の）緑

☐ J'aime la forêt au printemps, quand les arbres commencent à *verdir*.

☐ J'aime la forêt au printemps, quand les feuilles *vertes* commencent à sortir.

☐ J'aime la forêt au printemps, quand le vert des arbres réapparaît.

☐ J'aime la forêt au printemps, quand la verdure des arbres réapparaît.

木々が緑を取り戻す春の森が好きです。

☐ Je n'aime pas cette cravate *verte*, elle est trop foncée.

☐ Je n'aime pas le vert de cette cravate, il est trop foncé.

この緑色のネクタイは好きでありません、色が濃すぎます。

関連語 verdâtre (adj)「緑がかった、くすんだ緑の」。

408 ap「に」+ préci「価値（をつける）」

apprécier v 高く評価する ↔ déprécier、見積もる

appréciation nf 評価、見積もり

☐ Le directeur administratif *apprécie* beaucoup votre capacité d'adaptation.

☐ Le directeur administratif a une grande appréciation pour votre capacité d'adaptation.

総務部長はあなたの適応能力を高く評価しています。

409 sens「感じる」+ ible「を持った」

sensible adj 感じやすい、感受性の強い
sensibilité nf 感受性、感覚、感性

☐ Ma petite sœur est très ***sensible***.
☐ Ma petite sœur a une grande sensibilité.

私の妹はとても感受性が強い。

関連語 sensiblement (adv)「目立つほどに、めっきり」。

410 vis「見る」+ it「行く」

visiter v （場所を）訪れる、見物する
visite nf 訪問、見物
visiteur, visiteuse n 見物客、見学者、観光客

☐ C'est la troisième fois que je ***visite*** le Louvre.
☐ C'est ma troisième visite au Louvre.

ルーヴル美術館を訪れるのはこれが3度目です。

☐ Près d'un million de touristes ***visitent*** ce parc d'attractions chaque année.
☐ Ce parc d'attractions reçoit près d'un million de visiteurs chaque année.

この遊園地には毎年 100 万人近くの入園者が来る。

語形成 **vis「見る」** visa (nm)「ヴィザ（入国査証）」（←見られる記録）。

411 pouvoir の現在分詞形に相当する古フランス語 poissant から

puissant, e adj 強い、力強い
puissance nf 力、強さ

☐ La nouvelle F1 attire tous les spectateurs avec son moteur ***puissant***.
☐ La puissance du moteur de la nouvelle F1 attire tous les spectateurs.

新しいフォーミュラ1（F1）はその強力なエンジンですべての観客を魅了する。

関連語 puissamment (adv)「力強く、強烈に、大いに」。

412 ラテン語 citāre「激しく運動させる」→「名を挙げる」から

citer v （言葉や作品を）引用する、挙げる
citation nf 引用

☐ Dans sa thèse, elle ne cesse de ***citer*** Descartes.
☐ Dans sa thèse, elle ne cesse de faire des citations de Descartes.

学位論文において、彼女はデカルトを引用してばかりいる。

＊なお、フランス語による口頭発表の場合、「以下（この先）は引用です」je cite（←私が引用します）と動詞を用いて引用のはじまりを告げ、引用箇所が終わったことを示すには名詞を用いて「以上（ここまで）が引用です」fin de citation と一言添えるのが定番。

413 in「中に」+ flu「流れる」

influencer v 影響を及ぼす
influent, e adj 影響力のある
influence nf 影響（力）

☐ Le journaliste ***a*** beaucoup ***influencé*** le Premier ministre.
☐ Le journaliste a été très ***influent*** auprès du Premier ministre.
☐ Le journaliste a eu une grande influence sur le Premier ministre.

そのジャーナリストは首相に対して大きな影響力を持っていた。

関連語 influençable (adj)「影響されやすい」。

414 des「下に」+ stiner「立つ」→「神の下に立つ」→「運命」

destiner v （à に）充てる、与える予定である、向ける、宛てる
destination nf 目的地、宛先、用途
destinataire n （郵便物の）受取人 ↔ expéditeur, trice
destin nm 運命、前途

☐ À quoi cet outil ***est***-il ***destiné*** ?
☐ Quelle est la destination de cet outil ?

この道具の使用目的は?

☐ On ne sait pas à qui cette lettre ***est destinée***.
☐ Le destinataire de cette lettre est inconnu.

この手紙の受取人が不明だ。

☐ Cet homme ***est destiné*** à devenir roi.
☐ Devenir roi est le destin de cet homme.

その男は王になる運命にある。

415 ゲルマン語由来の古英語 north(norþ) から

nordique adj 北欧の
nord nm 北

☐ Ma mère dit qu'elle veut un jour voyager dans les pays ***nordiques***.
☐ Ma mère dit qu'elle veut un jour voyager dans les pays du **nord** de l'Europe.

母はいつか北欧諸国を旅したいと言っている。

＊フランス語「方位の順番」は nord, sud, est et ouest（英語も同じ）となる。

日仏で単語の並び順が違う例 「衣食住」l'alimentation, l'habillement et le logement、「需要と供給」l'offre et la demande、「貧富の差」un fossé entre les riches et les pauvres、「発着」départ et arrivée、「死活問題」question de vie ou de mort など。

416 （職業上から）inter「間に」（入って）+ roger「尋ねる」

interroger v （人に）尋ねる、（授業などで）質問する
interrogation nf 質問、（簡単な）テスト
interrogatoire nm （警察官などがする）尋問、取調べ

☐ Le professeur doit nous ***interroger*** oralement.
☐ Le professeur doit nous faire une **interrogation** orale.

教師は僕たちにきっと口頭試験をするだろう。

☐ La police ***a interrogé*** une personne suspecte.
☐ Une personne suspecte a subi un **interrogatoire** en règle.

不審者が所定の尋問を受けた。

417 ac「を」+ quér「探し求める」

acquérir v （物品や土地などを）手に入れる
acquisition nf 取得

☐ Je paierai 100 millions de yens pour ***acquérir*** ce terrain.
☐ Je paierai 100 millions de yens pour l'**acquisition** de ce terrain.

あの土地を取得するために1億円支払います。

418 examine「検査する」

examiner v 検討（検査）する、調査する
examen nm 試験、検査

☐ Le médecin légiste ***a examiné*** le corps mais n'a trouvé aucun indice.
☐ Le médecin légiste n'a trouvé aucun indice pendant l'**examen** du corps.

監察医（法医学者）は遺体を調べたが、何の手がかりも見つからなかった。

関連語 réexamier (v)「再検討する、検査をやり直す」。

419 prunter「借りる」

emprunter v 借りる ↔ prêter
emprunt nm 借金、負債

□ J'*ai emprunté* de l'argent pour construire une nouvelle maison.
□ J'ai fait un **emprunt** pour construire une nouvelle maison.

新しい家を建てるのに金を借りた。

420 tras「別の場所へ」+ duire「導く」から

traduire v 翻訳する
traduction nf 翻訳
traducteur, traductrice n 翻訳家

□ Tout récemment, mon roman *a été traduit* en anglais.
□ Tout récemment, on a fait la **traduction** anglaise de mon roman.

つい最近、私の小説が英訳されました。

□ Qui *a traduit* cette encyclopédie ?
□ Quel est le **traducteur** de cette encyclopédie ?

この百科事典を翻訳したのはどなたですか?

関連語 traduisible (adj)「翻訳できる」（↔ intraduisible）。

421 viv「生きている、生命」

vif, vive adj 活発な、明敏な
vivacité nf 活発さ ↔ lenteur (nf)

□ M. Voli, un conseiller du président, a l'esprit *vif*.
□ M. Voli, un conseiller du président, a de la **vivacité** d'esprit.

社長の相談役であるヴォリ氏は頭の回転が早い。

422 ex「完全に」+ act「行動する」→「正確に測定する」

exact, e adj 正確な、（人が）時間を守る ↔ inexact, e
exactitude nf 正確さ、時間厳守

□ Cette analyse des données est incroyablement *exacte*.

☐ L'**exactitude** de cette analyse des données est incroyable.

このデータ分析は信じられないほど正確だ。

☐ Il est essentiel que les compteurs dans une fusée soient ***exacts***.

☐ L'**exactitude** des compteurs dans une fusée est essentielle.

ロケット内の計器類の正確さは極めて重要だ。

関連語 exactement (adv)「正確に、まさに」。

423 ex「外に」+ cept「取る」→「取り除く」

excepter v 除く、除外する
exceptionnel, exceptionnelle adj 例外的な、異例の、特別な ↔ ordinaire
exception nf 例外、特例

☐ Si on ***excepte*** Enzo, tout le monde a fait ses devoirs.

☐ À l'**exception** d'Enzo, tout le monde a fait ses devoirs.

エンゾを除いて、全員が宿題をやった。

☐ C'est un cas ***exceptionnel***.

☐ Ce cas constitue une **exception**.

このケースは特別だ。

424 tend, tense「伸ばした」

(se) tendre v / v.pr （ぴんと）張る、（事態や情勢などが）緊張する
tendu, e adj 緊張した、緊迫した
tension nf 緊張

☐ Les relations entre le Japon et la Chine ***se sont tendues*** récemment.

☐ Les relations entre le Japon et la Chine sont plus ***tendues*** récemment.

☐ La **tension** des relations entre le Japon et la Chine augmente récemment.

最近、日中関係の緊張が高まっている。

425 tend「伸びた」先端 →「柔らかい」

tendre adj 柔らかい、優しい
tendresse nf 優しさ、愛情

☐ Mon père n'a pas toujours été très ***tendre*** avec nous.

☐ Mon père n'a pas toujours fait preuve de **tendresse** envers nous.

父はいつも私たちに優しいわけではありませんでした。

☐ Timothée regarde sa mère de façon ***tendre***.

☐ Timothée regarde sa mère avec tendresse.

ティモテは母親を優しく見つめている。

関連語 tendrement (adv)「優しく、愛情を込めて」を用いて Timothée regarde sa mère tendrement. としても同義。

426 ap「に対して」+ porouve「証明する」→「よさを認める」

approuver v 同意する、賛成する ↔ désapprouver
approbation nf 承認、許可

☐ Les résidents ***ont approuvé*** la construction de nouveaux égouts.
☐ Les résidents ont donné leur approbation à la construction de nouveaux égouts.

住人は新しい下水道建設に同意した。

☐ Le gouverneur n'a pas besoin que les citoyens ***approuvent*** son projet pour le mettre en place.
☐ Le gouverneur n'a pas besoin de l'approbation des citoyens pour mettre en place son projet.

知事が自らの計画を実行するために市民の承認は必要としない。

427 ギリシア語で「Muses（音楽、文芸を司る女神）の技法」を意味する語から

musical, e adj 音楽の
musicien, musicienne adj 音楽のわかる、音楽好きの
musique nf 音楽

☐ Ma plus jeune fille fait des études ***musicales***.
☐ Ma plus jeune fille fait des études de musique.

末娘は音楽を勉強している。

＊ Ma plus jeune fille étudie la musique. も同義になる。

☐ Mon fils aîné a l'oreille ***musicale***.
☐ Mon fils aîné a l'oreille ***musicienne***.
☐ Mon fils aîné a un bon sens de la musique.

長男は音感がいい（音楽がわかる耳だ）。

関連語 musicien, musicienne (n)「音楽家」。

語形成 **cien, cienne (n)「それを研究している人・その技術をもった人」** pharmacien, pharmacienne「薬剤師」、magicien, magicienne「マジシャン」、diététicien, diéteticienne「栄養士、栄養学者」。

428 ラテン語 gerere「運ぶ、治める」(=administrer) から

gérer v 管理する、運営（経営）する

gestion nf 管理、運営、経営

☐ Je lui fais confiance pour ***gérer*** notre argent.

☐ J'ai confiance en sa gestion de notre argent.

彼（彼女）が私たちのお金を管理してくれていることを信頼しています。

関連語 gérant, e (n)「管理者、支配人」。

429 ラテン語 honor から

honorer v 栄誉をたたえる ↔ déshonorer

honneur nm 名誉、栄誉

☐ Une cérémonie a eu lieu pour ***honorer*** ce grand écrivain.

☐ Une cérémonie a été organisée en l'honneur de ce grand écrivain.

この偉大な作家に敬意を表して式典が開かれた。

430 fonction「実行する」

fonctionner v （機械・器官などが）働く、（組織や制度が）機能する

fonctionnement nm 働き、機能の仕方

☐ Assurez-vous que l'appareil ***fonctionne*** avant de l'acheter.

☐ Assurez-vous du fonctionnement de l'appareil avant de l'acheter.

購入前に、デヴァイス（装置）が機能していることを確認してください。

関連語 fonction (nf)「機能、役割、職業」、fonctionnel, fonctionnelle (adj)「（設備や家具などが）機能的な、実用的な、（生体、組織などの）機能の」、fonctionnalité (nf)「（家具類などの）機能性、使いやすさ」。

431 ac「へ」+ cuse「原因、責任」

accuser v 非難する、とがめる

accusé, e n （重罪院 cours d'assises の）被告人 ↔ accusateur, accusatrice

accusation nf 非難、糾弾

☐ Vous qui ***êtes accusé(e)***, levez-vous !

☐ Accusé(e), levez-vous !

被告人、起立願います!

☐ Alexandra a renoncé à ***accuser*** son patron.

☐ Alexandra a renoncé à ses accusations contre son patron.

アレクサンドラは経営者を糾弾するのをあきらめた。

432 mé「のあと」+ thod「道」→「道のあとを追う」→「道筋」

méthodique adj 理路整然とした、体系的な
méthode nf 方法、手順

☐ Ce genre de recherche demande d'être très ***méthodique***.
☐ Ce genre de recherche demande de suivre une méthode rigoureuse.

この種の研究は非常に系統だったものである必要がある。

433 pro「前で」+ fess「話す」→「人前で話す人 (or)」

professoral, e adj 教授（教師）の
professeur nm 教授、教師

☐ Lors de la cérémonie d'entrée, le corps ***professoral*** était aligné sur l'estrade.
☐ Lors de la cérémonie d'entrée, tous les professeurs étaient alignés sur l'estrade.

入学式の際、教授陣がひな壇に並んでいた。

関連語 professorat (nm)「教職、教授職」。
語形成 **fess「話す」** confession (nf)「白状、自白、告解」（← con「完全に」+「話す」）。

434 dis「分けて」+ trib「割り当てる」→「分配する」

distribuer v 配る、配達する
distribution nf 配ること、分配、（郵便物の）配達

☐ Le courrier n'***est*** pas ***distribué*** le dimanche.
☐ Il n'y a pas de distribution du courrier le dimanche.

日曜には郵便の配達がありません。

関連語 distributeur (nm)「販売機」。

435 pré「人前に」+ tend「伸ばす、張る」

prétendre v 言い張る、主張する
prétention nf （自分の権利の）主張、要求

☐ M. Perret ***prétend*** au poste de manager après un an dans l'entreprise, c'est ridicule.
☐ La prétention de M. Perret au poste de manager après un an dans l'entreprise est ridicule.

ペレ氏は会社で1年後にマネージャーのポストをと主張しているが、それはばかげている。

436 　　　　rég「規定、支配」

réglementer v 規制する
réglementaire adj 規則にかなった
réglementation nf 規制
règlement nm （組織などが決めた）規則

☐ Les produits qu'on peut envoyer à l'étranger ***sont*** très ***réglementés***.
☐ La règlementation des produits qu'on peut envoyer à l'étranger est très stricte.

海外に発送できる商品の規制は非常に厳しい。

☐ Les chaussures de l'athlète ne sont pas ***réglementaires***.
☐ Les chaussures de l'athlète ne sont pas autorisées par le règlement.

そのアスリートの靴は規則に合っていない。

437 　　　　é「外に」+ tendre「伸ばす、向ける」

étendre v （手足を）伸ばす、（物を）広げる
étendu, e adj 広い、広大な
étendue nf 広がり、広さ、大きさ

☐ On ne sait pas jusqu'où ***s'étend*** cette grotte.
☐ On ne connaît pas l'étendue de cette grotte.

この洞窟はどこまで広がっているのかわかっていない。

☐ J'ai entendu dire qu'il y a* un parc très ***étendu*** près d'ici.
☐ J'ai entendu dire qu'il y a* un parc d'une grande étendue près d'ici.

この近くにとても大きな公園があると聞いたのですが。

* avait（時制照応をした場合）。

438 　　　　pro「前に」+ fond「底」→「眼前の底」→「深いところ」

profond, e adj （底の）深い、奥行きのある
profondeur nf 深さ

☐ Cet étang est ***profond*** de 5,5 mètres.
☐ Cet étang mesure 5,5 mètres de profondeur.

この池は深さが 5.5 メートルある。

関連語 profondément (adv)「深く」。なお、フランス語には反意語「浅い」を意味する形容詞がないので peu profond, e（←あまり深くない）を使う。

439 dé「下に」+ écrire「書く」

décrire v 言い表す、描写する
description nf 記述、説明

□ On doit ***décrire*** les événements de la journée en détail.
□ On doit faire la description détaillée des événements de la journée.

その日の出来事を詳しく説明しなくてはなりません。

関連語 descriptif, descriptive (adj)「描写的な、説明的な」、indescriptible (adj)「表現（描写）できない、筆舌に尽くせない」。

440 télé「遠い」+「見ること」

télévisé, e adj テレヴィで放送される（された）
télévision nf テレヴィ

□ Je regarde le journal ***télévisé*** tous les matins.
□ Je regarde le journal à la télévision tous les matins.

毎朝、テレヴィニュースを見ています。

関連語 téléviser (v)「テレヴィ放送（放映）する」。

語形成 **télé**「遠い」 téléscope「望遠鏡」(←「遠い」+「鏡」)、télécommande (nf)「リモコン」(←「遠い」+「操作」)。

441 re「うしろに」+ tirer「引く」→「引退する」

retraité, e adj （定年で）退職した
retraite nf 引退、（定年）退職

□ Mon père est ***retraité*** depuis (la) fin mars.
□ Mon père a pris sa retraite fin mars.

父は3月末で退職した。

442 art「結びつける、つなぐ」→結合する技術

artistique adj 芸術の
art nm 芸術
artiste n 芸術家

□ Je ne peux pas t'aider, je n'ai pas de connaissances ***artistiques***.
□ Je ne peux pas t'aider, je ne connais rien à l'art.
□ Je ne peux pas t'aider, je ne suis pas du tout un artiste.

あなたの助けにはなれません、私には芸術的センスがまるでないので。

語形成 **art**「結びつける、つなぐ」 article (nm)「(新聞・雑誌の) 記事、論文、品物、冠詞」(←小さく「結びつけた」もの)、artificiel, artificielle (adj)「人工の、人為的な」(←「つなぎ合わせて」作ったもの)。

443 (行動や元号が) poli「磨かれた」

poli, e adj 礼儀正しい ↔ impoli, e /malpoli, e
politesse nf 礼儀 (正しさ)

☐ Le nouvel employé est peu ***poli*** avec ses supérieurs.
☐ Le nouvel employé manque de **politesse** envers ses supérieurs.

その新入社員は目上に対する礼儀を欠いている。

関連語 poliment (adv)「礼儀正しく、丁寧に」。

444 entre「相互に」+ tenir「保つ」

(s') entretenir v / v.pr 保つ、維持する、話し合う
entretien nm 対談、維持

☐ ***Entretenir*** notre château nous coûte beaucoup d'argent.
☐ L'**entretien** de notre château nous coûte beaucoup d'argent.

自分たちの城を維持するのに多額の費用がかかる。

445 ラテン語 habitāre「住む、居住する」

habiter v 住む
habitant, e n (地域などの) 住民、(建物などの) 住人
habitation nf 住宅

☐ Les gens qui ***habitent*** dans cette ville souffrent de la pollution de l'air.
☐ Les **habitants** de cette ville souffrent de la pollution de l'air.

この都市の住民は空気汚染に苦しんでいる。

☐ En cas d'urgence, on peut ***habiter*** temporairement dans une voiture.
☐ En cas d'urgence, une voiture peut devenir une **habitation** temporaire.

緊急事態なら車は一時的に住まいとなり得る。

関連語 cohabiter (v)「同居する」。

446 ac「へ」+ cueillir (co「共に」+ legere「拾い集める」) (←俗ラテン語 accolligere「集める」)

accueillir v 迎える
accueil nm (人を) 迎えること、もてなし

☐ Elles nous ***ont*** chaleureusement ***accueilli(e)s***.

☐ Leur accueil a été chaleureux.

彼女たちは熱烈に歓迎してくれた。

関連語 accueillant, e (adj)「愛想のいい、歓待してくれる」。

447 libér「自由な」

libérer v 自由にする、釈放する、解放する
libération nf 解放、釈放

☐ Un juge a décidé de ***libérer*** l'espion du centre de détention de Tokyo.
☐ Un juge a décidé la libération de l'espion du centre de détention de Tokyo.

裁判官は東京拘置所からのスパイの釈放を決定した。

*「〜を釈放する」は rendre la liberté à qqn とも表現できる。

448 uni「1」+ vers「回る」（複数の学部、教員と学生が1つになって回る組織）

universitaire adj 大学の
université nf 大学

☐ Mon frère a suivi une formation ***universitaire*** avant de commencer à travailler.
☐ Mon frère a suivi une formation à l'université avant de commencer à travailler.

兄（弟）は仕事を始める前に大学で研修（アカデミックトレーニング）を受けた。

449 urge「押しつける」

urgent, e adj 緊急の
urgence nf 緊急

☐ Réponds-moi quand tu veux, ce n'est pas ***urgent***.
☐ Réponds-moi quand tu veux, il n'y a pas d'urgence.

あなたがそうしたいときに返事をください、急ぎではありませんから。

450 en「移動」+ lever「持ち上げる」

enlever v 取り除く、奪う、誘拐する
enlèvement nm 取り去ること、回収、誘拐

☐ Dans ce quartier, on ***enlève*** les ordures deux fois par semaine.
☐ Dans ce quartier, l'enlèvement des ordures a lieu deux fois par semaine.

この界隈は、ゴミの回収は週に２回です。

☐ Un enfant de 9 ans ***a été enlevé*** hier sur le chemin de l'école.

☐ L'**enlèvement** d'un enfant de 9 ans sur le chemin de l'école a eu lieu hier.

昨日、9 歳の子どもが学校に行く途中で誘拐された。

* Un élève de 9 ans a été kidnappé hier sur le chemin de l'école. としても同義になる。

451 ana「徹底して」+ lyser「ほぐす」←ギリシア語 análysis から

analyser v 分析する
analyse nf 分析

☐ Il ***analyse*** les sentiments du personnage principal d'un roman français.

☐ Il fait une **analyse** des sentiments du personnage principal d'un roman français.

彼はフランス小説の主人公の感情を分析している。

関連語 analysable (adj)「分析できる」、analyste (n)「アナリスト（分析家）、心理分析家」。

452 pré「前に」+ vent「来る」→「妨げる、防ぐ」

prévenir v 予告する、知らせる、予防する
préventif, préventive adj 予防の、防止する
prévention nf （事故や病気などの）予防、先入観、偏見

☐ On doit ***prévenir*** les accidents de la route.

☐ On doit prendre des mesures ***préventives*** contre les accidents de la route.

☐ La **prévention** des accidents de la route est nécessaire.

交通事故への防止対策を取らなくてはならない。

453 mari「結婚する」

(se) marier v / v.pr 結婚させる、〜と結婚する ↔ divorcer
mariage nm 結婚
marié, e n （複数で）夫婦

☐ Nous allons ***nous marier*** le 6 juin.

☐ Notre **mariage** aura lieu le 6 juin.

私たちは6月6日に結婚します。

☐ Ils viennent de ***se marier***.

☐ Ce sont des nouveaux [jeunes] **mariés**.

ふたりは結婚したばかり（新婚夫婦）です。

454 ラテン語 color「色」

colorier v 着色する、色を塗る
multicolore adj 多色の
couleur nf 色

□ Mon fils a finalement ***colorié*** son dessin.
□ Mon fils a finalement mis de la **couleur** sur son dessin.

息子は最後に（線で描いた簡単な）絵に色を塗った。

□ On peut voir des vitraux ***multicolores*** dans cette église.
□ On peut voir des vitraux de toutes les **couleurs** dans cette église.

この教会では色とりどりのステンドグラスを見ることができる。

455 ラテン語 testimōnium「証言、証拠」

témoigner v 証言する
témoignage nm 証言
témoin nm 証人、目撃者

□ Si vous ne ***témoignez*** pas, il sera condamné.
□ Sans votre **témoignage**, il sera condamné.
□ Si vous ne comparaissez pas en tant que **témoin**, il sera condamné.

あなたが証言しなければ彼は罪に問われます。

＊最後の一文は「あなたが証人として出廷しないと彼は罪に問われます」の意味。

456 sauv「安全な、救いの」

sauver v 救う
sauvetage nf 救助、救命
sauveteur, sauveteuse n 救助員、救助者

□ Les naufragés ont patiemment attendu d'***être sauvés***.
□ Les naufragés ont patiemment attendu leur **sauvetage**.
□ Les naufragés ont patiemment attendu leurs **sauveteurs**.

漂流者たちは辛抱強く救出されるのを待っていた。

関連語 sauveur (nm)「救い主、命の恩人」。

457 後期ラテン語 sacīre「手にする、つかむ」から

saisir v （人や物を）つかむ、つかまえる、把握する
saisie nf 差し押さえ、（船舶の）拿捕

☐ Tout mon argent ***a été saisi*** sur ordre du juge.
☐ Le juge a ordonné la saisie de tout mon argent.

私の金は全額、裁判官の命令で差し押さえられた。

458 re「強意」+ merci「感謝」する

remercier v 感謝する、礼を言う
remerciement nm 感謝、お礼

☐ Je cherche un cadeau pour ***remercier*** mon collègue de son aide.
☐ Je cherche un cadeau de remerciement pour l'aide que mon collègue m'a apportée.

贈り物を探しています、同僚から受けた助けへの御礼のためのものです。

459 re「強意」+ clamer「大声で叫ぶ」→「声高に抗議する」

réclamer v （正当な権利として）要求する、強く求める
réclamation nf （正当な権利としての）要求、苦情

☐ Si vous voulez ***réclamer*** quelque chose, prenez rendez-vous avec le responsable clientèle.
☐ Si vous voulez faire une réclamation, prenez rendez-vous avec le responsable clientèle.

クレームがございましたら、カスタマーサーヴィス担当者に予約を入れてください。

460 ラテン語 habitus「肉体や精神の状態、習慣に関わる」から

habituel, habituelle adj いつもの、習慣的な
habitude nf （個人的な）習慣

☐ Ne t'inquiète pas, Hermine est souvent en retard, c'est ***habituel*** chez elle.
☐ Ne t'inquiète pas, Hermine est souvent en retard, c'est son habitude.

心配なさらず、エルミーヌはよく遅刻します、それが彼女の習慣ですから。

* Ne t'inquiète pas, Hermine est souvent en retard, c'est une habitude chez elle.（←彼女のなかではそれが習慣だ）とも表現できる。

関連語 habituellement (adv)「いつもは、習慣的に」。

461 col「一緒に」+ lect「集める」

collectif, collective adj 集団の
collectivité nf 集団、共同社会

☐ Je ne suis pas doué(e) pour la vie ***collective***.

☐ Je ne suis pas doué(e) pour vivre en collectivité.

私は集団生活が苦手だ。

462 ex「超えて」+ cel「聳え立つ」→「抜きん出る」

excellent, e adj すぐれた、すばらしい

excellence nf すばらしさ、優秀さ

☐ Ce musée est mondialement connu pour ses ***excellentes*** sculptures.

☐ Ce musée est mondialement connu pour l'excellence de ses sculptures.

この美術館は所蔵している彫刻のすばらしさで世界的に知られている。

関連語 exceller (v)「～に秀でる、優れている」。

463 moral「道徳」

moral, e adj 道徳の、精神の

morale nf 道徳、モラル

moralité nf 道徳性、道徳心

☐ Chaque génération a un sens ***moral*** différent de la précédente.

☐ Chaque génération a une morale différente de la précédente.

☐ Chaque génération a une moralité différente de la précédente.

世代ごとに、前の世代とは異なる道徳観があるものだ。

464 ac「身の上に」+ cid「落ちる」

accidentel, accidentelle adj 事故による、偶然の

accidenté, e adj 事故にあった

accident nm 事故、偶然の出来事

☐ Sa mort est ***accidentelle***.

☐ Sa mort est due à un accident.

彼（彼女）の死は事故によるものだ。

☐ Tu as acheté une voiture ***accidentée*** ?

☐ Tu as acheté une voiture qui avait eu un accident ?

事故車を買ったの?

*「偶然の出来事」「偶発的なこと」が本来の意味。

465 fabric「職人の作業場」

fabriquer v 製造する
fabrication nf 製造
fabrique nf 製造所、(中小規模の) 工場

□ C'est une usine qui ***fabrique*** des meubles en kit.
□ C'est une usine de fabrication de meubles en kit.
□ C'est une fabrique de meubles en kit.

ここはキット家具の製造工場です。

*「キット家具の製造メーカー」なら un fabricant de meubles en kit となる。

466 rare「まばらな」

rare adj まれな、めったに〜ない
rareté nf まれであること、希少性

□ Le collectionneur a expliqué à quel point ce papillon est* ***rare***.
□ Le collectionneur a expliqué la rareté de ce papillon.

コレクターはこの蝶の希少性を説明した。

* était (時制照応をした場合)。

関連語 rarement (adv)「まれに、めったに〜ない」。

467 vér「真実」

vérifier v 確かめる、検査する
vérification nf 検査、確認、検証

□ Il faut montrer son passeport aux douanes pour faire ***vérifier*** son identité.
□ Il faut montrer son passeport aux douanes pour la vérification de son identité.

身元確認のためにパスポートを税関で提示しなくてはならない。

関連語 vérifiable (adj)「立証可能な、確かめられる」(↔ invérifiable)。

468 en「中を」+ vie「見る」→「中をじっと見る」→「うらやむ」

envier v うらやむ、ねたむ
enviable adj うらやましい
envie nf 切望、欲望、羨望

□ Avec son nouveau poste, il doit travailler 70 heures par semaine, personne ne l'***envie***.
□ Il doit travailler 70 heures par semaine, son nouveau poste n'est pas ***enviable***.

☐ Il doit travailler 70 heures par semaine, son nouveau poste ne fait envie à personne.

彼は週に 70 時間働かなければならず、新しいポストはうらやましいものではありません。

* Il doit travailler 70 heures par semaine, son nouveau poste ne fait l'envie de personne. とすることもできる。

469 en「中に」+ registre「登録する」

enregistrer v 記録する、録音（録画）する、（手荷物を）チェックインする

enregistrement nm 記録、録音、録画、（手荷物の）チェックイン

☐ On ***a enregistré*** cette émission au studio 101 de NHK.

☐ L'**enregistrement** de cette émission a eu lieu au studio 101 de NHK.

この番組の録画は NHK スタジオ 101 で行なわれた。

☐ Tu as fini de faire ***enregistrer*** tes bagages ?

☐ Tu as fini l'**enregistrement** de tes bagages ?

手荷物のチェックインは済んだの？

470 mod「尺度」となる時間

moderniser v 近代（現代）化する、一新する

moderne adj 現代の、モダンな、最新式の

modernisation nf 近代（現代）化、刷新

☐ Il est nécessaire de ***moderniser*** cette usine au plus vite.

☐ Il est nécessaire pour cette usine d'acheter des machines ***modernes*** au plus vite.

☐ La **modernisation** de cette usine est nécessaire et urgente.

この工場の近代化（刷新）は必要かつ急を要することだ。

* 2番目の文の直訳は「この工場ではできるだけ早く最新の機械を購入する必要がある」となる。

471 ef「外に」+ fic「行なう、作る」

efficace adj （物が）有効な、（人が）有能な ↔ inefficace

efficacité nf 効果、能率、有能

☐ Ce médicament est très ***efficace*** contre les maux de dents.

☐ L'**efficacité** de ce médicament contre les maux de dents est prouvée.

この薬は歯痛にとてもよく効く。

☐ On est absolument sûr que cette méthode d'analyse est ***efficace***.

☐ L'**efficacité** de cette méthode d'analyse ne fait aucun doute.

この分析法が効果の高いことは間違いない。

関連語 efficacement (adv)「効果的に、有効に」。

472 nourri「育てる」

(se) nourrir v / v.pr 食物を与える、栄養になる、食べる
nourriture nf 食物

□ Il ne ***se nourrit*** pas pendant trois jours pour faire un régime.
□ Il se prive de **nourriture** pendant trois jours pour faire un régime.

彼はダイエットのために3日間何も食べていない。

＊ faire un régime は「食事療法をする」とも訳せる。なお、「絶食する、断食する」jeûner (v) という動詞がある。

473 古フランス語 garir「真正を保証する」の現在分詞 garant から

garantir v （権利などを）保障する、（将来・品質を）保証する
garantie nf 保証、保障

□ Cet appareil photo ***est garanti*** cinq ans.
□ Cet appareil photo a une **garantie** de cinq ans.

このカメラは5年の保証付きです。

＊ Le fabricant garantit cet appareil photo cinq ans.「メーカーはこのカメラに5年保証をつけている」とか、形容詞 garanti, e「（商品が）保証つきの」を用いて appareil photo garanti cinq ans「5年保証つきのカメラ」といった言い換えもできる。

474 ラテン語 supplēre「（足して）満たす、成し遂げる」から

supplémentaire adj 追加の、補足の
supplément nm 追加、補足

□ Il a demandé des informations ***supplémentaires***.
□ Il a demandé un **supplément** d'informations.

彼は追加情報を要求した。

＊ supplément が「追加分」を指すのに対して、類義ながら「不足分」を指す場合は complément (nm) を用いる点に注意（例：demander un complément d'informations「不足している情報（補足情報）を要求する」）。

475 pratique「実行する」

(se) pratiquer v / v.pr （仕事やスポーツなどを日常的に）実践する、行なう、行なわれる
pratique nf 実践、（仕事などの）経験

□ Mon hobby est de ***pratiquer*** plusieurs sports en extérieur.
□ Mon hobby est la **pratique** de divers sports en extérieur.

私の趣味は屋外でいろいろなスポーツをすることです。

□ Le hockey sur glace ***se pratique*** nécessairement dans une patinoire.

☐ La pratique du hockey sur glace requiert une patinoire.

アイスホッケーをするにはアイスリンクが必要だ。

関連語 pratiquement (adv)「実際上、実用的には」。

pen（←「ぶら下がる」）は「吊るす」を意味する古典ラテン語 pendere
476 →「考えがぶら下がる」→「思いをめぐらす」

pensif, pensive adj 物思いにふけった

pensée nf 考え、思い

☐ Elle est parfois ***pensive*** en regardant par la fenêtre.

☐ Elle est parfois perdue dans ses pensées en regardant par la fenêtre.

彼女は窓越しに外を眺めながらときどき物思いにふけっている。

関連語 penser (v)「考える、思う」、pensable (adj)「(多くは否定文で) 考えられる」。

477 re（特に意味はない）+ tarder「遅れる」（← tard「遅く」）

(se) retarder v / v.pr （時計が）遅れる、遅らせる、（人が）遅くなる

retard nm 遅れ、遅刻

☐ Ma montre ***retarde*** de cinq minutes.

☐ Ma montre a un retard de cinq minutes.

☐ Ma montre a cinq minutes de retard.

私の時計は 5 分遅れている。

＊日常会話では「腕時計」ma montre を省いて、Je retarde de cinq minutes. としても同義になる。

☐ J'***ai été retardé(e)*** au travail, je suis désolé(e).

☐ Je suis en retard à cause du travail, je suis désolé(e).

仕事で遅れました、ごめんなさい。

関連語 retardataire (adj)「遅れた、遅刻した」、retardataire (n)「遅刻者（= une personne en retard)」がある。

478 ラテン語 silēre「音を立てない、静かな」から

silencieux, silencieuse adj 沈黙した、無言の

silence nm 沈黙

☐ Le public est resté ***silencieux*** pendant le discours.

☐ Le public a gardé le silence pendant le discours.

スピーチの間、聴衆は黙っていた。

＊副詞（句）を用いて Le public a écouté le discours silencieusement [en silence]. などと書き換えられる。

A 1-668
B 1-269
C 1-255
索引

479 quali「どんな種類」+ fi「にする」→「何らかの資格を与える」

(se) qualifier v / v.pr 形容する、資格を与える、(pour への) 出場権を得る
qualifié, e adj 資格を得た
qualification nf 資格

□ Ce coureur ***s'est qualifié*** pour les prochains Jeux olympiques.
□ C'est un coureur ***qualifié*** pour les prochains Jeux olympiques.
□ Ce coureur a passé les **qualifications** pour les prochains Jeux olympiques.

このランナーは次回のオリンピックの出場権を得ている。

＊男性複数名詞として扱われる「オリンピック」は、例示の表記以外に Jeux Olympiques や jeux Olympiques とも書かれ表記が統一されていない。ただし、略記の際には JO とされる。

480 print「第一の」+ temps「時、時期」

printanier, printanière adj 春の、春らしい
printemps nm 春

□ Tu aimes les légumes ***printaniers*** ?
□ Tu aimes les légumes de **printemps** ?

春野菜は好き?

481 cour「走る」

courir v 走る、(川などが) 流れる
course nf 走ること、競争

□ J'***ai couru*** avec mes filles vers le soleil couchant.
□ J'ai fait la **course** avec mes filles vers le soleil couchant.

夕日に向かって娘たちと駆けっこをした。

＊名詞 course は「買い物」(→「(日用品などの) 買い物をする」faire les courses) あるいは「(複数で) 競馬」(→「競馬で賭ける」jouer aux courses) の意味でも使われる。

関連語 coureur, coureuse (n)「走る人、(スポーツ) ランナー」。

482 sur「上から」+ veiller「じっと見ている」

surveiller v 監視する、監督
surveillance nf 監視、監督
surveillant, e n 監視人、生徒監督

□ Les criminels qui sortent de prison peuvent s'attendre à ***être surveillés*** par la police.
□ Les criminels qui sortent de prison peuvent s'attendre à une **surveillance** policière.

刑務所から釈放された犯罪人は警察による監視が予想されうる。

☐ Mon père est responsable de ***surveiller*** les travaux.
☐ Mon père est responsable de la surveillance des travaux.

父はその仕事を監督する責任がある。

☐ Il a pour métier de ***surveiller*** les lycéens.
☐ Il est surveillant au lycée.

彼はリセの生徒監督をしている。

483　　é「外に」+ dit「与える」→「世に出すために書物の形を整える」

éditer v 出版する、編纂する
édition nf 出版、(印刷物の) 版
éditeur, éditrice n (出版社に勤める) 出版者、出版社

☐ Notre président a décidé d'***éditer*** une nouvelle encyclopédie.
☐ Notre président a décidé l'édition d'une nouvelle encyclopédie.

社長は新しい百科事典を出版することを決定した。

☐ Qui est-ce que vous avez choisi pour ***éditer*** votre livre ?
☐ Quel éditeur avez-vous choisi pour votre livre ?

どの出版者を選びましたか?

関連語 rééditer (v)「再販する、再現する」。

484　　ac「の方へ」+ (完全に) pli「満たす」

accomplir v やり遂げる、実現する
accomplissement nm 達成、実現

☐ ***Accomplir*** le projet coûte de l'argent.
☐ L'accomplissement du projet coûte de l'argent.

そのプランを実現するには金がかかる。

485　　majeur, major「大きい」→「大きな部分を占める」

majeur, e adj もっと大きい、重大な、成人に達した
majoritaire adj 多数派の、多数決による
majorité nf (投票での) 多数、多数派、与党、大多数、成人

☐ Veuillez attendre d'être ***majeur(e)*** pour voter.
☐ Veuillez attendre votre majorité pour voter.

成人になるのを待って投票してください。

□ Au Japon, le Premier ministre est élu par le parti ***majoritaire***.
□ Au Japon, le Premier ministre est élu par la **majorité**.

日本では与党内から首相が選ばれる。

486 俗ラテン語 frigidus（→ frigide「冷たい、不感症」も同語源）から

froid, e adj 冷たい、寒い、冷淡な
froideur nf （態度や性格などの）冷たさ、冷淡
froid nm （温度に絡む）寒さ、寒気

□ Il fait très ***froid*** dehors.
□ Il fait un **froid** terrible [de canard].

外はひどい寒さだ。

□ Je ne sais pas pourquoi, mais la propriétaire de l'auberge était très ***froide*** avec moi.
□ Je ne sais pas pourquoi, mais la propriétaire de l'auberge m'a reçu(e) avec **froideur**.

理由はわからないが、宿屋の女将は私を冷たく迎えた。

関連語 froidement (adv)「冷たく、冷淡に」(= avec froideur)。

487 host「客」をもてなす場所

hospitaliser v 入院させる
hôpital nm 病院
hospitalisation nf 入院

□ Hélène ***a été hospitalisée*** pour une pneumonie il y a une semaine.
□ Hélène est entrée à l'**hôpital** pour une pneumonie il y a une semaine.

エレーヌは1週間前に肺炎で入院した。

□ Mon père ***a été hospitalisé*** pendant six mois.
□ Mon père est resté à l'**hôpital** pendant six mois.
□ L'**hospitalisation** de mon père a duré six mois.

父の入院は半年に及んだ。

* hôpital (nm) は「（公立）病院」、「私立病院」なら clinique (nf) という。

488 古典フランス語 vagus「さまよう、不定の」などから

rêver v 夢見る、夢で見る
rêve nm 夢
rêverie nf 空想、夢想
rêveur, rêveuse n 夢想家

☐ Vous souvenez-vous de ce dont vous ***avez rêvé*** hier ?
☐ Vous souvenez-vous du **rêve** que vous avez fait hier ?

昨日どんな夢を見たのか覚えていますか?

☐ Elle est toujours en train de ***rêver***.
☐ Elle est toujours en pleine **rêverie**.
☐ C'est une grande **rêveuse**.

彼女は大いなる夢想家です。

489 in「中に」+ spir「息をする」→「人の心に意欲を吹き込む」

inspirer v インスピレーションを与える
inspiré, e adj インスピレーションを受けた、着想を得た
inspiration nf インスピレーション、ひらめき

☐ Cette vallée ***a inspiré*** beaucoup de peintres.
☐ Beaucoup de peintres ont été ***inspirés*** par cette vallée.
☐ Cette vallée a été l'**inspiration** de beaucoup de peintres.

この渓谷はたくさんの画家たちのインスピレーションを刺激した。

490 oper「仕事、働くこと」から意味が広がった

opérer v (作業などを)行なう、手術する
opération nf 働き、操作、手術

☐ M. Oikawa s'est fait ***opérer*** du cœur il y a trois jours.
☐ M. Oikawa a subi une **opération** du cœur il y a trois jours.

及川さんは3日前に心臓の手術を受けた。

関連語 inopérable (adj)「手術できない」。

491 古典ラテン語 levis「軽い」から

léger, légère adj 軽い、薄い、軽やかな
légèreté nf 軽さ、軽やかさ

☐ Mon oreiller en plumes préféré est très ***léger***.
☐ Mon oreiller en plumes préféré est d'une grande **légèreté**.

私のお気に入りの羽毛の枕はとても軽い。

☐ Ma grand-mère a 88 ans, mais elle a le pied ***léger***.
☐ Ma grand-mère a 88 ans, mais elle marche avec **légèreté**.

祖母は 88 歳ですが、軽やかに歩きます。

関連語 légèrement (adv)「軽く、軽やかに、軽率に」、alléger (v)「軽くする、軽減する」(↔ alourdir)。

492 per「完全に」+ man「とどまる」→「完全に残っている」

permanent, e adj 恒久的な、不変の
permanence nf 恒久性、永続性

☐ Ce bâtiment est surveillé de façon ***permanente***.
☐ Ce bâtiment est surveillé en permanence.

このビルは常時（24時間）監視されている。

493 proche「近づく」

(se) rapprocher v / v.pr （空間的・時間的に）近づける、親密にする、近づく
rapprochement nm 近づけること、接近、歩みより

☐ Tu crois que les deux Corées ***se rapprochent*** depuis quelques années ?
☐ Tu crois qu'il y a un rapprochement entre les deux Corées depuis quelques années ?

２つのコレア（韓国と北朝鮮）がここ数年歩みよっていると思うの?

* "croire que S + V" を疑問文で用いる場合、従属節の内容が疑わしいなら「接続法」使うが、そうでないなら「直説法」を用いる。

494 ré「反対して」+ sist「立つ」

résister v 抵抗する、耐える
résistant, e adj 丈夫な、耐久性のある
résistance nf 抵抗、耐久力

☐ L'armée a continué à ***résister*** malgré sa défaite imminente.
☐ La résistance de l'armée a continué malgré sa défaite imminente.

敗北が差し迫っていたにもかかわらず、軍の抵抗は続いた。

☐ Cet athlète est très ***résistant*** au froid.
☐ Cet athlète a une grande résistance au froid.

あのアスリートは寒さにすごく強い。

関連語 irrésistible (adj)「抵抗できない、抑えがたい」。

495 ラテン語 ferus「野生の、獰猛な」から

fier, fière adj 高慢な、誇らしく思う、自慢する
fierté nf 誇り、自尊心、自慢

☐ Frédérique est ***fière*** de sa connaissance de la musique.
☐ Frédérique tire fierté de sa connaissance de la musique.

フレデリックは音楽の知識を鼻にかけている。

496 「食べる、噛む」を意味する古フランス語 mangier から

manger v 食べる

mangeur, mangeuse n 食べる人

□ Mon petit frère ne ***mange*** pas beaucoup.

□ Mon petit frère est un petit **mangeur**.

弟は少食だ。

関連語 mangeable (adj)「食べられる、食用になる」(↔ immangeable)。

497 sur「超えて」+(切り抜けて) vi「生きる」(←ラテン語 vita「命」)

survivre v 生き延びる、長生きする

survie nf 生き延びること

□ Il est impossible de ***survivre*** dans l'espace.

□ La **survie** est impossible dans l'espace.

宇宙空間で生き延びることはできない。

関連語 survivant, e (adj/n)「後に生き残った(人)」。

語形成 **vi「命、生きる」** vitamine (nf)「ヴィタミン」(←当初「生きるのに」+ amine「必須のアミノ酸」と考えられた英語から)、revivre (v)「生き返る、よみがえる、再び生きる」(← re「再び」+「生きる」)。

498 popula「人々」+ ar「に関連した」→「大衆に広まって」

populaire adj 人民の、大衆的な、人気のある

popularité nf 人気、人望 ↔ impopularité (nf)

□ Cet acteur est très ***populaire*** parmi les personnes âgées.

□ Cet acteur a une grande **popularité** parmi les personnes âgées.

あの俳優は年配の人たちの間でとても人気がある。

499 é「外に」+ vol「回転する」→「巻物が開く」→「展開、進化する」

évoluer v 変化する、進展(進化)する

évolution nf 変遷、進展、発展

□ Cette zone ***a*** beaucoup ***évolué*** depuis quelques années.

□ L'**évolution** de cette zone ces dernières années est remarquable.

ここ数年、この一帯の発展は目覚ましい。

関連語 évolutif, évolutive (adj)「進展(進行)する、発展的な」。

500 （頭の）in「中に」+ form「形作る」

informer v 情報を与える、知らせる

information nf 情報

☐ Il ***a été informé*** à l'avance.

☐ Il a reçu l'**information** à l'avance.

彼は事前に情報を得ていた。

501 ラテン語 follis「革袋、風船、鞴（ふいご）」→「ばかな、頭のふれた」

fou (fol), folle adj 気の狂った

folie nf 狂気

☐ Au point culminant de ce festival, certains jeunes deviennent ***fous***.

☐ Au point culminant de ce festival, certains jeunes sombrent dans la **folie**.

祭りのクライマックスでは、狂気に陥る若者たちがいる。

502 at「に」+ tach「杭（くい）」→「杭に固定する」

attaché, e adj （à に）愛着を持っている、結びつけられた

attachement nm 愛着、愛情

☐ Annie est trop ***attachée*** à son chat.

☐ Annie a trop d'**attachement** pour son chat.

アニーは自分の猫に愛着を持ちすぎだ。

関連語 (s') attacher (v/v.pr)「結びつける、結ぶ、愛着を抱く」、rattachement (nm)「（再び）結びつけること、結合、合併」。

503 re「再び」+ nouvel「新しい」

renouveler v 新しくする、更新する

renouvellement nm 新しくすること

☐ J'ai demandé à ***renouveler*** ma carte de crédit.

☐ J'ai demandé le **renouvellement** de ma carte de crédit.

私はクレジットカードの更新を願い出た。

504 trans「向こう側へ」+ fer「運ぶ」

transférer v （手続きにそって）移す、移転する

transfert nm 移転、移動

☐ On a décidé de ***transférer*** le siège social à Kyoto.

☐ Le **transfert** du siège social à Kyoto a été décidé.

本社を京都に移転することに決まった。

505 取り消しを nonc「告げる」→「諦める」

renoncer v 諦める

renonciation nf 断念、放棄

renoncement nm （主に宗教的な意味合いで）放棄、断念

☐ Vous pouvez ***renoncer*** à la vente, mais vous devrez payer une pénalité.

☐ Une **renonciation** à la vente est possible, mais vous devrez payer une pénalité.

売却を断念することはできますが、違約金を支払う必要があります。

☐ Il a décidé de ***renoncer*** au monde.

☐ Il a décider de mener une vie de **renoncement**.

彼は世を捨てて生きる（出家する）と決めた。

506 télé「遠い」+「音」

téléphoner v 電話をかける

téléphonique adj 電話の、電話による

téléphone nm 電話

☐ Thomas vient juste de ***téléphoner*** à Thérèse.

☐ Thomas vient juste de donner un coup de **téléphone** à Thérèse.

トマはちょうどテレーズに電話をかけたところだ。

☐ Elles ont toujours de longues conversations ***téléphoniques***.

☐ Elles ont toujours de longues conversations au **téléphone**.

彼女たちはいつも長電話だ。

507 ラテン語 nitēre「輝く」から

net, nette adj 明瞭な、鮮明な、清潔な

netteté nf 明瞭さ、鮮明さ、清潔さ

☐ Ce traitement peut rendre vos photos beaucoup plus ***nettes***.

☐ Ce traitement peut beaucoup améliorer la **netteté** de vos photos.

この処理によって写真をもっと鮮明にすることができます。

☐ Ses vêtements ne sont pas toujours très ***nets***.

A 1-668
B 1-269
C 1-255
索引

☐ La **netteté** de ses vêtements laisse à désirer.

彼（彼女）の衣服はいつも清潔というわけではない（改善の余地がある）。

関連語 nettement (adv)「はっきりと、明らかに」。

508　　mot「動かす」+ ive「性質をもつ」→「行動を起こさせるもの」

motiver v 動機（原因）となる
motif nm 動機、理由
motivation nf （ある行為の）動機、モチヴェーション

☐ Veuillez ***motiver*** votre demande de changement de nom.
☐ Veuillez indiquer le **motif** de votre demande de changement de nom.

名称変更を請求する理由を教えてください。

☐ Elle m'a demandé ce qui m'***avait motivé(e)***.
☐ Elle m'a demandé quelles avaient été mes **motivations**.

彼女は私に動機は何だったのかと尋ねた。

509　　plain「嘆く」

(se) plaindre v / v.pr 気の毒に思う、不平を言う
plainte nf 不平、苦情

☐ Pierrette ***se plaint*** sans cesse, elle me casse les oreilles.
☐ Les **plaintes** incessantes de Pierrette me cassent les oreilles.

ピエレットの絶え間ない不平の連続で耳ががんがんする。

510　　tra「（年月を）超えて」+ dit「与える」

traditionnel, traditionnelle adj 伝統的な、慣例の
tradition nf 伝統、慣わし

☐ Au Nouvel An, faire une première visite au sanctuaire est ***traditionnel*** au Japon.
☐ Au Nouvel An, faire une première visite au sanctuaire est une **tradition** japonaise.

元日の初詣は日本の伝統です。

☐ Il est ***traditionnel*** pour ma famille de passer chaque été dans notre chalet.
☐ C'est une **tradition** familiale, nous passons chaque été dans notre chalet.

毎年夏を山荘で過ごすのがわが家の慣わしだ。

関連語 traditionnellement (adv)「伝統的に、慣例通りに」。

511 a「に」+ bout「端」

aboutir v （～に）達する、届く、帰結する
aboutissement nm 帰結、結果　= résultat (nm)

☐ Ses recherches sérieuses ***ont abouti*** à cette découverte.
☐ Cette découverte est l'aboutissement de ses recherches sérieuses.

彼（彼女）の地道な研究がこの発見へとつながった。

512 dé「から離れて」+ sir「星」→「幸運の星を望む」

désirer v 望む、願う
désir nm 欲望、願望

☐ Si vous priez cette statue de la déesse, tout ce que vous ***désirez*** se réalisera instantanément.
☐ Si vous priez cette statue de la déesse, tous vos désirs se réaliseront instantanément.

この女神像に祈れば、望むことはすべて瞬く間に実現します。

関連語 désirable (adj)「望ましい」。

513 ラテン語 ventus「風」

venter v.impers 風が吹く
vent nm 風、風向き

☐ Il ***vente*** ce matin.
☐ Il fait du vent ce matin.
☐ Il y a du vent ce matin.

今朝は風が吹いている。

☐ Qu'il pleuve ou qu'il ***vente***, mon mari fait du jogging le matin.
☐ Qu'il y ait de la pluie ou du vent, mon mari fait du jogging le matin.

雨が降っても、風が吹いても、夫は朝ジョギングをします。

関連語 venteux, venteuse (adj)「風の吹く、吹きさらしの」。

514 ラテン語 inquiētus（← in「ない」+ quiet「静かな」）「心が休まらない」

(s') inquiéter v / v.pr 心配させる、心配する
inquiet, inquiète adj 心配な、不安な
inquétant, e adj 心配な
inquiétude nf 不安、心配

☐ Je ***m'inquiète*** de l'état de santé de ma mère.

☐ Je suis ***inquiet***[***inquiète***] de l'état de santé de ma mère.
☐ L'état de santé de ma mère est ***inquiétant***.
☐ L'état de santé de ma mère me donne de l'**inquiétude**.

母親の健康状態が心配です。

515 équi「等しい」

équilibré, e adj バランスのとれた
équilibre nm 均衡、バランス

☐ On doit maintenir l'offre et la demande ***équilibrés***.
☐ On doit maintenir l'**équilibre** entre l'offre et la demande.

需要と供給の均衡を維持しなくてはならない。

関連語 équilibrer (v)「釣り合わせる、均衡をとる」、équilibrant, e (adj)「釣り合いをとる、精神的バランスを保つ」。

516 res「再び」+ sem「同じ」→「似ている」

(se) ressembler v / v.pr 似ている、互いに似ている
ressemblance nf 類似、共通点

☐ On dit que Londres et Fukuoka ***se ressemblent*** un peu en raison de leur emplacement et de leur histoire.
☐ On dit qu'il y a une certaine **ressemblance** entre Londres et Fukuoka en raison de leur emplacement et de leur histoire.

位置関係や歴史的背景からするとロンドンと福岡は少し似ているらしい。

関連語 ressemblant, e (adj)「似ている」。

517 pri「第一の、最初の」+ or「より」→「まず第一の、より前の」

prioritaire adj 優先権を持つ
priorité nf 優先権

☐ Les véhicules d'urgence sont ***prioritaires***.
☐ Les véhicules d'urgence ont la **priorité**.

緊急車両には優先権がある。

☐ Le personnel médical est ***prioritaire*** pour recevoir le vaccin contre la Covid-19.
☐ Le personnel médical a la **priorité** pour être vacciné contre la Covid-19.

医療従事者はコロナワクチン接種の優先権を有している。

518 photo「光」+ graphe「書いたもの、書くこと」

photographier v 写真に撮る
photo [photographique] adj 写真の
photo [photographie] nf 写真、写真撮影

□ J'aime ***photographier*** des fleurs.

□ J'aime utiliser mon appareil ***photo*** [***photographique***] pour photographier des fleurs.

□ J'aime prendre des photos [photographies] de fleurs.

私は花の写真を撮るのが好きだ。

関連語 photographe (n)「写真家」を使って、Je suis photographe amateur, je prends surtout des photos de fleurs. などとしても類義になる。

語形成 **graphe「書いたもの、書くこと」** autographe (nm)「(有名人の) サイン」(←自分で書いたもの)、biographie (nf)「伝記」(← bio「人生・生涯」を記述したもの)。

519 sol「完全な」→「中身が完全に詰まっていて、固い」

solide adj 丈夫な、長持ちする、確固とした
solidité nf 丈夫さ、頑丈さ、強固さ

□ Je ne doute pas que notre amitié est ***solide***.

□ Je ne doute pas de la solidité de notre amitié.

私たちの固い友情は疑いないものだ。

関連語 solidement (adv)「しっかりと、強固に、頑健に」、consolider (v)「強固にする」。

520 cor「共に」+ spond「応じる」→「一致する」

correspondre v 一致する、繋がっている、連絡している
correspondance nf 一致、連絡、文通

□ Ces données expérimentales ne ***correspondent*** pas aux miennes.

□ Il n'y a pas de correspondance entre ces données expérimentales et les miennes.

この実験データと私のデータは一致しない。

□ Nous ***correspondons*** par courrier depuis déjà trois ans.

□ Notre correspondance par courrier se poursuit depuis déjà trois ans.

私たちが文通しあってすでに3年です。

521 trans「向こう側へ」+ miss「送る」

transmettre v 伝える、(受け取ったものを) 譲り渡す
transmission nf 伝わること、伝えること、伝達、譲渡

□ Il est désormais possible de ***transmettre*** les données sans fil.
□ La **transmission** des données sans fil est désormais possible.

今後は、ワイヤレスデータ送信が可能になります。

□ Une fois les résultats de l'élection annoncés, le pouvoir ***est*** instantanément ***transmis*** au nouveau président.
□ Une fois les résultats de l'élection annoncés, la **transmission** de pouvoir au nouveau président est instantanée.

選挙結果が発表されると新大統領への権力の委譲はすみやかに行なわれる。

関連語 transmissible (adj)「伝えることができる、譲渡可能な」。

語形成 **miss「送る」** permission (nf)「許可」(← per「通して」+「送る」=通過を許す) (☞ A-36)、omission (nf)「言い落とし、抜け、省略」(← o「反対方向に」+「送る」=入れない) (☞ C-83)。

522 pub「公に」+ licit「注目を集める」

publicitaire adj 広告の、宣伝の
publicité nf 広告、宣伝

□ Le marché ***publicitaire*** est toujours en plein essor.
□ Le marché de la **publicité** est toujours en plein essor.

広告市場は相変わらず活況を呈している。

関連語 publiquement (adv)「公に、公衆の面前で」。

523 re「戻して」+ fér「運ぶ」→「判断を専門書などに持ち込む」

(se) référer v / v.pr 指示する、一任する、(à を) 参照する
référence nf 参照

□ Lors d'une traduction, on ***se réfère*** forcément à un dictionnaire.
□ La **référence** à un dictionnaire est indispensable lors d'une traduction.

翻訳の際には当然辞書は参照するものだ。

524 bois「森、やぶ」(←フランク語の語根 bosk- から)

boisé, e adj 木の生えた、樹木の多い
bois nm 林、森、(燃料・燃料としての) 木

□ C'est une région ***boisée***.

☐ C'est une région où il y a des bois [beaucoup de bois].

ここは木々で覆われた地域です。

* C'est une région couverte de bois. と書き換えることもできる。なお、「森」の類語 forêt (nf) は「広大で自然な森」を指し、bosquet (nm) は「（憩いの場としての）小さな森」をいう。

525 ident「同じ」+ ifi「ようにする」

identifier v 識別する、身元を確認する
identité nf 身分、身元
identification nf 識別、確定

☐ La police a pu ***identifier*** le criminel grâce à une analyse ADN.
☐ La police a pu découvrir l'identité du criminel grâce à une analyse ADN.
☐ La police a pu procéder à l'identification du criminel grâce à une analyse ADN.

警察は DNA 分析を通じて犯罪者を特定できた。

526 キリスト教徒の「信条」を指すラテン語 symbolum（ギリシア語 symbolon「印」→「（別のものを示す）記号」）=「シンボル」

symboliser v 象徴する
symbolique adj 象徴的な
symbole nm 象徴、シンボル

☐ Cette statue en or ***symbolise***, semble-t-il, une nouvelle religion.
☐ Cette statue en or semble être le symbole d'une nouvelle religion.

この金の像は新興宗教のシンボルであるらしい。

☐ La balance est la représentation ***symbolique*** de la justice.
☐ La balance est le symbole de la justice.

天秤は正義の象徴（的表現）です。

527 con「すべて」+ somm「取る」→「使い果たす」

consommer v 消費する、飲み食いする
consommation nf 消費、飲食物

☐ Les Français ***consomment*** de moins en moins de vin.
☐ La consommation de vin en France continue à diminuer.

フランスのワイン消費量は減り続けています。

関連語 consommateur, consommatrice (n)「消費者、（カフェやレストランの）客」。

528 cour「心臓」+ age「ある場所」→「強心臓」

courageux, courageuse adj 勇敢な、勇気のある
courage nm 勇気、元気

☐ Face aux flammes, les pompiers ont été ***courageux***.
☐ Face aux flammes, les pompiers ont eu du **courage**.

燃え盛る炎を前に、消防士たちは勇気があった。

関連語 courageusement (adv)「勇敢に、熱心に」。

529 em「与える」+ cour「心」=「勇気」

encourager v 励ます、推奨する
encouragement nm 激励、励まし

☐ J'ai pu finir la course parce que mes amis m'***ont encouragé(e)***.
☐ J'ai pu finir la course grâce aux **encouragements** de mes amis.

友人たちの励ましのおかげでレースを終えることができた。

関連語 encourageant, e (adj)「励ましになる、有望な」。

530 rouler「巻いてあったもの」+ dé「広げる」

(se) dérouler v / v.pr 広げる、展開する、繰り広げられる
déroulement nm （事件や事態などの）展開

☐ Expliquez-moi comment la cérémonie ***se déroule***.
☐ Expliquez-moi le **déroulement** de la cérémonie.

式典の流れを説明してください。

531 （情報を伝えるための）sign「印」

signaler v （標識や信号などで）知らせる、指摘する
signal nm 合図、サイン、信号

☐ Le chef de gare a agité un drapeau vert pour ***signaler*** le départ.
☐ Le chef de gare a donné le **signal** du départ en agitant un drapeau vert.

駅長は緑の旗をふって出発の合図をした。

関連語 signalisation (nf)「（総称的に）信号、標識」。

532 di「離れて」+ vis「見る」→「別々に見る」→「分ける」

(se) diviser v / v.pr 分ける、割る、割れる、分裂する
division nf 分割、分裂、割り算 ↔ multiplication (nf)

☐ Je pense qu'il est inévitable que le conseil de la faculté ***soit divisé*** sur cette question.

☐ À mon avis, la division du conseil de la faculté sur cette question est inévitable.

その問題に関して教授会が割れるのは避けられないと思います。

☐ Tu peux ***diviser*** des nombres complexes ?

☐ Tu peux faire des divisions complexes ?

複雑な割り算はできる?

533 ラテン語 culpa「過失、罪」

coupable adj 罪のある、有罪の

culpabilité nf 有罪、罪状

☐ On a prouvé que le suspect était ***coupable***.

☐ On a prouvé la culpabilité du suspect.

被疑者の有罪が立証された。

関連語 coupable (n)「犯人」。

534 「公的な情報を与える」→「通告する」を意味するラテン語 dēnuntiāre から

dénoncer v (不正などを) 告発する、(犯人などを) 密告する

dénonciation nf 告発、密告

☐ Le directeur a été conduit au commissariat après qu'un employé l'***a dénoncé***.

☐ Le directeur a été conduit au commissariat après sa dénonciation par un employé.

社員の密告後、部長は署に連行された。

* Le directeur des ventes a été interrogé sur dénonciation d'un employé. とも書くことができる。

関連語「告発者、密告者」は dénonciateur, dénonciatrice (n) という。

535 é「外に」+ limi「境界」→「境界の外に出す」

éliminer v 取り除く、(試験などで) ふるい落とす

élimination nf 除去、(試験などでの) 選抜

☐ Le capitaine de notre équipe de football ***a été*** injustement ***éliminé***.

☐ L'élimination du capitaine de notre équipe de football est injuste.

キャプテンをサッカーチームから除名するのは不当だ。

関連語 éliminatoire (adj)「除去する、選抜の」。

536 ex「外に」+ clu「閉じる」→「締め出す」

exclure v （人を）追い出す、除く、除外する

exclusion nf 除名、追放

☐ L'attitude arrogante d'Ève a poussé notre patron à l'***exclure*** des négociations.

☐ L'attitude arrogante d'Ève a conduit à son exclusion des négociations par notre patron.

エーヴの傲慢な態度のせいで主任による交渉から彼女を除外することになった。

537 pro「に向かって」+ spé(è)r「希望」→「希望をもたらすよう栄える」

prospérer v 繁栄する

prospère adj 繁栄している

prospérité nf （特に経済的な）繁栄、好景気、（個人の）繁栄

☐ La coopération des habitants est nécessaire pour que le quartier commerçant ***prospère***.

☐ La coopération des habitants est nécessaire pour que le quartier commerçant soit ***prospère***.

☐ La coopération des habitants est nécessaire à la prospérité du quartier commerçant.

商店街が栄えるには住民の協力がなくてはならない。

538 sou「下の、密かな」+ rire「笑い」

sourire v 微笑む

souriant, e adj 微笑みを浮かべた、にこやかな

sourire nm 微笑

☐ La petite fille ***sourit*** toujours.

☐ La petite fille est toujours ***souriante***.

☐ La petite fille a toujours le sourire.

その女の子はいつも微笑んでいる。

539 sug「下から」+ gest「運ぶ」→「（意見などを）下から持ち出す」

suggérer v （控えめに）提案する、それとなく言う

suggestion nf 提案、暗示

☐ Nous apprécions ce que vous avez à nous ***suggérer***.

☐ Nous apprécions vos suggestions.

あなたのご提案はありがたい限りです。

関連語 suggestif, suggestive (adj)「暗示に富む」。

540　é「外に」+ vide「見る」→「外に見えてくる明らかな状態」

évident, e adj 明らかな、自明な
évidence nf 明白、自明の事柄

□ Le décalage entre cette théorie et les faits est ***évident***.
□ Le décalage entre cette théorie et les faits est l'**évidence** même.

この理論と事実の食い違いは自ずと明らかだ。

関連語 évidemment (adv)「もちろん、当然」(この副詞を「明らかに、確かに」の意味で使うのは古い)。

541　俗ラテン語 festa「祭」から→「フェスティヴァル」「フェスタ」「フェス」

fêter v 祝う
fête nf 祭、催し

□ Nous ***avons fêté*** l'anniversaire de ma fille hier.
□ Nous avons fait une **fête** d'anniversaire pour ma fille hier.

昨日、娘の誕生日を祝った。

542　co「一緒に」+ oper「仕事する」

coopérer v 協力する
coopération nf 協力

□ Nous ***coopérons*** à la nouvelle entreprise depuis longtemps.
□ Nous apportons notre **coopération** à la nouvelle entreprise depuis longtemps.

私たちは久しくその新事業に協力しています。

関連語 coopératif, coopérative (adj)「協力的な」。

543　di「離れて」+ stan「立つ」

distancer v (相手を) 引き離す
distant, e adj (de から) 離れている
distance nf (物理的・精神的な) 距離

□ Le vainqueur ***a distancé*** les autres skieurs.
□ Le vainqueur a mis de la **distance** entre lui et les autres skieurs.

勝者は他のスキーヤーを引き離した。

□ Kyoto et Osaka sont ***distantes*** de 43 km.
□ Kyoto et Osaka sont à une **distance** de 43 km.

京都と大阪は43キロ離れている。

* 日本の都市名は男性名詞とする考え方もあるようだが、本書では la ville「都市」と考え、ネイティヴとも相談の上、女性名詞扱いとしている。

544 di「強意」+ min「小さい」→「小さくする」

diminuer v 減らす、減る、衰弱させる
diminution nf 減少、低下 ↔ augmentation (nf)、衰弱

☐ Si nous ***diminuons*** le prix de 10%, les ventes augmenteront de 20%.
☐ La diminution de prix de 10% entraînera une augmentation de 20% des ventes.

1割の値下げをすれば2割の売り上げ増を生むことになる。

☐ Passé soixante ans, il faut s'attendre à ce que votre énergie ***diminue***.
☐ Passé soixante ans, il faut s'attendre à une diminution de votre énergie.

60歳を過ぎたら、精力減退は覚悟しなくてはならない。

＊類義語の baisse (nf) (☞ A-349) は主として「自然に減る」こと、réduction (nf) (☞ A-213) は「人為的に減らす」ことをいう。diminution はどちらのケースにも使える。

545 re「うしろに」+ fug「逃げる」

(se) réfugier v.pr 避難する、亡命する
refuge nm 避難所

☐ Le bateau de pêche ***s'est réfugié*** dans un port pour éviter une tempête.
☐ Le bateau de pêche a trouvé refuge dans un port pour éviter une tempête.

時化（しけ）を避けようと漁船は港に避難した。

546 entour「周囲」（← en「中に」+ tour「縁、周り」）から

entourer v 取り囲む
entourage nm 周囲の人たち、取り巻き

☐ Je déteste les personnes qui ***entourent*** les politiciens.
☐ Je déteste l'entourage des politiciens.

私は政治家の取り巻きが嫌いだ。

＊一般に「政治家」なら homme politique (nm) を使う。ただし、ここは文意から「政治屋」という軽蔑的なニュアンスを含む politicien, politicienne (n) を意図的に使った。

547 ラテン語 prolongare（← pro「前に」+ long「長い」）から

prolonger v （時間的・空間的に）延長する、延ばす
prolongation nf （時間的な）延長
prolongement nm （空間的な）延長

☐ Les deux équipes étant ex-aequo, le match ***a été prolongé*** de trois minutes.

☐ Les deux équipes étant ex-aequo à la fin du match, il y a eu une prolongation de trois minutes.

両チーム同点となり、試合は3分延長された。

☐ Le projet de ***prolonger*** l'autoroute a échoué en raison de l'opposition des habitants.

☐ Le projet de prolongement de l'autoroute a échoué en raison de l'opposition des habitants.

高速道路の延長計画は住民の反対で頓挫した。

548 dé「完全に」+ mon「思い出させる」→「はっきりと示す」

démontrer v 証明する、明らかにする

démontrable adj 証明可能な ↔ indémontrable

démonstration nf 証明、デモンストレーション

☐ Malheureusement, votre hypothèse ne peut pas être ***démontrée***.

☐ Malheureusement, votre hypothèse n'est pas ***démontrable***.

☐ Malheureusement, la démonstration de votre hypothèse n'est pas possible.

残念ですが、あなたの仮説は証明できません。

549 nég「否定」+ atif, ative「的な」

négatif, négative adj 否定の ↔ affirmatif, ve

négative nf 否定、拒否

négation nf 否定、（文法）否定表現

☐ Il n'y a pas d'autre choix que de donner une réponse ***négative*** à ces questions.

☐ Il n'y a pas d'autre choix que de répondre à ces questions par la négative.

こうした質問には否と応ずるしかない。

☐ Si la question est ***négative***, il faut dire « si » au lieu de « oui ».

☐ Si la question est une négation, il faut dire « si » au lieu de « oui ».

もし質問が否定表現なら"oui"の代わりに"si"と言わなくてはならない。

関連語 négativement (adv)「否定的に、消極的に」。

550 ac「方向」+ croître「成長する」→「大きくなる」

(s') accroître v / v.pr 増大させる、増大（増加）する

accroissement nm 増大、増加

☐ La population de cette région ***s'accroît*** chaque année.

☐ L'accroissement de la population de cette région continue chaque année.

この地域の人口は毎年増加している。

関連語 accru, e (adj)「増大（増加）した」。

551 syn「一緒に、同時に」+ dicat「規則、正義」を守る

syndical, e adj 組合の
syndicat nm 組合

☐ Il y a une réunion ***syndicale*** au siège social demain soir.
☐ Il y a une réunion du syndicat au siège social demain soir.

明晩、本店で組合の会合があります。

語形成 **syn「同時に」** syndrome (nm)「症候群」（←「同時に」+ drome「走ること」）。

552 vol「飛ぶ」（←ラテン語 volāre）

voler v 飛ぶ
vol nm 飛行

☐ Cette nouvelle batterie permet au drone de ***voler*** pendant deux heures.
☐ Cette nouvelle batterie permet au drone un temps de vol de deux heures.

この新しいバッテリーによって、ドローンは 2 時間飛行できます。

553 mod「尺度」+ este「を保つ」→「節度をもった」

modeste adj 質素な、つましい、ささやかな
modestie nf 謙虚、慎み深さ

☐ Cette actrice parle toujours d'elle-même de façon ***modeste***.
☐ Cette actrice parle toujours d'elle-même avec modestie.

この女優はいつも自分自身のことを控えめに話す。

＊ de façon modeste = avec modestie は [関連語] modestement (adv)「質素に、謙虚に」に相当する。

554 é「状態の移行」+ loin「遠い」→「遠くする」

(s') éloigner v / v.pr 遠ざける、遠ざかる
éloigné, e adj 遠い、離れた
éloignement nm （特に空間的に）遠ざける（遠ざかる）こと、遠方、距離

☐ En ***m'éloignant***, j'oublierai tout.
☐ L'éloignement me fera tout oublier.

遠く離れればいずれすべてを忘れることだろう。

□ Le moine vit *éloigné* du monde séculier.

□ Le moine vit dans l'**éloignement** du monde séculier.

僧侶は俗世間から離れて暮らしている。

* moine (nm) はそもそもラテン語の「一人で孤独に暮らす人」から。vivre comme un moine なら「禁欲的な生活を送る」という意味になる。

555　「重さ計測 (pens)」して「分配する」

dépenser v （金を）使う、消費する
dépense nf 出費、支出、消費（量）

□ Tu dois arrêter de *dépenser* de l'argent inutilement.

□ Tu dois arrêter les **dépenses** inutiles.

必要のない支出はやめなさい。

556　「強く動かす、悩ませる」を意味する sollicītāre（= sollicier）から

(se) soucier v.pr 気にかける、心配する
soucieux, soucieuse adj 気がかりな、心配した
souci nm 心配

□ Ses parents *se soucient* de sa santé.

□ Ses parents sont *soucieux* de sa santé.

□ Ses parents se font du **souci** pour sa santé.

彼（彼女）の両親は彼（彼女）の健康を気にかけている。

関連語 insouciant, e (adj)「呑気な、(de を) 気にかけない」。

557　com「一緒に」+ par「等しい」→「等しい状態で比べる」

comparer v 比較する、(à, avec と) 比較する、(à に) たとえる
comparaison nf 比較、対照、たとえ

□ C'est absurde de le *comparer* à Picasso.

□ La **comparaison** entre lui et Picasso est absurde.

彼をピカソと比べるのはばかげている。

関連語 comparable (adj)「比較し得る、似通った」。

558　ラテン語 prōvenīre「生じる、由来する」(← pro「前に」+ venir「来る」) から

provenir v (de から) 来る、起源（出所）とする
provenance nf 出どころ、産地

☐ C'est un vin blanc ***provenant*** du Chili.

☐ C'est un vin blanc en provenance du Chili.

これはチリ産の白ワインです。

☐ D'où ***provient*** cette truffe blanche ?

☐ Quelle est la provenance de cette truffe blanche ?

この白トリフの産地はどこですか?

559

pati「苦しみ」

patienter v 辛抱して待つ

patient, e adj 我慢強い ↔ impatient, e

patience nf 我慢、忍耐

☐ Le docteur m'a demandé de ***patienter***, mais ce n'est pas mon fort.

☐ Le docteur m'a demandé d'attendre, mais je ne suis pas très ***patient(e)***.

☐ Le docteur m'a demandé d'attendre, mais je n'ai pas beaucoup de patience.

医者はしばらく待つよう私に頼んだのだが、自分はたいして辛抱強くありません。

☐ Mon mari est ***patient***.

☐ Mon mari a de la patience.

夫は我慢強い。

語形成 **pati「苦しむ」** compatible (adj)「両立できる、互換性のある」(← com「一緒に」+「苦しむ」→「共に辛抱できる」→「共存できる」)。

560

ap「に」+ proche「近い」

(s') approcher v / v.pr 近づける ↔ éloigner 、近づく

approche nf 近づくこと

☐ Pour une raison quelconque, mon cœur bat quand je ***m'approche*** de sa maison.

☐ Pour une raison quelconque, mon cœur bat à l'approche de sa maison.

どういうわけか彼(彼女)の家に近づくと心臓が高鳴る。

* 代名動詞 s'approcher は「自分の意志で近づく」ケースが大半。

561

「近くに戻す」→「対象を非とする」

reprocher v 非難する

reproche nm 非難

☐ Il l'a poussée au divorce à force de toujours lui ***reprocher*** des choses.

☐ Il l'a poussée au divorce avec ses reproches incessants.

彼は絶え間ない非難を彼女に浴びせて離婚へと追いやった。

関連語 irréprochable (adj)「非の打ちどころのない、完璧な」。

562 古典ラテン語「吊り下げる」pensāre から

peser v 重さを量る、〜だけ重さがある

pesée nf 重さを計ること

☐ Tous les bébés ***sont pesés*** à la naissance.

☐ La pesée des bébés se fait à la naissance.

赤ちゃんは出生時に体重が測定される。

☐ Il est nécessaire de ***peser*** une lettre pour décider quel timbre utiliser.

☐ La pesée d'une lettre est nécessaire pour décider quel timbre utiliser.

どの切手を使うか決めるには、手紙の重さを計る必要があります。

563 ラテン語 hiems, hiemps「冬」

hivernal, e adj 冬の、冬のような

hiver nm 冬

☐ Nous sommes en avril, mais il fait un froid ***hivernal***.

☐ Nous sommes en avril, mais il fait un froid d'hiver.

春なのに、まるで冬の寒さだ。

* Il fait froid comme en hiver. といった言い方もできる。

564 sub「下に」+ primer「押す」→「押し下げる」→「取り壊す、削除する」

supprimer v 取り除く、削除する

suppression nf 取り除くこと、削除

☐ Cliquez ici pour confirmer que vous voulez ***supprimer*** votre compte.

☐ Cliquez ici pour confirmer la suppression de votre compte.

アカウントの削除を確認するにはここをクリックしてください。

565 con「一緒に」+ sult「呼び集める」→「皆で相談する」

consulter v 相談する、(医者の) 診察を受ける

consultation nf (専門家との) 相談、診察

☐ Il a décidé de fonder une entreprise sans ***consulter*** un expert.

☐ Il a décidé de fonder une entreprise sans consultation d'un expert.

彼は専門家に相談せずに起業することにした。

566 r「元へ戻る」+ enseigner「教える」

renseigner v 情報を与える
renseignement nm 情報

☐ Pourriez-vous nous ***renseigner*** précisément sur l'accident ferroviaire ?
☐ Pourriez-vous nous donner des **renseignements** précis sur l'accident ferroviaire ?

鉄道事故について私たちに正確な情報を与えてくださいませんか?

567 per「完全に」+ fect「作る」

(se) perfectionner v / v.pr 完全にする、改良する、上達する
parfait, e adj 完全な、申し分ない
perfection nf 完全、完璧

☐ Pim a passé de nombreuses années à ***perfectionner*** son français.
☐ Après de nombreuses années d'études, le français de Pim est ***parfait***.
☐ Après de nombreuses années d'études, Pim parle français à la **perfection**.

長年の学びを経て、ピムのフランス語は完璧です。

語形成 **fect「作る」** infection (nf)「感染(症)、伝染病」(← in「中に」+「作る」→「体内に病を作る」)、affection (nf)「愛情」(← af「に」+「作る、作用する」→「影響を与える」→「影響、感動を受けて生じる気持ち」)。

568 ré「再び」+ sumer「取る」→「再び強く表す」

résumer v 要約する
résumé nm 要約

☐ M. Roux ***a résumé*** brièvement le discours précédent.
☐ M. Roux a fait un bref **résumé** du discours précédent.

ルー先生は前回の講義内容を手短に要約した。

569 in「ない」+ cap「つかむ」+ able「できる」→「能力がない」

incapable adj ～することができない、無能な ↔ capable
incapacité nf 不能、無能

☐ Le chef est ***incapable*** de répondre aux questions de ses subordonnés.
☐ Le chef est dans l'**incapacité** de répondre aux questions de ses subordonnés.

係長は部下の質問に答えられない。

570　（唇が）hésitat「くっつく」→「口ごもる」

hésiter v ためらう、迷う
hésitation nf ためらい

□ Humbert a conseillé son patron sans ***hésiter***.
□ Humbert a conseillé son patron sans **hésitation**.

アンベールはためらうことなくオーナーに進言した。

関連語 hésitant, e (adj/n)「ためらいがちな（人）、優柔不断な（人）」。

571　「鷹狩」chasse au faucon (nf) のひとつ、voler les perdrix（ヤマウズラ狩り）からの転用とされる

voler v 盗む
vol nm 盗み、窃盗

□ Un employé de banque a été arrêté et accusé d'***avoir volé*** des données sensibles.
□ Un employé de banque a été arrêté et accusé de **vol** de données sensibles.

銀行員が機密データを盗んだとして逮捕、起訴された。

関連語 voleur, voleuse (n)「泥棒」

572　in「ない」+ utile「使用する」

inutile adj 無用の、役に立たない ↔ utile
inutilité nf 無益であること、無駄

□ Il est conscient qu'une troisième voiture est ***inutile***, mais il l'a achetée quand même.
□ Il est conscient de l'**inutilité** d'une troisième voiture, mais il l'a achetée quand même.

3 台目の車は無用とわかっていながら、それでも彼は購入した。

関連語 inutilement (adv)「無駄に、むなしく」。

573　ré「再び」+ vol「回転する」→「ひとまわりして振り出しに戻るような変化」

révolutionner v 革新する
révolutionnaire adj 革命の、革命的な
révolution nf 革命、（社会の）革命的変化

□ Internet ***a révolutionné*** notre façon de travailler.
□ Internet a été une **révolution** pour notre façon de travailler.

インターネットは私たちの働き方に革命をもたらした。

☐ L'amélioration du cadre de travail qu'il propose est ***révolutionnaire***.

☐ L'amélioration du cadre de travail qu'il propose est une vraie révolution.

彼の提案する職場環境の改善はまさに革命的だ。

関連語 révolutionnaire (n)「革命家」。

574 ラテン語 salutare「健康を願う」→「挨拶をする」

(se) saluer **v / v.pr** （人に）挨拶する、敬礼する、挨拶を交わす

salut **nm** 挨拶、敬礼

☐ Le soldat n'***a*** pas ***salué*** le général.

☐ Le soldat n'a pas fait le salut devant le général.

その兵士は将軍に敬礼をしなかった。

関連語 salutation (nf)「（うわべだけの）儀礼、大袈裟な挨拶」。

575 cal「石」+ cul「数える」→「石を積み重ねて数える」

calculer **v** 計算する

calcul **nm** 計算

calculatrice **nf** 計算機

☐ En général, les gens qui savent utiliser un boulier sont doués pour ***calculer*** de tête.

☐ Généralement, les gens qui savent utiliser un boulier sont doués pour le calcul mental.

通常、そろばんを使える人は暗算が得意だ。

☐ Cette petite ***machine à calculer*** est fabriquée en Inde.

☐ Cette petite calculatrice est fabriquée en Inde.

この小さな計算機はインド製です。

関連語 incalculable (adj)「数えられない、はかり知れない」。

576 en「中に」+ seign「印、記号」(= signe)

enseigner **v** （教科などを）教える

enseignement **nm** 教育

☐ M. Eloy ***enseigne*** la philosophie à l'université.

☐ M. Eloy est chargé de l'enseignement de la philosophie à l'université.

エロワ氏は大学で哲学を教えている。

関連語 enseignant, e (n)「教員」。

577 古フランス語の成句 a chief「頭へ」→「頂点に達する、成し遂げる」

achever v 終える、完了する
achèvement nm 完了、完成

□ Ce travail ***sera achevé*** dans deux semaines.
□ L'achèvement de ce travail aura lieu dans deux semaines.

2週間後にこの工事は完了します。

578 in「中に」+（知識などを）struct「積み重ねる」

instruit, e adj 学識のある ↔ ignorant, e
instruction nf 教育、知識、教養

□ Cette chef d'entreprise est ***instruite***.
□ Cette chef d'entreprise a de l'instruction.

あの女性社長は教養が豊かだ。

関連語 (s') instruire (v/v.pr)「教育（教授）する、学ぶ」。

579 ras「再び」+ sem「同じ」→「一緒にする、集める」

rassembler v （人・物を）集める
rassemblement nm （人の）集合、（物を）集めること

□ Combien de temps faut-il pour ***rassembler*** tous les élèves dans la cour ?
□ Combien de temps faut-il pour achever le rassemblement de tous les élèves dans la cour ?

全生徒を校庭に集めるのにどのくらい時間がかかりますか?

580 co「まったく」+ rect「正しく導く」

corriger v （誤りを）直す、添削（校正）する
correct, e adj （規則通りに）正しい、正確な、礼儀正しい（↔ incorrect, e）
corrigé, e adj 訂正された、添削（採点）済の
correction nf 正確さ、礼儀正しさ、（答案の）採点、添削、校正

□ J'ai encore quelques petites choses à ***corriger*** avant d'envoyer mon rapport.
□ J'ai encore quelques petites corrections à apporter avant d'envoyer mon rapport.

レポートを送る前に、まだちょっとした修正を行なう必要がある。

□ La professeure rendra les copies ***corrigées*** demain.
□ La professeure rendra les corrections des copies demain.

先生は明日採点した答案を返してくれる。

☐ Ce qu'il dit est tout à fait ***correct***.
☐ Ce qu'il dit est d'une parfaite correction.

彼が言っていることはまったくもって正しい。

☐ Elle s'exprime dans un français ***correct***.
☐ Elle s'exprime en français avec correction.

彼女はきちんとしたフランス語で自分の考えを述べる。

関連語 correctement (adv)「正確に、礼儀正しく」、correcteur, correctrice (n)「採点者、校正者」。

581 pur「純粋な」(←「注いで清める」)

pur, e **adj** 純粋な、混じり気のない、澄んだ ↔ impur, e
pureté **nf** 純粋さ、純度、清らかさ

☐ Nous devons vérifier que l'argent de cette bague est ***pur***.
☐ Nous devons vérifier la pureté de l'argent de cette bague.

この指輪の銀の純度を確認する必要があります。

☐ J'aime l'air ***pur*** de la forêt.
☐ J'aime la pureté de l'air de la forêt.

私は森のすがすがしい空気が好きだ。

関連語 purement (adv)「まったく、もっぱら」、purifier (v)「浄化する、清浄にする」。

語形成 **pur「純粋な」** puritain, e (n)「清教徒、ピューリタン」(←崇拝の形式を「純粋な」→「清らかな」→「単純な」ものにしようとした)。

582 ex「外に」+ port「運ぶ」

exporter **v** 輸出する ↔ importer
exportation **nf** 輸出

☐ Cette région a prospéré en ***exportant*** de la canne à sucre.
☐ Cette région a prospéré grâce aux exportations de canne à sucre.

この地域はサトウキビの輸出で栄えた。

583 prier「祈願」

prier **v** 祈る、頼む
prière **nf** 祈り、懇願

☐ Elles ***prient*** silencieusement pour la paix dans le monde.
☐ Elles font une prière silencieuse pour la paix dans le monde.

彼女たちは静かに世界平和を祈っている。

584 domin「支配」

dominer v 支配する、制覇する
domination nf 支配、影響力

□ La France ***a dominé*** l'Europe pendant trois siècles.
□ La France a exercé sa domination sur l'Europe pendant trois siècles.

フランスは3世紀にわたってヨーロッパを支配していた。

関連語 dominant, e (adj)「支配的な」。

585 per「完全に」+ cev, cept「つかむ」→「(特に視覚で) それと気づく」

percevoir v 知覚する、認識する
perception nf 知覚、認識

□ L'agence de marketing dit que le public ne ***perçoit*** pas notre nouveau slogan de manière positive.
□ L'agence de marketing dit que la perception de notre nouveau slogan par le public n'est pas positive.

マーケティングエージェンシー（広告会社）いわく、私たちの新しいキャッチコピーに対する一般の認識は好意的ではないとのことだ。

関連語 perceptible (adj)「感じ取れる、知覚できる」。

586 ギリシア語 rhythmos「流れる」から

rythmer v リズムをつける、拍子をとる
rythmé, e adj リズミカルな
rythmique adj リズミカルな
rythme nm （音楽の）リズム、（生活の）テンポ

□ Le compositeur utilise les basses pour ***rythmer*** la chanson.
□ Le compositeur utilise les basses pour rendre la chanson plus ***rythmée*** [***rythmique***].
□ Le compositeur utilise les basses pour donner du rythme à la chanson.

作曲家は低音楽器（ベース）を使って曲にリズムをつける。

関連語 biorythme (nm)「バイオリズム」。

587 dés「反」+approuver「賛成する」

désapprouver v 反対する、賛成しない
désapprobation nf 反対、不賛成

☐ Son visage disait qu'il ***désapprouvait***.

☐ On pouvait lire la désapprobation sur son visage.

彼の顔から不賛成だと読み取れた。

588 ラテン語「種まきの時」satio から

saisonnier, saisonnière adj 季節の、ある季節だけの

saison nf 季節、シーズン

☐ La garniture est des légumes ***saisonniers***.

☐ La garniture est des légumes de saison.

付け合わせは季節野菜です。

589 fin「終わり」+ ance「こと」→「借金を返す」

financer v （事業に）出資（融資）する

financement nm 出資、融資

☐ Une grande banque ***a financé*** notre projet.

☐ Une grande banque s'est occupée du financement de notre projet.

大手銀行がわれわれのプロジェクトに融資してくれた。

590 per「完全に」+ suade「説得する」

persuader v 説得する、納得させる

persuasif, persuasive adj 説得力のある

persuasion nf 説得（力）

☐ Le professeur a le don de ***persuader*** les autres.

☐ Le professeur a un don de persuasion.

その教師には他人を説得する才がある。

☐ Quand il est motivé, il peut ***persuader*** n'importe qui.

☐ Quand il est motivé, il peut être très ***persuasif***.

☐ Quand il est motivé, il peut faire preuve de beaucoup de persuasion.

やる気があるとき、彼は非常に説得力にあふれている。

591 com「完全に」+ ment「心」にかける→「きちんと考えてからの意見」

commenter v （ニュースを）解説する

commentaire nm 解説、論評

commentateur, commentatrice n コメンテーター、解説者

☐ Ce présentateur est doué pour ***commenter*** les nouvelles.

☐ Ce présentateur excelle dans les commentaires des nouvelles.

このキャスターはニュース解説がうまい。

☐ Chantal ***commente*** les événements sportifs.

☐ Chantal est commentatrice sportive.

シャンタルはスポーツのコメンテーターです。

592 古ラテン語 pairier「番狂わせ」

parier v 賭ける、～と確信する

pari nm 賭、ギャンブル

parieur, parieuse n 賭けをする人、賭け好きな人

☐ Je ***parie*** qu'elle ne t'aime pas.

☐ Je te fais le pari qu'elle ne t'aime pas.

賭けてもいいけど彼女は君が好きじゃないよ。

☐ Il est interdit de ***parier*** dans ce bar.

☐ Les paris sont interdits dans ce bar.

☐ Ce bar est interdit aux parieurs.

このバーでの賭けは禁止です。

593 célèbr「有名な」（←有名になり祝祭が行なわれる）

célèbre adj 有名な

célébrité nf 有名、名声、名士

☐ Il est ***célèbre*** sur le net.

☐ C'est une célébrité sur le net.

彼はネット上の有名人です。

関連語 célébrer (v)「（祭典などを）挙行する、祝う」。

594 re「うしろに」+ lig「縛る」→「（神や誓いに）しっかり結びつける」

religieux, religieuse adj 宗教上の、宗教に関する、信仰心のあつい

religion nf 宗教、信仰

☐ La liberté ***religieuse*** est garantie par la Constitution.

☐ La liberté de religion est garantie pas la Constitution.

信教の自由は憲法で保障されている。

595 the「見る」+「場所」

théâtral, e adj 演劇の、芝居の、芝居がかった

théâtre nm 劇場、演劇、芝居、芝居がかったふるまい

☐ Je m'intéresse beaucoup à l'art ***théâtral***.

☐ Je m'intéresse beaucoup à l'art du **théâtre**.

舞台芸術に大いに関心がある。

☐ C'est ***théâtral***.

☐ C'est du **théâtre**.

あれは芝居だよ（わざとらしい）。

関連語 théâtralement (adv)「芝居がかって、大げさに」。

596 équip「（船に）装備する」

(s') équiper v / v.pr 必要な装備を施す、必要な装備をする、身支度する

équipement nm 装備（すること）、設備

☐ Éloïse ***s'est équipée*** pour faire de l'alpinisme cet hiver.

☐ Éloïse s'est acheté un **équipement** d'alpinisme pour cet hiver.

エロイーズはこの冬の登山のために必要な装備を整えた。

関連語 équipé, e (adj)「装備（設備）が整った」、sous-équipé, e (adj)「設備が整っていない、（国や地域の）産業設備の不十分な」。

597 des「下に」+ scend「登る」→「降りる」

descendre v 降りる、降ろす

descente nf 降りること、下ろすこと

☐ Il est plus dangereux de ***descendre*** une montagne que de la monter.

☐ L'alpinisme est plus dangereux lors de la **descente** d'une montagne.

山登りでは山を降りるときの方が危険をともなう。

☐ Le Premier ministre est tombé deux fois en ***descendant*** la passerelle.

☐ Le Premier ministre est tombé deux fois à sa **descente** de la passerelle.

首相はタラップを降りる際に2度転んだ。

☐ Il est agréable de ***descendre*** une rivière en canoë.

☐ La **descente** d'une rivière en canoë est agréable.

カヌーでの川下りは気持ちがいい。

598 ラテン語 patrōnus「庇護者、有力者」から

patronal, e adj 経営者の

patron, patronne n （個人営業の）店主、経営者

☐ Les dirigeants des entreprises de la région ont décidé de créer un syndicat ***patronal***.

☐ Les **patrons** des entreprises de la région ont décidé de se réunir en syndicat.

地域の企業のリーダーたちは雇用者組合を設立することを決定した。

＊集合的な意味で「（労働者に対する）経営者、雇用者」を指す場合には patronat (nm) という単語を使う。

599 古語 abrier「寒さや風から守る」

(s') abriter v / v.pr （風雨などをさえぎって）守る、避難する、（de から）身を守る

abri nm （危険などを）避ける場所

☐ Les alpinistes ***se sont abrité(e)s*** dans le refuge.

☐ Les alpinistes se sont mis(mises) à l'**abri** dans le refuge.

登山家たちは山小屋に避難した。

＊à l'abri で「安全な場所に」の意味。なお、s'abriter de la pluie で「雨宿りをする」、trouver un abri contre la pluie なら「雨宿りの場所を見つける」となる。

関連語 sans-abri (n)「（震災などで）住居を失った人、ホームレス」（→雨露をしのぐ所がない）。

600 vig「生きている、活力」に満ちた→「生き生きしている様」

vigoureux, vigoureuse adj 力強い、たくましい

vigueur nf 力強さ、（特に男性の）精力

☐ Quand il était jeune, il était vraiment ***vigoureux***.

☐ Quand il était jeune, il était plein de **vigueur**.

若い頃、彼は力がみなぎっていた。

関連語 vigoureusement (adv)「力強く、元気よく」。

601 古典ラテン語 sōl, solis から

solaire adj 太陽の、太陽光を利用した

ensoleillé, e adj 日のあたる、晴れた

soleil nm 太陽、日光、日差し

☐ Nous dépendons de plus en plus de l'énergie ***solaire***.

☐ Nous dépendons de plus en plus de l'énergie du **soleil**.

私たちはますます太陽エネルギーに頼っている。

☐ Quelle belle journée ***ensoleillée*** !

☐ C'est une belle journée, avec beaucoup de soleil !

陽光がたっぷり降り注ぐなんていい天気だ!

602 （町の周辺の）terri「土地」

territorial, e adj 領土の、国土の

territoire nm 領土、国土

☐ Les deux pays n'arrivent pas à résoudre leur problèmes ***territoriaux***.

☐ Les deux pays n'arrivent pas à résoudre leurs problèmes de territoire.

両国は領土問題を解決できていない。

603 circul「円」→「回るように動く」→「循環する」

circuler v （人や車が）往来する

circulation nf 交通、（通行する）車

☐ Aucun véhicule n'est autorisé à ***circuler*** dans ce quartier pendant le weekend.

☐ La circulation est interdite à tous les véhicules dans ce quartier pendant le weekend.

週末はこの通りはあらゆる車の通行は禁止です。

604 sus「下に」+ pend「ぶら下げる」→「宙ぶらりんにする」

suspendre v 吊るす、中断する

suspension nf 吊るすこと、中断

☐ Le président a soudain demandé que la réunion ***soit suspendue***.

☐ Le président a soudain demandé la suspension de la réunion.

議長が突然会議の中断を求めた。

605 calm「（日中の）暑さ」（「暑い日の海」→「動きのない」→「穏やかな」）

(se) calmer v / v.pr （痛みなどを）落ち着かせる、和らげる、静まる

calme adj / nm 静かな／静けさ

calmant nm 鎮静（鎮痛）剤 = sédatif (nm), tranquillisant (nm)

☐ La saison touristique est terminée, l'île ***se calme***.

☐ La saison touristique est terminée, l'île retrouve son calme.

観光シーズンが終わると、島は静けさを取り戻す。

* La saison touristique est terminée, l'île redevient calme. とも表現できる。

□ Tu ferais mieux de prendre un médicament pour ***te calmer*** et d'aller au lit.
□ Tu ferais mieux de prendre un calmant et d'aller au lit.

鎮静剤を飲んで、寝たほうがいい。

関連語 calmant, e (adj)「鎮める、鎮痛の」、calmement (adv)「静かに、冷静に」。

606 ラテン語 mons, montis「山」から

montagneux, montagneuse adj 山の多い
montagnard, e adj 山の、山地に住む
montagne nf 山、山岳地方

□ Le Japon est un pays très ***montagneux***.
□ Il y a beaucoup de montagnes au Japon.

日本はとても山の多い国だ。

□ Les plantes ***montagnardes*** sont de moins en moins nombreuses.
□ Les plantes de montagne sont de moins en moins nombreuses.

山岳植物はどんどん数が減っている。

607 sévère「(切り裂くように)心身に当たる」→「厳しい」

sévère adj 厳しい、厳格な
sévérité nf (基準を守り、手心を加えない)厳しさ、厳格さ

□ Ce professeur de philosophie est connu pour être ***sévère***.
□ Ce professeur de philosophie est connu pour sa sévérité.

あの哲学の教授は厳しいことで知られている。

関連語 sévèrement (adv)「厳しく、手痛く」。

608 ré「繰り返し」+ pute「考える」→「何度も話題にのぼる」

réputé, e adj ～で有名な、評判の高い
réputation nf 名声、評判

□ Izu est ***réputée*** pour ses sources d'eau chaude.
□ Les sources d'eau chaude font la réputation d'Izu.

伊豆は温泉で有名だ。

*「伊豆」の性の扱いについては(☞ A-543)を参照。

□ Le simple fait qu'un restaurant soit ***réputé*** ne garantit pas la qualité du repas.
□ La réputation d'un restaurant ne suffit pas à garantir la qualité du repas.

レストランの評判が食事の質を保証するのに十分とは言えない。

609 félicit「幸福」

féliciter v 祝福する、賞賛する
félicitations nfpl 祝辞、賛辞

☐ Je vous ***félicite*** de tout cœur pour votre mariage.
☐ Je vous présente toutes mes **félicitations** pour votre mariage.

ご結婚誠におめでとうございます。

☐ Tous mes collègues m'***ont félicité(e)*** pour ma promotion.
☐ J'ai reçu les **félicitations** de tous mes collègues pour ma promotion.

同僚全員が私の昇進を祝福してくれた。

* 聖職者による「祝福（する）、祝別（する）」には bénédiction(nf)、bénir (v) という語が用いられる。

関連語 félicité (nf)「この上ない幸福、（宗教的）至福」。

610 bom「（擬音：ボーン）砲弾が飛び出す音」

bombarder v 爆撃（砲撃）する
bombardier nm 爆撃機
bombe nf 爆弾
bombardement nm 爆撃、砲撃

☐ Les **bombardiers** ***ont bombardé*** la ville de manière intensive.
☐ Les **bombardiers** ont lancé des **bombes** sur la ville de manière intensive.

爆撃機が集中的に市街地を爆撃した。

* 口語で bombance (nf)「ごちそう、どんちゃん騒ぎ」を略して bombe (nf) と称する。

☐ Après ***avoir été bombardée***, la ville a été rapidement reconstruite.
☐ Après le **bombardement**, la ville a été rapidement reconstruite.

爆撃後、町はあっという間に再建された。

611 com「一緒に」+ pét「探す、求める」→「競う力のある」

compétent, e adj 有能な、専門知識のある
compétence nf （適応、処理の）能力 、（複数で）専門知識

☐ Elle est ***compétente*** en mécanique quantique.
☐ Elle a des **compétences** en mécanique quantique.

彼女は量子力学に関する知識がある。

関連語 incompétence (nf)「（知識の欠如による）無能力」。

612 chut「(水や岩の) 落下」

chuter v 倒れる、落ちる、(値段が) 下落する

chute nf 落ちること、下落、滝

☐ Le dollar ***a*** fortement ***chuté*** ce matin.

☐ Le dollar a fait une grosse **chute** ce matin.

今朝方、ドルが急落した。

* 名詞 chute は動詞 tomber の名詞相当語でもあるので、たとえば Elle est tombée.「彼女は転んだ」は Elle a fait une chute. と書き換えられる。

613 ラテン語 petra「石、岩」

pierreux, pierreuse adj 石ころだらけの

pierre nf 石

☐ Il est difficile de marcher sur un chemin ***pierreux***.

☐ Il est difficile de marcher sur un chemin de **pierres**.

石ころだらけの道を歩くのは難儀だ。

614 rég「規定、支配」

régulier, régulière adj 規則正しい、定期の ↔ irrégulier, irrégulière

régularité nf 規則正しさ

☐ Prendre des repas ***réguliers*** est la base d'une bonne santé.

☐ La **régularité** des repas est la base d'une bonne santé.

食事を規則正しくとることは健康の基本だ。

関連語 régulièrement (adv)「規則正しく、正規に」。

語形成 **rég「支配」** région (nf)「地域、地帯」(←「(支配された、治められた) 場所」)。

615 thé「見る」+「こと」(じっと見ること)

théorique adj 理論の、理論上の

théorie nf 理論

☐ Mon hypothèse est seulement ***théorique***, j'attends de la tester en laboratoire.

☐ Mon hypothèse n'est qu'une **théorie**, j'attends de la tester en laboratoire.

私の仮説は単なる理論でしかないので、実験室でそれをテストするのを待っています。

関連語 théoriquement (adv)「理論上、理論的には」。

616 tonner「雷がとどろく」から

(s') étonner v / v.pr 驚かせる、驚く
étonnement nm 驚き

□ C'est un plaisir de voir mon chat ***s'étonner*** de tout.
□ C'est un plaisir de voir l'étonnement de mon chat devant tout.

うちの猫が何にでも驚くのを見るのは楽しいものです。

関連語 étonnant, e (adj)「驚くべき、意外な」。

617 auto「創造する、物を生んで増やす」(者) →「権力、権威を有する」

autoritaire adj 独裁の、権威主義的な、威圧的な
autorité nf 権限、権威、影響力
autoritarisme nm 独裁主義、権威主義

□ Mon professeur est ***autoritaire*** et je déteste ça.
□ Je déteste l'autorité de mon professeur.
□ Je déteste l'autoritarisme de mon professeur.

担任の教師の権威主義が大嫌いだ。

語形成 **isme「主義、主張、慣例」(nm)** conservatisme「保守主義」、féodalisme「封建主義(制度)」、féminisme「フェミニズム」、pédantisme「衒学的な様子、学者ぶること」、simplisme「簡略主義、過度の単純化」。

618 ラテン語 recuperāre「(元へ) 回復する、取り返す」から

récupérer v 回収する、回復する
récupération nf 回収、回復

□ Les débris spatiaux doivent ***être récupérés*** rapidement.
□ La récupération des débris spatiaux doit avoir lieu rapidement.

スペースデブリ(宇宙ごみ)はすみやかに回収されなければならない。

619 é「外に」+ met, miss「送る」

émettre v 発する、(通貨などを) 発行する
émission nf 放送、番組、(通貨などの) 発行

□ Le gouvernement a décidé d'***émettre*** une nouvelle pièce de monnaie.
□ Le gouvernement a décidé l'émission d' une nouvelle pièce de monnaie.

政府は新硬貨を発行すると決定した。

620 agri「畑」+ cole, cult「耕された」

agricole adj 農業の
agriculture nf 農業

□ Les principaux produits ***agricoles*** de la région sont la pomme de terre et le blé.
□ Les principaux produits de l'**agriculture** de la région sont la pomme de terre et le blé.

その地域の主要な農産品はジャガイモと麦です。

621 uni「1つの」+ form「形」

uniformiser v 画一化する、均一化する
uniforme adj 同じ形の、変化のない
uniformisation nf 均一化
uniformité nf 画一性、変化のなさ

□ On ***a uniformisé*** les programmes scolaires il y a six mois.
□ L'**uniformisation** des programmes scolaires a eu lieu il y a six mois.

半年前に授業計画は画一化された。

□ Je ne peux plus supporter mes journées ***uniformes***.
□ Je ne peux plus supporter l'**uniformité** des mes journées.

単調な日々にはもう耐えられない。

関連語 uniforme (nm)「制服、ユニフォーム」、uniformément (adv)「一様に、一定して、単調に」。

622 ラテン語 nullus「ない、無意味な、無価値な」から

nul, nulle adj 無の、無価値な、無能の
nullité nf 無価値、無能

□ Tout le monde sait qu'elle est ***nulle*** en anglais.
□ Sa **nullité** en anglais est connue de tous.

彼女が英語がさっぱりなのは皆知っている。

関連語 nullement (adv)「少しも、まったく」。

623 ラテン語 fidēlis「誠実な、信用できる」から

fidèle adj 忠実な、誠実な、正確な、貞淑な ↔ infidèle
fidélité nf 忠実、正確さ、貞節

□ Son excellente traduction est ***fidèle*** à l'original.
□ La **fidélité** de sa traduction envers le texte original est notable.

彼（彼女）の見事な翻訳は原文に忠実だ。

☐ Peu importe les rumeurs, François ne doute pas que sa femme est ***fidèle***.
☐ Peu importe les rumeurs, François ne doute pas de la fidélité de sa femme.

噂がどうあれ、フランソワは妻の貞節を疑ってはいない。

* " ne pas douter que + sub. / ind." は確実性を強調する際には「直説法」が使われる。

関連語 fidèlement (adv)「忠実に、正確に」。

624 ment「心」に触れる

mentionner v 言及する、記載する
mention nf 言及、記載

☐ Ce diplôme a l'air faux, il ne ***mentionne*** aucune université.
☐ Ce diplôme a l'air faux, il n'y a aucune mention d'une université.

この卒業証書は偽物のように見えます、大学についての言及がありません。

625 ex「外まで」+ cut「後を追う」→「最後まで行なう」

exécuter v （計画・仕事などを）実行する、（音楽などの）演奏する、上演する
exécution nf 実現、実行、演奏

☐ Quand et où ce projet ***sera***-t-il ***exécuté*** ?
☐ Quand et où aura lieu l'exécution de ce projet ?

この計画はいつどこで実行されますか?

☐ Elle ***a*** très bien ***exécuté*** un morceau de Chopin.
☐ Elle a fait une très belle exécution d'un morceau de Chopin.

彼女はとても上手にショパンの曲を弾いた。

626 dis「離して」+ sti「刺す」→「刺して引き離し、区別する」

distinguer v 区別する、見分ける
distinction nf 区別、識別

☐ Tu ne peux pas ***distinguer*** le bien du mal ?
☐ Tu ne peux pas faire la distinction entre le bien et le mal ?

善悪の区別がつけられないのかい?

☐ Mon ami Donati a du mal à ***distinguer*** les couleurs.
☐ Mon ami Donati a du mal à faire la distinction entre les couleurs.

友人のドナティは色を見分けるのが難しい。

*「色盲」は achromatopsie (nf)、「赤緑色盲」なら daltonisme (nm) という。

関連語 distinctif, distinctive (adj)「他と異なる、特異な」。

627 ex「外に」+ ploit「折る」→「折りたたんだものを開いて利用する」

exploiter v 開発する、採掘する、搾取する
exploitation nf 開発、開拓、搾取

☐ Cette machine a été conçue pour ***exploiter*** des gisements de pétrole.
☐ C'est une machine conçue pour l'exploitation des gisements de pétrole.

これは石油採掘用の機械です。

☐ Ils luttent contre les entreprises sans scrupules qui ***exploitent*** les travailleurs étrangers.
☐ Ils luttent contre l'exploitation des travailleurs étrangers par des entreprises sans scrupules.

彼らは外国人労働者を搾取する臆面もない会社（悪徳企業）と戦っている。

628 ラテン語 orirgo「太陽が昇り 1 日が始まる」

original, e adj オリジナルの、独創的な
originalité nf 独創性

☐ Où sont les points ***originaux*** de votre traité de mathématiques ?
☐ Où est l'originalité de votre traité de mathématiques ?

あなたの数学概論のオリジナリティーはどこにありますか?

629 ラテン語 dēbēre「負っている」→「人に借りたもの」

(s') endetter v / v.pr 借金させる、借金する、負債を負う
dette nf 借金、債務

☐ Avant de me marier, je ne savais pas que mon mari ***était*** très ***endetté***.
☐ Avant de me marier, je ne savais pas que mon mari avait beaucoup de dettes.

結婚するまで夫が多額の借金を抱えているとは知らなかった。

630 ラテン語 canere「歌う」から

chanter v 歌う、（小鳥が）鳴く
chant nm 歌、歌謡、（小鳥の）さえずり
chanson nf 歌、シャンソン
chantage nm ゆすり、脅し

☐ On entend les petits oiseaux ***chanter***.
☐ On peut entendre le chant des petits oiseaux.

小鳥のさえずりが聞こえてくる。

☐ La passion de mon grand-père, c'est de ***chanter***.

☐ La passion de mon grand-père, c'est la chanson.

祖父が熱中しているのは歌うことだ。

☐ Cet homme a fait ***chanter*** ma tante pendant des années.

☐ Cet homme a fait du chantage à ma tante pendant des années.

あの男は何年もおばをゆすっていた。

* faire chanter qqn = faire du chantage à qqn「人を脅す、ゆする」の意味になる。なお、「ゆすり屋」のことを maître(-)chanteur (nm) と呼ぶ。

関連語 chanteur, chanteuse (n)「歌手」。

語形成 **chant**「歌」 enchanté, e (adj)「大変嬉しい、とても満足な、魔法の」(←「歌って」誘い込む→「魔法をかける」→「魅惑する」)、enchantement (nm)「恍惚、歓喜、魅惑、魔法にかけること」。

631 古典ラテン語 nīx, nivis「雪」から

neiger v 雪が降る

enneigé, e adj 雪に覆われた

neige nf 雪

☐ Il a commencé à ***neiger*** dans l'après-midi.

☐ La neige a commencé à tomber dans l'après-midi.

午後、雪が降り出した。

☐ Quand je me suis réveillé ce matin, le jardin était ***enneigé***.

☐ Quand je me suis réveillé ce matin, le jardin était couvert de neige.

今朝目覚めたら、庭が雪に覆われていた。

632 sus「下で」+ cept「取る」+ ible「しやすい」→「下で受けやすい」

susceptible adj 余地がある、可能である、傷つきやすい

susceptibilité nf 怒りっぽさ、傷つきやすさ

☐ Que tu es ***susceptible*** !

☐ Quelle susceptibilité !

なんて傷つきやすいんだ!

633 ラテン語 gustus「試食、味わう」

goûter v 味わう、味をみる、おやつを食べる

goût nm 味、味覚、趣味

goûter nm おやつ

☐ Un bon cuisinier ***goûte*** les aliments quand il les prépare.

☐ Un bon cuisinier vérifie le goût des aliments quand il les prépare.

すぐれた料理人は料理を作るときに味見をする。

☐ Venez ***goûter***.

☐ Venez prendre un goûter [manger votre goûter].

おやつにしましょう。

634 règn「支配」

régner **v** 統治する、支配する

règne **nm** （王の）君臨

☐ Le roi ***règne*** depuis 20 ans.

☐ Le règne du roi a commencé il y a 20 ans.

王の統治は20年前からだ。

635 cata「徹底的に」+ strophe「ひっくり返る」

catastrophique **adj** 大災害の、壊滅的な、悲惨な

catastrophe **nf** 大災害、大惨事、（個人的な）不幸

☐ Plus de 150 personnes ont été tuées dans cet événement ***catastrophique***.

☐ Plus de 150 personnes ont été tuées dans cette catastrophe.

あの大災害で 150 人以上の人が亡くなった。

語形成 **cata, cat「徹底的に」** catholique (adj)「カトリックの、カトリック教徒の」(← cat「徹底的に」+ holique「全体」→普遍的なキリスト教会の)。

636 ex「外に」+ cuse「原因」→「責任から逃れる、離れる」

(s') excuser **v / v.pr** 許す、弁解をする、謝る、許される

excuse **nf** 言い訳、弁解、（複数で）謝罪

☐ Je vous prie de bien vouloir ***m'excuser***.

☐ Je vous fais [présente] toutes mes excuses.

心からお詫び申し上げます。

* Veuillez m'excuser, je vous prie. といった言い回しも使う。

☐ Rien n'***excuse*** votre irresponsabilité.

☐ Rien ne peut servir d'excuse à votre irresponsabilité.

あなたの責任感のなさは弁解の余地がありません。

関連語 excusable (adj)「許せる」。

637 con「一緒に」+ tent「保つ」→「中身が満たされた」

content, e adj 満足である、気に入っている
contentement nm 満足

□ Mon mari est ***content***, ça se voit dans ses yeux.
□ Le **contentement** de mon mari se voit dans ses yeux.

夫が満足していることは目でわかる。

関連語 (se) contenter (v/v.pr)「満足させる、満足する」。

638 ラテン語 tristis「悲しんでいる」から

attrister v 悲しませる
triste adj 悲しい、悲しそうな
tristesse nf 悲しみ

□ La nouvelle de sa mort nous ***a*** profondément ***attristé(e)s***.
□ La nouvelle de sa mort nous a plongé dans une profonde **tristesse**.

彼（彼女）の死の知らせは私たちを深く悲しませた。

□ Mon père est très ***triste***, rien ne peut le consoler.
□ Rien ne peut consoler la **tristesse** de mon père.

父の悲しみを慰められるものは何もない。

関連語 tristement (adv)「悲しく、悲しそうに、残念ながら」。

639 ラテン語 alligāre「結びつける、つなぐ」の意味

(s') allier v / v.pr （異質のものを）うまく合わせる、同盟を結ぶ
alliance nf 同盟、同盟関係

□ Les deux pays ***se sont alliés*** pour protéger la paix.
□ Les deux pays ont conclu une **alliance** pour protéger la paix.

両国は平和を守るために同盟を結んだ。

関連語 allié, e (adj)「同盟関係で結ばれた」。

640 pré「前もって」+ ocup「占有する」

(se) préoccuper v / v.pr （事柄が人の）気がかりである、気にかける
préoccupant, e adj （事態などが）気がかりな
préoccupation nf 気がかり、心配事

□ La situation politique et sociale me ***préoccupe*** beaucoup.
□ Je trouve la situation politique et sociale très ***préoccupante***.

☐ La situation politique et sociale est ma préoccupation principale.

私は政治・社会情勢を非常に気にかけています。

関連語 préoccupé, e (adj)「（人が）気がかりな」

641 フランク語 laubja「葉っぱでできた避難場所」

(se) loger v / v.pr 泊まる、泊める、住む
logement nm 居住、住まい

☐ Mon oncle a trouvé à ***se loger*** en banlieue.
☐ Mon oncle a trouvé un logement en banlieue.

おじは郊外に住まいを見つけた。

＊「郊外に」は en banlieue = dans la banlieue とされるが、前者は en ville, à la campagne と同じように「概念」をとらえる感覚であるのに対して、後者は「何番地」「（パリの）20 区」といった具体的な場所をイメージさせる違いがある。

関連語 logeable (adj)「（家が）広くて住み心地のよい、（車が）居住性がいい」、logeabilité (nf)「居住性、住みやすさ」。

642 e「外に」+（心を）mot「動かす」

(s') émouvoir v / v.pr 感動させる、感動する
émotionner v （心を）動揺させる、感動（興奮）させる
émouvant, e adj 感動的な
émotion nf 感動、気持ちの高ぶり、動揺

☐ Ce documentaire nous ***a ému(e)s***.
☐ Nous avons trouvé ce documentaire ***émouvant***.
☐ Ce documentaire nous a donné beaucoup d'émotions.

そのドキュメンタリーはとても感動的だ。

☐ J'***ai été*** fortement ***émotionné(e)*** en la voyant évanouie.
☐ J'ai eu une forte émotion en la voyant évanouie.

彼女が気を失うのを見てひどく動揺しました。

＊辞書に載っている例があるので注意喚起の意味で本書にも採用したが、動詞 émotionner は「破格用法」barbarisme (nm) に相当し、使用を控えるようにとされている語であることに注意したい。

643 ラテン語 succurrere「下を走る」→「救助に駆けつける」

secourir v 救う、救出する
secours nm 救助、救援

☐ La première étape consiste à ***secourir*** les sinistrés.

☐ La première étape consiste à porter secours aux sinistrés.

被災者を救援することが先決だ。

644 con「一緒に」+ front「額、前部」→「顔と顔を合わせる」

(se) confronter v / v.pr 対決させる、対決する
confrontation nf 対決

☐ On va ***confronter*** l'accusé avec un témoin demain.

☐ La confrontation entre l'accusé et un témoin va avoir lieu demain.

被告人と証人の対決は明日です。

語形成 **front**「額、前部」 frontière (nf)「国境、境目」(開拓の「前部」)。

645 r「元の状態に」+ établir「設置する」

(se) rétablir v / v.pr (元の状態に) 戻す、回復させる、健康を回復する
rétablissement nm 回復、健康の回復

☐ Ma mission est de ***rétablir*** la situation financière de cette entreprise.

☐ Ma mission est le rétablissement de la situation financière de cette entreprise.

私の使命はこの会社の財政状態を立て直すことです。

☐ Prenez tout le temps nécessaire pour vous ***rétablir***.

☐ Prenez tout le temps nécessaire à votre rétablissement.

必要な時間をすべてかけて健康を取り戻してください。

646 com「一緒に」+ plic「折る」→「折り重なった」

compliquer v (物事を) 複雑にする、面倒にする、わかりにくくする
complication nf 複雑さ、(複数で) いざこざ、もめ事

☐ Le mauvais temps ***a*** beaucoup ***compliqué*** la construction de notre maison.

☐ Le mauvais temps a créé beaucoup de complications pour la construction de notre maison.

悪天候のせいでマイホーム建設にあたってあれこれ面倒があった。

関連語 compliqué, e (adj)「複雑な、わかりにくい (↔ simple)」。

647 é「きちんと」+ prouver「証明する、示す」

éprouver v 試す、試験する
épreuve nf 試すこと、(学校などの) 試験

☐ Notre patron aime ***éprouver*** nos capacités de réflexion avec de petits jeux.

☐ Notre patron aime mettre nos capacités de réflexion à l'**épreuve** avec de petits jeux.

うちの社長はちょっとしたゲームで私たちの思考スキルを試すのが好きだ。

648 ラテン語 bibere「飲む」から

boire v 飲む

boisson nf 飲み物

☐ Vous voulez ***boire*** quelque chose ?

☐ Vous voulez une **boisson** ?

何か飲みたいですか?

* ちなみに「飲用に適した」の意味なら potable (adj) を用いる。

関連語 buvable (adj)「(味がまあまあ) 飲める、飲むに耐える」、buveur, buveuse (n)「酒飲み」。

649 re「元に戻して」+ flét, flet「曲げる」→「反射する」

refléter v (姿や像を) 映す、(光を) 反射する、反映する

reflet nm 反射光、照り返し、反映 (するもの)

☐ L'art ***reflète*** son époque.

☐ L'art est le **reflet** de son époque.

芸術は時代を反映するものだ。

650 俗ラテン語 bullicāre「泡立つ」(擬音 bulla「泡」) から

bouger v 動く、身動きする、動かす

bougeotte nf じっとしていられない性分

☐ Mon boss ***bouge*** tout le temps, il ne reste jamais assis plus de 10 minutes.

☐ Mon boss a la **bougeotte**, il ne reste jamais assis plus de 10 minutes.

うちのボスはじっとしていられない性分で、10 分と座っていられない。

651 éga「等しい」

égaliser v 平等にする、均等にする

égalité nf 等しさ、平等、均等 ↔ inégalité (nf)

☐ Il faut ***égaliser*** les chances, c'est une règle importante.

☐ L'**égalité** des chances est une règle importante.

機会均等は大事なルールです。

関連語 égal, e (adj)「等しい、平等な」。

A 1-668
B 1-269
C 1-255
索 引

652 anim は「息、生命」をいう

(s') animer v / v.pr 生き生きさせる、活気づく
animé, e adj 生き生きした、活気のある
animation nf 生き生きした動き、活気

☐ Ce village ***s'anime*** en été avec l'arrivée des touristes.
☐ Ce village est ***animé*** en été grâce à la présence des touristes.
☐ Il y a de l'**animation** dans ce village en été grâce à la présence des touristes.

この村は夏になると観光客が訪れ活気にあふれる。

653 infér「下の」

inférieur, e adj 劣る、低い
infériorité nf 劣ること、劣等 ↔ supériorité (nf)

☐ Elle a toujours pensé qu'elle était ***inférieure***.
☐ Elle a toujours eu un complexe d'**infériorité**.

彼女はずっと劣等感を持っていた。

654 「雄やぎ」trágos が生贄にされる祭りで演じられた歌舞からとされる

tragique adj 悲劇の、悲劇的な
tragédie nf （文学ジャンルとしての）悲劇、悲劇的な事件（事故）

☐ Le naufrage du « Titanic » a été un accident ***tragique*** qui a fait de nombreuses victimes.
☐ Le naufrage du « Titanic » a été une **tragédie** qui a fait de nombreuses victimes.

＜タイタニック号＞の遭難は多くの命を奪った悲惨な事故だった。

関連語 tragiquement (adv)「悲劇的に」。

655 「罠（わな）」を意味するラテン語 scandalum から

scandaleux, scandaleuse adj スキャンダラスな、けしからぬ、ひどい
scandale nm スキャンダル、醜聞、顰蹙（ひんしゅく）

☐ L'intervention télévisée du Premier ministre est ***scandaleuse***.
☐ L'intervention télévisée du Premier ministre est un vrai **scandale**.

首相のテレヴィでの発言は顰蹙ものだった。

関連語 scandaliser (v)「（人を）憤激させる、顰蹙を買う」。

656 re「再び、うしろに」+ cul「底、尻」→「後戻り」

reculer v 後退する、うしろへ下げる
recul nm 後退、退却
(à) reculons adv うしろへ、後退りして

□ ***Reculez*** un peu avant de lancer la balle.
□ Prenez un peu de **recul** avant de lancer la balle.

ボールを投げる前にちょっとうしろに下がってください。

□ Les requins peuvent-ils ***reculer*** en nageant ?
□ Les requins peuvent-ils nager **à reculons** ?

サメはうしろへ泳ぐことができるのですか?

657 a「向かって」+ droit「右の」→「正しい方向へ」

adroit, e adj 器用な、巧妙な
adresse nf 器用さ、巧妙さ

□ Elle joue bien au billard parce qu'elle est très ***adroite***.
□ Elle joue bien au billard grâce à son **adresse**.

彼女は器用なのでビリヤードがうまい。

関連語 adroitement (adv)「器用に、巧みに」。

658 crème brûlée (nf)「クレームブリュレ」←「焦がしたクリーム」

(se) brûler v / v.pr 焼く、焦がす、焼けるような痛みを与える、やけどする
brûlure nf (焼けつくような) 痛み、やけど

□ L'estomac me ***brûle*** depuis ce matin.
□ J'ai des **brûlures** d'estomac depuis ce matin.

今朝からひどい胸焼けがする。

□ Bruno ne peut pas bouger le pied gauche depuis qu'il ***s'est brûlé***.
□ Bruno ne peut pas bouger le pied gauche depuis sa **brûlure**.

ブリュノはやけどをしてから左足を動かすことができない。

659 é「大いに」+ labor「働いた」→「苦労してやり遂げた」

élaborer v 入念に仕上げる、練り上げる
élaboré, e adj 入念に作り上げられた
élaboration nf 入念に作り上げること、周到な準備

□ Ce projet très ambitieux ***a été élaboré*** par M. Épée.

☐ Ce projet ***élaboré*** par M. Épée est très ambitieux.
☐ M. Épée est responsable de l'**élaboration** de ce projet très ambitieux.

エペ氏が練り上げたこのプロジェクトはとても野心的だ。

660 ラテン語 fugere「逃げる」から

fuir v 逃げる、逃走する、(速やかに) 遠ざかる、漏れる
fuite nf 逃亡、逃走、(時間などの) 速やかな経過、漏れ

☐ Le suspect ***a fui*** dans la ville.
☐ Le suspect est en **fuite** dans la ville.

容疑者が市内を逃走中だ。

☐ Ma salle de bain est inondée, le robinet ***fuit***.
☐ Ma salle de bain est inondée, il y a une **fuite** au robinet.

バスルームがびしょびしょだ、蛇口に水漏れがあるせいだ。

661 「軽蔑」を意味するフランク語 haunipa, haunita から

† honteux, honteuse adj 恥ずかしい
† honte nf 恥ずかしさ、恥

☐ Il n'est pas ***honteux*** d'être pauvre.
☐ Il n'y a pas de **honte** à être pauvre.

貧乏は恥ではない。

関連語 † honteusement (adv)「恥ずべきやり方で、恥ずかしいほど」。

662 「悲鳴をあげる」を意味するラテン語 quiritāre から

crier v 叫ぶ、大声を出す、(鳥などが) 鳴く
cri nm 叫び、鳴き声、泣き声

☐ On entend les enfants ***crier*** dans le parc d'attractions.
☐ On entend les **cris** des enfants dans le parc d'attractions.

子どもたちが遊園地で騒ぐ声が聞こえる。

663 large「広い」

(s') élargir v / v.pr 横幅を広げる、(幅が) 広がる
élargissement nm 幅を広げる (広がる) こと、拡張

☐ Il est nécessaire d'***élargir*** les routes dans cette zone pour limiter les accidents.

□ Pour limiter les accidents, l'élargissement des routes dans cette zone est nécessaire.

事故を抑えるにはこの一帯の道路の拡幅が必要だ。

関連語 large (adj)「(幅の) 広い」。

664 in「上に」+ vent「来る」→「(上に出てくるので) 発見する」

inventer v 発明する、考え出す
inventeur nm 発明者
invention nf 発明、創意

□ Qui est-ce qui ***a inventé*** cet appareil ?
□ Qui est l'inventeur de cet appareil ?
□ Qui est à l'origine de l'invention de cet appareil?

誰がこの装置を発明したのですか?

関連語 inventif, inventive (adj)「発明の才がある、才覚のある」。

665 ラテン語 prōvidens「先見の明がある、用心深い、慎重な」の短縮形 prudens から

prudent, e adj 慎重な、用心深い
prudence nf 慎重さ

□ Philippe est ***prudent*** dans tout ce qu'il fait.
□ Philippe fait preuve de prudence dans tout ce qu'il fait.

フィリップはやることすべてに慎重である。

関連語 prudemment (adv)「慎重に、用心深く」。

666 ord「順序」

ordonner v 整理する、命じる
ordonné, e adj 整頓された、几帳面な
ordre nm 順番、整頓、几帳面、命令

□ Je vais ***ordonner*** mes contacts sur mon smartphone.
□ Je vais mettre mes contacts en ordre sur mon smartphone.

私はスマートフォンで日頃付き合いのある人たちの連絡先を整理します。

□ Le professeur ***a ordonné*** le silence aux élèves.
□ Le professeur a donné l'ordre aux élèves d'être silencieux.

教師は生徒に静かにするように言った。

□ Cet enfant est très ***ordonné(e)***.
□ Cet enfant a beaucoup d'ordre.

この子はとても几帳面だ。

* Cet enfant aime l'ordre. としても同義になる。

667 dé「はっきりと」+ term「境界」を定める→「心を定める」

(se) déterminer v / v.pr 特定する、決定する、(à を) 決心する
déterminé, e adj はっきりした、断固とした
détermination nf 決意、決定、断固とした態度

☐ Le comptable ***a déterminé*** ce qui est* nécessaire pour redresser l'entreprise et nous l'a fait connaître.

☐ Le comptable nous a fait connaître ses **déterminations** pour redresser l'entreprise.

会計士は会社を立て直すために何が必要かを見定めて知らせてくれた。

* était（時制照応をした場合）。

☐ J'admire Dany parce qu'elle est ***déterminée***.

☐ J'admire Dany pour sa **détermination**.

私はダニーの決意の固さに敬服します。

* Dany は男性の名前としても使われる。

668 joie「喜び」

joyeux, joyeuse adj 陽気な、愉快な
joie nf 喜び、陽気さ

☐ Pourquoi es-tu si ***joyeux***[***joyeuse***] ?

☐ Pourquoi autant de **joie** ?

どうしてそんなに喜んでるの?

関連語 joyeusement (adv)「喜んで、愉快に」。

頻度順 B 1-269

音声ファイルについて

掲載している例文の音声ファイルは駿河台出版社ホームページより聞くことが出来ます。

https://www.e-surugadai.com/books/isbn978-4-411-00557-1

※各見開き左上のトラック番号をご参照ください。

1

plong「鉛」→「鉛を水に投げ入れた際の音」

plonger v 水に飛び込む、(水中に) 潜る
plongeon nm 飛び込み、ダイビング

☐ Il ***a plongé*** dans la piscine et a éclaboussé tout le monde.
☐ Son **plongeon** a éclaboussé tout le monde autour de la piscine.

彼がプールに飛び込んで、周りのみんなに水がはねた。

関連語 plongée (nf)「潜水」、plongeur, plongeuse (n)「ダイバー、飛び込みをする人(選手)」。

2

vari「変化」(←ラテン語 variâre)

varier v 変わる、変化をつける
varié, e adj 変化に富んだ
variable adj 変わりやすい ↔ invariable
variation nf 変化、変動
variété nf 変化に富むこと、多様性

☐ Les températures ***varient*** beaucoup en avril.
☐ Les températures sont très ***variables*** en avril.
☐ Les **variations** de température sont fréquentes en avril.

4月、気温は大きく変わります。

☐ Les goûts des gens sont vraiment ***variés***.
☐ Les goûts des gens sont d'une extrême **variété**.

人の好みは実にあれこれだ。

* varier は物事の根本はそのままだが、不規則で断続的な「(さまざまな) 変化」に用いる。外観や内容などが前のものと違ったものに「変化する」なら changer (☞ A-86) を、人物の形や機能などを根本的に「変える」なら transformer (☞ A-398) を、部分的・制限的な「変更」なら modifier (☞ B-268) を用い、「変わって～になる」の意味合いなら tourner (☞ A-244) を用いる。

3

con + tester「証人を集める」から

contester v 異議を唱える、疑問視する
contestation nf 異議、異論

☐ On a accepté la décision du directeur commercial sans ***contester***.
☐ On a accepté la décision du directeur commercial sans **contestation**.

異議を唱えることなく営業部長の決定を受け入れた。

関連語 contestable (adj)「異論の余地がある、疑わしい」、contestataire (n)「(社会などに) 異議を唱える人」。

4 multi「多数の」+ pli「重ねる」

(se) multiplier v / v.pr 数を増やす、増加する
multiple adj （複数名詞とともに）多数の、（単数名詞とともに）複雑な
multiplication nf （個数の何倍もの）増加、掛け算
multiplicité nf 多数、複雑さ

□ Les demandes d'aide ***se multiplient***, ce qui entraîne une augmentation des délais de traitement.
□ La **multiplication** des demandes d'aide entraîne une augmentation des délais de traitement.

支援要請が増えていて、処理時間が長くなっている。

□ Comme vous le savez, les questions à débattre sont ***multiples***.
□ Vous connaissez bien la **multiplicité** des questions à débattre.

ご存知のように、討議すべき問題が多数あります。

語形成 **multi「多数の」** multinational, e (adj)「多国家の、多国籍の」(←「多数の」+ national「国の」)、multiracial, e (adj)「多民族の、他人種の」(←「多数の」+ racial「民族の」)。

5 scol「休暇」→「余暇」→「余暇を使って教育をした」

scolariser v （児童を）就学させる
scolaire adj 学校の
scolarité nf 就学、通学

□ Au Japon, tous les enfants ***sont scolarisés*** à partir de sept ans.
□ Au Japon, l'activité ***scolaire*** est obligatoire à partir de sept ans.
□ Au Japon, la **scolarité** est obligatoire à partir de sept ans.

日本では、7 歳から就学が義務づけられている。

6 diff「広げる、撒き散らす」

diffuser v 放出する、拡散させる、放送する
diffusion nf 伝播、普及、放送

□ On nous a interdit de ***diffuser*** cette information à la télévision.
□ On nous a interdit la **diffusion** de cette information à la télévision.

このニュースをテレヴィで放送することは禁じられた。

関連語 diffus, e (adj)「（四方に）拡散した、広がった、取りとめのない」。

7 後期ラテン語 annullāre「押しつぶす」

annuler v （注文や予約などを）取り消す、中止する、無効とする
annulation nf 取消し、キャンセル

□ Les élections ***ont été annulées*** à cause de fraudes.
□ Des fraudes ont causé l'**annulation** de l'élection.

不正行為があったため選挙は無効となった。

関連語 annulé, e (adj)「無効になった、中止になった」、annulable (adj)「無効にできる、取り消せる」。

8 bloque, bloc (←中期オランダ語「倒された木の幹、丸太」) から

bloquer v 動かないようにする
bloqué, e adj （物事が）動きの取れない状況にある
blocage nm 動かなくすること

□ Les négociations ***ont été bloquées*** à cause de l'opposition de la Chine.
□ Le **blocage** des négociations est dû à l'opposition de la Chine.

中国の反対で交渉は行きづまった。

* L'opposition de la Chine a bloqué les négociations. と能動態で書くこともできるが、多くは受動態で使われることが多い。

□ La situation est ***bloquée,*** il faut le constater.
□ Il faut constater le **blocage** de la situation.

状況が手詰まりなのを認めなくてはならない。

9 clim「傾き」→「赤道から両極への傾き（地軸の傾き）で生じる天候（季節）の変化」（ちなみに reclining、仏語 inclinable「傾けられる（→うしろに傾ける）」の意味）

climatique adj 気候の、風土の
climat nm 気候、風土、雰囲気

□ Les conditions ***climatiques*** sont inhospitalières dans cette région montagneuse.
□ Le **climat** est inhospitalier dans cette région montagneuse.

この山岳地方は気候が人を寄せつけない。

* 年間を通じての平均的「天候・気候」を指す。「一時的な天候状態」には temps (nm)（☞ A-3）を用いる。

10 ラテン語 subdiurāre「ある期間続く」

séjourner v 滞在する ＝faire un séjour
séjour nm 滞在、逗留

☐ J'*ai séjourné* chez un ami à Okinawa pendant une semaine.
☐ J'ai fait un séjour chez un ami à Okinawa pendant une semaine.

1週間、沖縄で友人宅に滞在した。

11 「導く」を意味する古フランス語 guier の変形

guider v （人を）案内する、指導する
guide n 案内人、ガイド

☐ Gervaise aime ***guider*** les touristes anglophones.
☐ Gervaise aime être guide pour les touristes anglophones.

ジェルヴェーズは英語を話す旅行者を案内するのが好きだ。

☐ L'aveugle se laisser ***guider*** par son chien pour aller au supermarché.
☐ L'aveugle fait confiance à son chien-guide pour l'emmener au supermarché.

盲人は盲導犬に案内してもらってスーパーに行った。

*「盲導犬」は chien d'aveugle (nm) ともいう。

関連語 guide (nm)「ガイドブック、便覧」。

12 spéc「見る」→「きわだった特徴が見える」

(se) spécialiser v / v.pr 専門化する、専攻する、専門に研究する
spécialisé, e adj 専門化された
spécialité nf 専門、特産品
spécialisation nf 専門化、特殊化

☐ Il ***s'est spécialisé*** en sociolinguistique.
☐ La sociolinguistique est sa spécialité.

彼は社会言語学を専攻している（専門的に研究している）。

☐ Ce coiffeur ***s'est spécialisé*** dans les brushings.
☐ Ce coiffeur est ***spécialisé*** dans les brushings.
☐ Les brushings sont la spécialité de ce coiffeur.

あの美容師はブラッシングを専門としています。

☐ Les étudiants en médecine commencent à ***se spécialiser*** dès la deuxième année.
☐ La spécialisation des étudiants en médecine commence dès la deuxième année.

医学生は２年目に専門の研究が始まる。

関連語 spécial, e (adj)「（普通と違って）特別の、特有の」、spécialement (adv)「特別に、とりわけ」。

13 ラテン語 dēportāre →「娯楽、楽しさ」英語 disport の頭音消失

sportif, sportive adj スポーツの、スポーツ好きな、よくスポーツをする
sport nm スポーツ
sportivité nf スポーツマンシップ

☐ Ma grand-mère est très ***sportive***.
☐ Ma grand-mère fait beaucoup de sport.

祖母はよくスポーツをする。

☐ Juste avant l'arrivée, ce marathonien s'est montré très ***sportif***.
☐ Juste avant l'arrivée, ce marathonien a fait preuve d'une grande sportivité.

ゴール直前、あのマラソンランナーはすばらしいスポーツマンシップを見せた。

14 génér「貴族生まれの」→「寛大な、気前のよい」

généreux, se adj 気前のいい、寛大な
générosité nf 気前のよさ

☐ Cet acteur célèbre est ***généreux***, c'est extraordinaire.
☐ La générosité de cet acteur célèbre est extraordinaire.

あの有名な俳優の気前のよさは尋常ではない。

関連語 généreusement (adv)「気前よく」。

15 é「外に」+ vent「来る」→「事が出てくること」

éventuel, éventuelle adj 起こりうる可能性のある、不確定な
éventualité nf 起こりうる可能性、万一の事態

☐ Nous devons être prêts pour une ***éventuelle*** nouvelle pandémie.
☐ Dans l'éventualité d'une nouvelle pandémie, nous devons être prêts.

新たなパンデミック発生の可能性に備える必要がある。

関連語 éventuellement (adv)「場合によっては、万一の場合は」。

16 bless「打ち傷つける」

(se) blesser v / v.pr けがをさせる、けがをする
blessure nf 傷、けが
blessé, e n 負傷者

☐ Il est courant pour les joueurs de rugby de ***se blesser***.
☐ Les blessures sont courantes pour les joueurs de rugby.

ラグビー選手がけがをするのはよくあることだ。

☐ Dix personnes ***ont été blessées*** dans l'explosion.

☐ Il y a eu dix blessés dans l'explosion.

爆発で 10 人が負傷した。

関連語 blessant, e (adj)「感情を害する、不愉快な」。

17 col「一緒に」+ laborer「働く」

collaborer v 協力する、共同で仕事をする

collaboration nf 協力、共同作業

☐ Nous ne pouvons pas faire avancer ce projet si vous ne ***collaborez*** pas avec nous.

☐ Nous ne pouvons pas faire avancer ce projet sans votre collaboration.

あなたの協力なしではこの計画を推し進めていくことができません。

＊ただし、collaboration という単語には「（第二次大戦のドイツ占領下における）対独協力」という忌まわしい過去が見え隠れするため、今でも coopération (nf)（☞ A-542）を用いる方がよいとされる。

18 clair「明るい」

éclairer v 照らす、明らかにする

éclairage nm 照明

☐ Certaines rues ne sont pas du tout ***éclairées***, c'est très dangereux !

☐ Certaines rues n'ont aucun éclairage, c'est très dangereux !

通りによってはまったく照明はなく、とても危険だ!

19 「刻む」を意味するギリシア語 kharassein から

caractériser v 特徴づける

caractéristique adj 特徴的な

caractéristique nf 特徴、特色

☐ Cette nouvelle voiture ***est caractérisée*** par ses longues ailes.

☐ Le trait ***caractéristique*** de cette nouvelle voiture est ses longues ailes.

☐ La caractéristique de cette nouvelle voiture est ses longues ailes.

この新しい車の特徴は長い翼です。

20 con「完全に」+ vic「勝つ、征服する」→「異議に打ち勝つ」→「納得させる」

convaincu, e adj 確信を抱いた、確信に満ちた

conviction nf 確信、自信

☐ Elle est ***convaincue*** que son fils réussira dans la vie.
☐ Elle a la **conviction** que son fils réussira dans la vie.

彼女は息子が出世すると確信している。

関連語 se convaincre (v.pr)「納得する、確信する（= se persuader）」を用いて言い換えて Elle s'est convaincue que son fils réussira dans la vie. とするとそれは「現実の確信」ではなく、彼女の頭の中で「出世する息子を思い描いた（信じ込んだ）」という意味になる。

21 dé「離れて」+ tenir「つかむ」

détenir v 保持する、留置する
détention nf 保持、所有、留置
détenteur, détentrice n 保持者、所持者

☐ Elle a été arrêtée en flagrant délit parce qu'elle ***détenait*** des armes.
☐ Elle a été arrêtée en flagrant délit pour **détention** d'armes.

彼女は武器の所持で現行犯逮捕された。

☐ Mon ami ***a été détenu*** pendant deux semaines.
☐ La **détention** de mon ami a duré deux semaines.

友人が2週間留置された。

☐ Mon frère est boxeur, il ***détient*** le titre de champion oriental depuis deux ans.
☐ Mon frère est boxeur, c'est le **détenteur** du titre de champion oriental depuis deux ans.

兄（弟）はボクサーで、2 年前から東洋チャンピオンのタイトルを保持している。

関連語 détenu, e (n)「拘留された人、囚人」。

22 in「ない」+ nocent「有害な」

innocenter v 無罪を宣告する、罪を晴らす
innocent, e adj 無罪の、無実の
innocence nf 無罪

☐ Un témoignage courageux ***a innocenté*** l'accusé.
☐ L'**innocence** de l'accusé a été établie grâce à un témoignage courageux.

勇気ある証言で被告の無罪が認められた。

☐ Au tribunal, on a prouvé qu'elle était ***innocente***.
☐ Au tribunal, on a prouvé son **innocence**.

法廷で彼女の無罪が立証された。

* Son innocence a été prouvée au tribunal. といった言い換えも可能。

関連語 innocent, e (n)「無実の人、世間知らず」。

23 ラテン語 dulcis「甘い」から

doux, douce adj 甘い、柔らかい、（気候が）穏やかな、（性質が）優しい
douceur nf 柔らかさ、穏やかさ、優しさ

□ Cette ville portuaire est connue pour son climat ***doux*** et ses habitants chaleureux.
□ Cette ville portuaire est connue pour la **douceur** de son climat et la chaleur de ses habitants.

この港町は温暖な気候と住人の暖かさで知られている。

□ L'infirmière en chef est très ***douce***.
□ L'infirmière en chef est d'une grande **douceur**.

婦長はとても優しい。

関連語 (s') adoucir (v/v.pr)「穏やかにする、穏やかになる、和らぐ」。

24 électr「電」（←ギリシア語 electron「琥珀」をこすると「静電気」が発生する）

électrique adj 電気の
électricité nf 電気

□ C'est une voiture ***électrique*** ?
□ Cette voiture marche à l'**électricité** ?

これは電気自動車ですか?

関連語 électricien, électricienne (n)「電気工、電気技師」。

語形成 **électr**「電」 électron (nm)「電子、エレクトロン」、électroménager (nm)「（集合的に）家庭電化製品」（←「電」+ ménager「家事の、家庭の」）。

25 class「階級」→「分類」

classer v 分類する、整理する
classement nm 分類

□ Comment ? Je dois ***classer*** tous ces documents par sujet en une demi-journée ?
□ Comment ? Je dois faire le **classement** de tous ces documents par sujet en une demi-journée ?

えっ? この書類を全部、半日で項目別に分類しなくてはならないのですか?

26 min「小さい」+ or「もっと」→「さらに小さい」

minoritaire adj 少数派の
minorité nf （投票などの）少数、少数派 ↔ majorité (nf)

□ Dix hommes et trois femmes : les femmes sont ***minoritaires*** à la conférence.

☐ Dix hommes et trois femmes : les femmes sont en **minorité** à la conférence.

男性 10 名と女性 3 名、女性は会議での少数派だ。

語形成 **mini「小さい」** minimum (nm) 最小限（↔ maximum (nm)）、minimiser (v)「過小評価する、最小にする」（↔ maximiser）。

27 dyna「力」

dynamique **adj** 力強い、活動的な、ヴァイタリティーのある
dynamisme **nm** 活動力、ヴァイタリティー

☐ Le chef de bureau est ***dynamique*** toute la journée.

☐ Le chef de bureau garde son **dynamisme** toute la journée.

主任は1日中ヴァイタリティーに富んでいる。

語形成 **dyna「力」** dynamite (nf)「ダイナマイト、危険物」（dynamiter (v)「ダイナマイトで爆破する」という動詞もある）、dynastie (nf)「王朝」（←「権力」の意味合い）、hydrodynamique (nf)「流体力学」（← hydr(o)「水、液体」）。

28 troub「乱す」→「混乱させること」

(se) troubler **v / v.pr** 動揺させる、乱す、妨害する、動揺する
trouble **nm** （心の）動揺、（複数で）騒乱、（心身の）障害

☐ Les manifestants ***ont troublé*** les négociations.

☐ Les manifestants ont provoqué des **troubles** qui ont ralenti les négociations.

デモの参加者は交渉を妨害した。

* 下の文はやや説明的で「混乱を起こして交渉を遅らせた」という意味になる。

関連語 troublant, e (adj)「困惑させる、気にかかる」。なお、形容詞 trouble は「濁った」の意味で使われ、たとえば Les produits chimiques troublent l'eau de la rivière. / L'eau de la rivière est trouble à cause des produits chimiques.「化学薬品のせいで川の水が濁っている」といった動詞 troubler「濁らせる」との言い換えが可能。

29 ac「へ」+「速い」=「急ぐ」

accélérer **v** 加速する ↔ ralentir
accélération **nf** 加速、急速化

☐ La fusée ***accélère*** jusqu'à sa sortie de l'atmosphère.

☐ La fusée continue son **accélération** jusqu'à sa sortie de l'atmosphère.

ロケットは大気圏を離れるまで加速し続ける。

関連語 accélérateur (nm)「（車の）アクセル」（= la pédale pour accélérer）。

30 littéra「文字」に関する

littéraire adj 文学の
littérature nf 文学

□ Lilian est abonné à un magazine ***littéraire***.
□ Lilian est abonné à un magazine de littérature.

リリアンは文芸雑誌を予約購読している。

関連語 littérairement (adv)「文学的に、文学の見地から」。

31 ラテン語 dēsignāre「表示する、描く」から（仏語は dessin、英語は design）

dessiner v （線で）描く、デッサンする
dessin nm デッサン、素描

□ Ses capacités à ***dessiner*** au crayon sont remarquables.
□ Ses capacités en dessin au crayon sont remarquables.

彼（彼女）の鉛筆デッサンの能力は傑出している。

関連語 dessinateur, dessinatrice (n)「デザイナー」。

32 ラテン語 rumpere「裂く」（← robine「崖の裂け目」→「灌漑水路」などとも関連）

rompre v （関係を）断つ、（状態や行為を）中断する
rupture nf 絶交、切断

□ Le comportement de sa petite(-)amie a conduit René à ***rompre*** avec elle.
□ Le comportement de la petite(-)amie de René a abouti à leur rupture.

恋人のとった態度のせいでルネは彼女と別れた。

33 ラテン語 directus = droit「まっすぐな、一直線の」から

dresser v まっすぐに立てる、組み立てる、（動物を）調教する
dressage nm 組み立て、設営、（動物の）調教

□ Un fois la statue ***dressée*** sur la place, les villageois ont fait une fête.
□ Après le dressage de la statue sur la place, les villageois ont fait une fête.

広場に像が設置されると、村人たちは祝宴を開いた。

□ Je vais dans une école pour apprendre à ***dresser*** mon chien.
□ Je vais dans une école de dressage avec mon chien.

飼っている犬の調教を学ぶために学校に通っている。

関連語 dresseur, dresseuse (n)「（動物の）調教師」。

34 a「に」+ ficher「(釘などで) 打ち込む」

afficher v (ポスター、ビラなどで) 予告する、掲示する
affichage nm ポスターを貼ること、掲示

□ Nous ***afficherons*** les résultats du test demain.
□ Nous procéderons à l'**affichage** des résultats du test demain.

明日、試験結果が掲示されます。

関連語 「ポスター、(上演用の) プログラム」は affiche (nf)、「小型のポスター、ビラ」なら affichette (nf) という。

35 frag「壊す、砕ける」+ ile「できる」

fragile adj 壊れやすい、もろい ↔ solide、不安定な
fragilité nf 壊れやすさ、もろさ、不安定さ

□ Vous êtes consciente que ce vase est ***fragile***, non ?
□ Vous êtes consciente de la **fragilité** de ce vase, non ?

この花瓶がもろいことはご存知ですよね?

36 「跳ねる、踊る」を意味するラテン語 saltare から

sauter v 跳ぶ、飛び降りる、(障害物などを) 飛び越える
saut nm 跳ぶこと、ジャンプ

□ Mon fils ***a sauté*** du deuxième étage comme un ninja.
□ Mon fils a fait un **saut** du deuxième étage comme un ninja.

息子がまるで忍者のように3階から飛び降りた。

関連語 sursauter (v)「思わず飛び上がる」。

語形成 **saut「跳ぶ」** sauté, e (adj)「ソテーした」(調理の際にフライパンの中で食材を「放り投げる」ため)。

37 chasse「捕らえる」

chasser v 狩る、狩をする
chasse nf 狩、採集

□ En Mongolie, on ***chasse*** encore avec des faucons.
□ La **chasse** au faucon est encore pratiquée en Mongolie.

モンゴルでは今でも鷹狩りが行なわれている。

*「鷹狩り」は fauconnerie (nf) とも呼ばれる。

関連語 chasseur, chasseuse (n)「猟師、ハンター」。

38 sal「塩」を買うための給金（塩銭 ←ラテン語 salārium）

salarié, e adj 給与を受け取る、給料を支払われる
salarié, e n 給与生活者
salaire nm 給与

□ Si vous êtes un travailleur ***salarié***, vous avez droit à l'assurance-chômage.
□ Si vous êtes salarié(e), vous avez droit à l'assurance-chômage.
□ Si votre employeur vous verse un salaire, vous avez droit à l'assurance-chômage.

あなたが給与生活者ならば、失業保険を受けとる権利があります。

関連語 salarial, e (adj)「給与の、報酬の」。

39 ex「外に」+ plos「たたき出す」（← plaud「手をたたいて」追い出す）

exploser v 爆発する
explosion nf 爆発

□ Une bombe ***a explosé*** à l'intérieur de la gare et a fait de nombreuses victimes.
□ L'explosion d'une bombe à l'intérieur de la gare a fait de nombreuses victimes.

駅構内で爆発があり、多くの犠牲者が出た。

関連語 explosif, explosive (adj)「爆発する、爆発性の」。

40 tolér「耐える」

tolérer v 大目に見る、黙認する
tolérant, e adj 寛大な、寛容な ↔ intolérant, e
tolérance nf 大目に見ること、黙認、寛容

□ Je ne peux pas ***tolérer*** les gens qui fument au restaurant.
□ Je ne suis pas ***tolérant(e)*** à l'égard des gens qui fument au restaurant.
□ Je n'ai aucune tolérance pour les gens qui fument au restaurant.

私はレストランで喫煙する人たちを見て見ぬふりはできません。

41 copie「何度も書き写す」

copier v 書き写す、コピー（模写）する
copie nf 写し、コピー、模写

□ L'auteur de ce texte ***a copié*** mon article mot pour mot.
□ Ce texte est une copie mot pour mot de mon article.

このテキストは私の記事を一語一語書き写したものだ。

A 1-668
B 1-269
C 1-255
索引

42 ラテン語 redigere（← ré「再び」+ diger「導く」= agir）から

rédiger v （文章を）作成する、書く

rédaction nf （文章の）作成、（辞書などの）編纂

☐ Le chef de bureau a chargé le nouvel employé de ***rédiger*** un contrat.

☐ Le chef de bureau a chargé le nouvel employé de la rédaction d'un contrat.

課長は新入社員に契約書を作成するよう指示した。

関連語 rédacteur, rédactrice (n)「（新聞・雑誌の）編集者、（辞書の）編者」

43 magni「大きい、壮大な」（←地震の「大きさ」magnitude(nf)「マグニチュード」）

magnifique adj 見事な、すばらしい

magnificence nf 壮麗さ、豪華さ

☐ Je veux aller à Hakodate tout de suite pour voir cette ***magnifique*** vue nocturne.

☐ Je veux aller à Hakodate tout de suite pour voir la magnificence de cette vue nocturne.

このすばらしい夜景を見にすぐに函館に行きたい。

関連語 magnifiquement (adv)「壮麗に、見事に」。

44 con「一緒に」+ traind「締めつける」

contraindre v 人に～を強いる、余儀なくさせる

contraint, e adj (être contraint de + inf.) ～せざるを得ない

contrainte nf 強制、遠慮

☐ On l'***a contrainte*** au silence.

☐ Elle a été ***contrainte*** de se taire.

☐ Elle s'est tue sous la contrainte.

彼女は沈黙を強いられた。

45 pun「罰」

punir v 罰する

punition nf 罰、処罰 = sanction (nf)

☐ Ce mensonge mérite d'***être puni*** sévèrement.

☐ Ce mensonge mérite une punition sévère.

この嘘は厳罰に値する。

46 pétr「石」+ ole「油」

pétrolier, pétrolière adj 石油の
pétrolifère adj 石油を産出する
pétrole nm 石油

☐ Il y a de nombreux gisements ***pétroliers*** dans cette zone désertique ?
☐ Il y a de nombreux gisements ***pétrolifères*** dans cette zone désertique ?
☐ Il y a de nombreux gisements de pétrole dans cette zone désertique ?

この砂漠地帯にはたくさんの油田があるのですか?

語形成 **pétro「石油の」** pétrochimie (nf)「石油化学」、pétrodollar (nm)「オイルダラー」。

47 ラテン語 collocāre「(一緒に) 置く」→古フランス語 coucher「横になる」

(se) coucher v / v.pr 寝かせる、寝る、(太陽が) 沈む
coucher nm 就寝、日没

☐ Viens, on va s'asseoir sur la plage et regarder le soleil ***se coucher***.
☐ Viens, on va s'asseoir sur la plage et regarder le coucher du soleil.

さあ、ビーチに座って陽が沈むのを見ていよう。

関連語 (se) recoucher (v.pr)「再び寝る (横になる)」。

48 in「ない」+ cert「確定した」

incertain, e adj 不確かな、定かでない、(人が) 確信がない ↔ certain, e
incertitude nf 不確かさ、確信のなさ

☐ Mon départ le mois prochain est ***incertain***.
☐ Je suis dans l'incertitude quant à mon départ le mois prochain.

来月の私の出発についてははっきりしていません。

49 lég「法律」に合った

légitime adj 適法な、正当な
légitimité nf 適法性

☐ Je ne sais pas si sa demande est ***légitime***.
☐ Je ne connais pas la légitimité de sa demande.

彼 (彼女) の要求が適法かどうか私にはわからない。

関連語 légitimement (adv)「正当に、合法的に」。
語形成 **lèg「法律」** privilège (nm)「特権、特典」(← privi「個人の」+「法律」→「私的権利」)。

50 「ブラックホール」は trou noir という

trouer v 穴をあける

trou nm 穴、孔、くぼみ

□ Mon fils ***a*** immédiatement ***troué*** son nouveau pantalon.

□ Mon fils a immédiatement fait un **trou** dans son nouveau pantalon.

息子は新しいズボンに早速穴をあけた。

* 広く「穴」を指すが、地面に掘った「穴」については fosse (nf) という単語も用いられる。

51 pro「証明する」+ able「できる」→「証明できそうな」→「ありそうな」

probable adj ありそうな、本当らしい ↔ improbable

probabilité nf ありそうなこと、確からしさ

□ Il est très ***probable*** que la réunion sera encore reportée.

□ La **probabilité** d'un nouveau report de la réunion est très forte.

会議は再び延期される可能性が非常に高いです。

関連語 probablement (adv)「おそらく、たぶん、きっと」。

52 hérit「相続」

hériter v 相続する、受け継ぐ

héritage nm 遺産、相続

□ Honorine a fait don de tout ce dont elle ***a hérité****.

□ Honorine a fait don de tout son **héritage**.

オノリーヌは相続した遺産をすべて寄付した。

* avait hérité（時制照応した場合)。

関連語 héritier, héritière (n)「相続人、後継者」。

語形成 **héré「受け継ぐ」** hérédité (nf)「遺伝、体質、世襲」(←親から「受け継いだもの」)、héréditaire (adj)「遺伝性の」。

53 ré「再び」+ partir「出発する、始まる」

(se) répartir v / v.pr 分配する、分担する、分け合う

répartition nf 分配、割りふり

□ On doit décider comment ***répartir*** les tâches.

□ On doit organiser la **répartition** des tâches.

仕事の割りふりを決めなくてはならない。

54　r「強意」+ éveiller「（感情などを）呼び覚ます」→「睡眠から目覚める」

(se) réveiller v / v.pr 目覚めさせる、起こす、目を覚ます、起きる

réveil nm 目覚め

□ Mon compagnon est toujours de mauvaise humeur quand il ***se réveille***.

□ Mon compagnon est toujours de mauvaise humeur au **réveil**.

目覚めると私のパートナーはいつも機嫌が悪い。

*「目覚めさせる、起こす」の意味では éveiller も類語だが、これは文章語。日常的には réveiller が用いられる。

55　in「向かって」+ citer「起こす、起動させる」

inciter v （人を）～する気にさせる、～へと駆り立てる

incitation nf 奨励、鼓舞、扇動

□ La propagande d'extrême-droite ***incite*** le peuple à la violence.

□ La propagande d'extrême-droite est une **incitation** à la violence.

極右のプロパガンダは民衆を暴力へと駆り立てる。

56　後期ラテン語 pluēre から

pleuvoir v 雨が降る

pluvial, e adj 雨の

pluvieux, pluvieuse adj 雨の多い

pluie nf 雨

□ Les mauvaises herbes poussent vite en ce moment, parce qu'il ***pleut*** beaucoup.

□ Les mauvaises herbes poussent vite en ce moment, à cause de la **pluie**.

雨のせいで雑草がどんどん育っています。

□ La gestion de l'eau quand il ***pleut*** est un problème pour beaucoup de villes.

□ La gestion des eaux ***pluviales*** est un problème pour beaucoup de villes.

□ La gestion des eaux de **pluie** est un problème pour beaucoup de villes.

雨水の管理は多くの都市にとって問題です。

□ Cet été, il ***a*** beaucoup ***plu***.

□ Cet été a été très ***pluvieux***.

□ Cet été, la **pluie** est tombée abondamment.

□ Cet été, il y a eu beaucoup de **pluie**.

今年の夏は雨が多かった。

57 sui「自分自身」+ cide「切る、殺す」

(se) suicider v.pr 自殺する
suicide nm 自殺する

□ On ne sait pas encore s'il ***s'est suicidé*** ou s'il est mort d'un accident.
□ On ne sait pas encore si sa mort était un **suicide** ou un accident.

彼は自殺したのか事故死なのかいまだに判明していない。

語形成 **cide「殺す、殺し」(nm)** homicide「殺人（罪）」(← homme「人」)、insecticide「殺虫剤」(← insect「昆虫」)、herbicide「除草剤」(← herbe「草」) écocide「環境破壊、生態系破壊」(← éco「住環境」)、génocide「大量殺戮、ジェノサイド」(← gène「遺伝子」)。

58 考えなどを vert「(方向・状態を) 変える」→「そらせる」

avertir v 知らせる、警告する
avertissement nm 知らせ、警告

□ Notre fils a été renvoyé du jour au lendemain, sans ***être averti*** au préalable.
□ Notre fils a été renvoyé du jour au lendemain, sans aucun **avertissement**.

何の通告もなくうちの息子はたちまち解雇された。

関連語 avertisseur (nm)「警報器、（自動車の）クラクション」(☞ C-255)。

59 「取り囲む」を意味するフランク語 sunnjôn から

(se) soigner v / v.pr 世話をする、気を配る、健康に気をつける
soigné, e adj 入念になされた、丹念な
soigneux, soigneuse adj よく気を配る、注意深い
soin nm 気配り、入念さ、（複数で）世話

□ ***Soignez-vous*** bien.
□ Prenez **soin** de votre santé.

健康に留意してください（お大事に）。

□ L'écriture de Sonia est très ***soignée***.
□ Sonia forme ses lettres avec **soin**.

ソニアの書く文字はとても丁寧です。

□ Séverine est très ***soigneuse*** avec ses affaires.
□ Séverine prend bien **soin** de ses affaires.

セヴリーヌは自分の商売を大事にしています。

関連語 soigneusement (adv)「念入りに、注意深く」。

60 「水深」sonde を「(測鉛を用いて) 検査する」から

sonder v 調査する、計測する

sondage nm (意見などの) 調査、アンケート

☐ Nous ***avons sondé*** nos clients, et les résultats sont clairs.

☐ Les résultats du **sondage** auprès de nos clients sont clairs.

当社の顧客調査の結果ははっきりしています。

61 「親切、好意、感謝」などを意味するラテン語 grātia から

gracier v (人に) 恩赦を与える

gracieux, gracieuse adj 優雅な、気品のある

grâce nf 恩恵、恩赦、優雅、気品

☐ L'empereur a accepté de ***gracier*** le prisonnier politique.

☐ L'empereur a accepté la demande de **grâce** du prisonnier politique.

皇帝は政治犯の恩赦の要求を受け入れました。

☐ Cette actrice est belle, mais elle n'est pas ***gracieuse***.

☐ Cette actrice est belle, mais elle n'a aucune **grâce**.

この女優は美人だが、気品がない。

関連語 gracieusement (adv)「優雅に、愛想よく、無料で」。

62 lég「法律」

légal, e adj 法律の、合法の ↔ illégal, e

légalité nf 合法性

☐ Il est extrêmement douteux que cette campagne négative soit ***légale***.

☐ La **légalité** de cette campagne négative est extrêmement douteuse.

あのネガティヴキャンペーンの合法性は極めて疑わしい。

関連語 légalement (adv)「法律上、合法的に」。

63 re「再び」+ faire「作る」

refaire v 再びする、やり直す、修理する

réfection nf 修理、修復

☐ Combien cela coûterait-il de ***refaire*** cette porte ?

☐ Combien coûterait la **réfection** de cette porte ?

このドアの修理はいくらかかりますか?

64 im「中に」+ migr「移動する」

immigrer v （他国から）移住する ↔ émigrer
immigré, e n （他国からの）移民、移住した人
immigration nf （他国からの）移住、移民

□ Ce pays est obligé de limiter le nombre de personnes qui ***immigrent***.
□ Ce pays est obligé de limiter le nombre d'**immigrés**.
□ Ce pays est obligé de limiter l'**immigration**.

この国では、移民は制限せざるを得ない。

65 cir, cer「円」

circulaire adj 円形の
cercle nm 円、円形

□ Mon père a passé six mois à construire un étang ***circulaire*** dans la cour.
□ Mon père a passé six mois à construire un étang en forme de **cercle** dans la cour.

父は半年かけて中庭に円形のプールを造った。

語形成 **cyclo**「円」 encyclopédie (nf)「百科事典」(← encyclo「円形→幅広い」+ pédie「教育」)。

66 ami「友」

amical, e adj 友好的な、親しみのこもった
amitié nf 友情、友好（関係）

□ Nous avons des relations très ***amicales***.
□ Une grande **amitié** nous lie.

私たちはとても友好な関係です。

* Nous sommes de grands amis. / Il y a une grande amitié entre nous. といった言い方もできる。

67 vis「見る」+ ible「できる」→「見ることができる」

visible adj 目に見える、可視の
visibilité nf 目に見えること、視界、視認性

□ Les gilets de sécurité rendent ceux qui les portent plus ***visibles***.
□ Les gilets de sécurité augmentent la **visibilité** de ceux qui les portent.

安全ベストはそれを着用している人の視認性を高めます。

関連語 visiblement (adv)「明らかに、目に見えて」。

68 re「戻る」+ courir「走る」→「走り帰る」→「頼る」

recourir v （à に）助けを求める

recours nm 助けを求めること、頼りにできるもの

☐ ***Recourir*** à la violence ne résoudra rien du tout.

☐ Le recours à la violence ne résoudra rien du tout.

暴力に訴えてもまったく何の解決にもなりません。

69 ラテン語 sancire「聖なるものとする」→「正しい行為に向かわせる」

sanctionner v 承認する、罰する

sanction nf 承認、制裁

☐ Cette faute doit ***être*** sévèrement ***sanctionnée***.

☐ Cette faute mérite une sanction sévère.

この過ちは厳しく罰せられなければならない。

70 r（特に意味はない）+ alentir「速度を落とす」（← lent「ゆっくり」）

ralentir v 速度を緩める ↔ accélerer、スピードを落とす

ralenti, e adj ゆっくりした、速度を落とした

ralentissement nm 減速、徐行

☐ Il faut s'attendre à ce que les ventes ***ralentissent*** pendant la pandémie.

☐ Il faut s'attendre à des ventes ***ralenties*** pendant la pandémie.

☐ Il faut s'attendre à un ralentissement des ventes pendant la pandémie.

パンデミック（感染症の世界的流行）の間、売上の伸びは鈍化すると予想しなくてはならない。

関連語 ralenti (nm)「（映画などの）スローモーション、（エンジンの）アイドリング」。

71 fleur「花」

fleurir v 花が咲く

fleur nf 花

☐ Les cerisiers ***fleurissent*** généralement au moment de la rentrée des classes au Japon.

☐ Les cerisiers sont généralement en fleurs au moment de la rentrée des classes au Japon.

日本の学年の始まる時期にはたいてい桜の花が咲いている。

関連語 fleuriste (n)「花屋、花売り」。

72 poé(è)t「作られたもの」→「詩」

poétique adj 詩の、詩的な
poésie nf（文学ジャンルとしての）詩
poème nm（一篇の）詩
poète n 詩人

☐ Vous aimez l'œuvre ***poétique*** de Miyazawa Kenji ?
☐ Vous aimez la poésie de Miyazawa Kenji ?
☐ Vous aimez les poèmes de Miyazawa Kenji ?
☐ Vous aimez les œuvres du poète Miyazawa Kenji ?

宮沢賢治の詩作品は好きですか?

73 ラテン語 vīnum から

vinicole adj ワイン生産（醸造）の
viticole adj ブドウ栽培の
vin nm ワイン

☐ C'est l'une des premières régions ***vinicoles*** de France.
☐ C'est l'une des premières régions ***viticoles*** de France.
☐ C'est l'une des premières régions productrices de vins de France.

ここはフランス有数のワインの産地です。

74 ラテン語 siccus「乾いた」

sécher v 乾かす、乾く
assécher v（地面などを）乾かす、（池などを）干す
sec, sèche adj 乾いた ↔ humide
sec nm 乾燥、乾燥した場所
séchage nm 乾かすこと、乾燥
sècheresse, sécheresse nf 乾燥、旱魃（かんばつ）

☐ On ***sèche*** les poissons sur la plage à la fin de l'automne.
☐ Le séchage des poissons se fait sur la plage à la fin de l'automne.

晩秋、魚が浜辺で乾かされる（干物にされる）。

☐ Ce ruisseau ***est*** complètement ***asséché*** pendant l'été.
☐ Ce ruisseau est complètement à sec pendant l'été.

この小川は夏の間完全に干上がる。

☐ La période ***sèche*** a encore fait des centaines de morts dans la région.
☐ La sècheresse a encore fait des centaines de morts dans la région.

旱魃でその地域ではさらに数百人の死者が出た。

75　battre「なぐる、打つ」(→「野球の bat」「ボクシング batting」)

abattre v (打撃を加えて) 倒す、(肉体的に) 打ちのめす、(精神的に) 落胆させる
abattu, e adj 衰弱した、気落ちした
abattement nm 衰弱、意気消沈、落胆　= désespoir (nm)

□ Cette nouvelle l'***a abattu***.
□ Cette nouvelle l'a mis dans un grand abattement.

そのニュースを聞いて彼はひどく落胆した。

＊この例は書き言葉で口語的ではない。

□ Je l'ai trouvée très ***abattue***.
□ Je l'ai trouvée dans un grand abattement.

私は彼女がとても気落ちしていると思った。

関連語 abattage (nm)「(木の) 伐採、(建物の) 取り壊し」、abattoir (nm)「屠殺場」。なお、見出し語は battre「(何度も) 殴る、打ち負かす、たたく」に接頭辞 a-「方向・目標」がプラスされたもの。

76　ad「に」+ or「話す」→「神に話しかける」

adorer v 大好きである、崇拝する
adoration nf 熱愛、(神などへの) 崇拝

□ Ma petite-fille ***adore*** une jeune chanteuse, Améline.
□ Ma petite-fille est en adoration devant une jeune chanteuse, Améline.

孫娘は、若手の歌手アメリーヌが大好きだ。

＊「〜を熱愛する」avoir de l'adoration pour qqn という言い回しも使われる。

□ Le gourou de cette secte demande que tous les membres l'***adorent*** inconditionnellement.
□ Le gourou de cette secte demande une adoration inconditionnelle de tous les membres.

カルト教団の支配者はすべてのメンバーに無条件の崇拝を求める。

77　「家族、住居」を意味する古フランス語 maisnie の影響→ mesnage, menage

ménager, ménagère adj 家事の
ménage nm 家事、掃除

□ J'aide souvent ma mère pour les tâches ***ménagères***.
□ J'aide souvent ma mère pour le ménage et la cuisine.

私はよく家事をして母を手伝っています。

78 riche「金持ちの、豊かな」

(s') enrichir v / v.pr 裕福にする、豊かにする、金持ちになる
enrichissant, e adj （知識などを）豊かにすること
enrichissement nm 金持ちになること、豊かにすること

☐ Je vous garantis que cet investissement va vous ***enrichir***.
☐ Avec cet investissement, votre **enrichissement** est garanti.

この投資であなたが豊かになることを保証します。

☐ La théologie peut vous ***enrichir*** spirituellement.
☐ La théologie peut être ***enrichissante*** spirituellement.
☐ La théologie peut vous apporter un **enrichissement** spirituel.

神学はあなたに精神的な豊かさを与えることができます。

79 contre「反対に」+ dire「言う」

(se) contredire v / v.pr 反対する、食い違う、矛盾したことを言う
contradiction nf 反論、矛盾、（言行などの）不一致

☐ Tes paroles ***contredisent*** tes actions.
☐ Il y a une **contradiction** entre tes paroles et tes actions.

君は言っていることとやっていることが矛盾していますよ。

* Tes paroles sont en contradiction avec tes actions. という言い方もする。

80 ラテン語 magister「先生」（maître, maîtresse）から

(se) maîtriser v / v.pr 制御する、（感情を）抑える、自制する、マスターする
maîtrise nf 制御、自制、卓越した腕前

☐ Miku ***maîtrise*** très bien le français.
☐ Miku a une très bonne **maîtrise** du français.

ミクはフランス語を自由に使いこなす。

* avoir une bonne maîtrise de qqch で「〜を自由に使いこなす」の意味。

81 ゲルマン語 sparanjan「節約する」から

épargner v 節約する、（目的語なしで）貯金する
épargne nf （労力の）節約、貯蓄、貯金
épargnant, e n 預金者、貯蓄をする人

☐ ***Épargner*** est pour ainsi dire le passe-temps de ma femme.
☐ L'**épargne** est pour ainsi dire le passe-temps de ma femme.

言ってみれば、貯金は妻の趣味です。

☐ En plaçant votre ***épargne*** chez nous, vous bénéficierez d'excellents taux d'intérêt.

☐ En devenant épargnant chez nous, vous bénéficierez d'excellents taux d'intérêt.

当行に貯蓄していただけたら、金利の優遇が受けられます。

82 trans「向こうへ」+ quille「平静な」(英語 tranquilizer「トランキライザー」は「精神安定剤」)

tranquille adj 静かな、安心な
tranquillité nf 静けさ、安心

☐ Depuis la fin de la guerre civile, les villageois mènent une vie ***tranquille***.

☐ Depuis la fin de la guerre civile, les villageois vivent dans la tranquillité.

内戦が終わって、村人たちは平穏な暮らしを送っている。

☐ Tu peux partir ***tranquille***.

☐ Tu peux partir en toute tranquillité.

安心して出かけてください。

関連語 (se) tranquilliser (v/v.pr)「(人を) 安心させる、心を落ち着かせる、安心する」、tranquillisant (nm)「精神安定剤、トランキライザー」、tranquillement (adv)「静かに、安心して」。

83 ラテン語「全体に対して」in solidum から

solidaire adj 連帯した
solidarité nf 連帯

☐ Je n'aime pas la façon dont les hommes sont ***solidaires***.

☐ Je n'aime pas la solidarité entre les hommes.

私は男同士の連帯というものが好きではない。

84 re「強く」+ str「縛る」→「自由を奪う」

restreindre v 制限(調整)する
restriction nf 制限、削減

☐ À cause de la pandémie, de nombreux voyages aériens ***ont été restreints***.

☐ La pandémie a causé la restriction de nombreux voyages aériens.

パンデミックのせいで多くの空の旅が制約された。

関連語 restrictif, restrictive (adj)「制限する、限定的な」。

85 disn-（食事の時間の推移により「朝食」→「昼食」→「夕食」と意味が移り変わる）

dîner v 夕飯をとる

dîner nm 夕飯

☐ Par beau temps, possibilité de ***dîner*** en terrasse.

☐ Par beau temps, dîner en terrasse possible.

天気のよい日には、テラスで夕食をとることができます。

86 mal「悪い」+ heur「幸運」

malheureux, malheureuse adj 不幸な ↔ heureux, heureuse

malheur nm 不幸 ↔ bonheur (nm)

☐ Elle a eu une vie ***malheureuse***.

☐ Elle a eu une vie pleine de malheurs.

彼女は不幸な人生を送ってきた。

関連語 malheureusement (adv)「残念ながら、あいにく」。

87 sou「下から上に」+ pçonner「見る」

soupçonner v （人を）疑う

soupçon nm （ある行為の実行あるいは実行しようとしたことへの）疑い

☐ Le procureur ***soupçonne*** un conflit d'intérêts chez l'avocat.

☐ Le procureur a des soupçons sur un conflit d'intérêts chez l'avocat.

検察官は弁護士による利益相反を疑っている。

関連語 soupçonneux, soupçonneuse (adj)「疑い深い」。

88 dé「離して」+ sert「結合する」→「結びつけない、切り離す」

désertique adj 砂漠の

désert, e adj 無人の、人気（ひとけ）のない

désert nm 砂漠、無人の地

☐ Inutile de dire que le climat ***désertique*** est rude.

☐ Inutile de dire que le climat du désert est rude.

砂漠の気候が厳しいのは言うまでもない。

☐ À cette heure-ci, le quartier des affaires devient ***désert***.

☐ À cette heure-ci, le quartier des affaires devient un désert.

この時間になると、オフィス街は人気がなくなる。

* À cette heure-ci, le quartier des affaires est un vrai désert. といった言い方もできる。

89 ラテン語 vestis「衣服」(←身体を「囲む」もの)

vestimentaire adj 衣服の
vêtement nm 衣服

□ Mme Voltaire a mauvais goût en matière ***vestimentaire***.
□ Mme Voltaire a mauvais goût en matière de **vêtements**.

ヴォルテール夫人は服に関して趣味が悪い。

語形成 **vest「衣服」** investir (v)「投資する」(← in「着せる」+「衣服」→「青年の将来を見越して新しい服を着せる」→「投資する」)。

90 ラテン語 amplus「広大な」

ample adj ゆったりした、豊かな、詳しい
ampleur nf (服などの) ゆとり、豊かさ、広大さ

□ En mettant un kimono pour la première fois, j'ai pensé que les manches étaient trop ***amples***.
□ En mettant un kimono pour la première fois, j'ai pensé que les manches avaient trop d'**ampleur**.

初めて着物(柔道着)を着たとき、袖がゆったりしすぎだと思った。

* フランス語 kimono (nm) であれば日本で言う「着物」よりも、「柔道着・空手着」を指すことが多い。

□ Il a des vues très ***amples*** et cela nous a surpris(es).
□ L'**ampleur** de ses vues nous a surpris(es).

彼の視野の広さに私たちは驚いた。

関連語 amplement (adv)「たっぷりと、豊かに」、amplifier (v)「(音声や活動などを) 拡大する、大きくする」、amplification (nf)「拡大、増加」。

91 dé「否定」+ astre「星」(←「悪い星まわり」を意味するイタリア語 disastro から)

désastreux, désastreuse adj ひどい、悲惨な
désastre nm 災害、惨事、ひどい結果

□ Ce typhon a été ***désastreux*** pour les arbres fruitiers.
□ Ce typhon a été un **désastre** pour les arbres fruitiers.

今回の台風は果樹にものすごい被害をもたらした。

語形成 **astér, astro「星」** astérisque (nm)「アステリスク、星印 (*)」(←「星」+ isque「小さい」)、astronomie (nf)「天文学」(←「星」+ nomie「法則、秩序」)、astrologie (nf)「占星術」(←「星」+ logie「学問、理論」)、astronaute (n)「宇宙飛行士」(←「星」+ naute「水夫」→「星の水夫」)。

92 ラテン語 fundere「注ぐ、溶ける」から

fusionner v 合併する
fusion nf 合併
fusionnement nm 合併

☐ Il y a des rumeurs selon lesquelles ces deux sociétés ***fusionneront*** dans un proche avenir.
☐ Il y a des rumeurs de **fusion** de ces deux sociétés dans un proche avenir.
☐ Il y a des rumeurs de **fusionnement** de ces deux sociétés dans un proche avenir.

近い将来、あの両社が合併するという噂がある。

93 sé「離れて」+ lect「集める、選ぶ」→「分けて集めて選び出す」

sélectionner v 選抜する、選別する
sélection nf 選択、選抜

☐ Le choix a été difficile, mais nous ***avons*** enfin ***sélectionné*** le vainqueur.
☐ La **sélection** a été difficile, mais nous avons enfin choisi le vainqueur.

選抜は難航したが、最終的に優勝者を選んだ。

94 con「一緒に」+ fuse「注ぐ」→「混ぜ合わせる」

confondre v 混同する、間違える
confusion nf 混同、取り違え

☐ Le responsable d'équipe ***a confondu*** Constant et Constantin.
☐ Le responsable d'équipe a fait une **confusion** entre Constant et Constantin.

チームマネージャーはコンスタンとコンスタンタンを間違えた。

95 ラテン語 honor「栄誉」(= honneur) →「讃えるべき行為、行ないの正しさ」

honnête adj 正直な、誠実な、貞淑な ↔ malhonnête
honnêteté nf 誠実

☐ Tout le monde doute qu'il soit ***honnête***.
☐ Tout le monde doute de son **honnêteté**.

皆が彼の誠実さを疑っている。

関連語 honnêtement (adv)「正直に、誠実に、正直に言って」。

96 ex「外に」+ cès「進む、行く」→「超える」

excessif, excessive adj 過度の、極端な
excès nm 行き過ぎ、過度

□ Ils ont bu et mangé de façon ***excessive*** à la fête de fin d'année.
□ Ils ont bu et mangé avec **excès** à la fête de fin d'année.

彼らは忘年会で暴飲暴食をした。

＊ boire et manger excessivement とすることもできる。

97 ラテン語 rīdiculus「おかしい、滑稽な」

(se) ridiculiser v / v.pr 物笑いにする、茶化す、物笑いになる
ridicule adj おかしな、滑稽な
ridicule nm （まともには取り合えない）ばからしさ、滑稽さ、物笑いの種

□ Il ***s'est ridiculisé*** en parlant de ce qu'il ne connaissait pas.
□ Il s'est rendu ***ridicule*** en parlant de ce qu'il ne connaissait pas.
□ Il s'est couvert de **ridicule** en parlant de ce qu'il ne connaissait pas.

彼は自分が知らないことを口にして物笑いになった。

98 pro「人前で」+ test「証言する」→「抗議する」

protester v 抗議する、反対する
protestation nf 抗議、異議

□ Le conseil des professeurs ***a*** vivement ***protesté*** contre la proposition de réforme salariale présentée par le conseil d'administration.
□ La proposition de réforme salariale présentée par le conseil d'administration a provoqué une vive **protestation** de la part du conseil des professeurs.

教授会は理事会の給与改革案に激しく抗議した。

99 cur「注意」→「注意深い」

curieux, curieuse adj 好奇心の強い、奇妙な
curiosité nf 好奇心、珍しさ

□ Pour moi, le fait d'être ***curieux*** de tout est la source de la vitalité.
□ Pour moi, une **curiosité** sans fin est la source de la vitalité.

私にとって、尽きることない好奇心が活力の源だ。

関連語 curieusement (adv)「奇妙なことに、異様に」。

100 「face（表面）をこすって見えなくする」という意味

(s') effacer v / v.pr 消す、消し去る、消える
effacement nm 消去、除去

☐ L'anglais comme langue internationale ***efface***-t-il les langues régionales ?

☐ L'anglais comme langue internationale conduit-il à l'effacement des langues régionales ?

国際言語たる英語は地域言語を消し去るか？

＊「地域言語」は「地方言語」とも呼ばれ国家内の特定の範囲でのみ通じる言語をいう。

関連語 effacé, e (adj)「消えた、消された、控えめな」、effaceur (nm)「修正ペン」、effaçable (adj)「消すことのできる」、ineffaçable (adj)「消せない、ぬぐいがたい」。

101 sacr「神聖な」+ fice「にする」→「神に捧げる」

(se) sacrifier v / v.pr 犠牲にする、犠牲になる
sacrifice nf 犠牲、犠牲的行為

☐ Il ***s'est sacrifié*** pour sauver son fils.

☐ Il a fait le sacrifice de sa vie pour sauver son fils.

彼は息子を救うために犠牲になった。

関連語 sacrificiel, sacrificielle (adj)「犠牲の」、sacrifié, e (adj)「犠牲にされた、処分された」。

102 tax「触れる」（触れて値踏みする→課税する）

taxer v 課税する
taxable adj 課税対象の ＝taxatif, taxative
taxe nf 税金

☐ Bien sûr, l'essence ***est taxée***.

☐ Bien sûr, il y a des taxes sur l'essence.

もちろん、ガソリンには課税されます。

☐ Les boissons alcoolisées ne sont pas ***taxables*** lorsqu'elles sont vendues dans un aéroport.

☐ Les boissons alcoolisées ne font pas l'objet d'une taxe lorsqu'elles sont vendues dans un aéroport.

空港で販売されるアルコール飲料は非課税です。

＊Il n'y a pas de taxe sur les boissons alcoolisées lorsqu'elles sont vendues dans un aéroport. とすることもできる。

103　古フランス語 gehine「（白状させるための）拷問」の変形

(se) gêner v / v.pr （肉体的に）窮屈にする、妨げる、気づまりを感じさせる、遠慮する
gêné, e adj ばつの悪い、気づまりな、困惑した
gêne nf 不快、迷惑、遠慮、気まずさ

□ On ne ***se gêne*** pas.
□ Il n'y a aucune gêne entre nous.

遠慮なんてしないで。

□ La compagnie de jeunes artistes me ***gêne***.
□ Je me sens ***gêné(e)*** en compagnie de jeunes artistes.
□ J'éprouve de la gêne en compagnie de jeunes artistes.

若い芸術家たちと一緒にいると気づまりだ。

104　「樹林、森林」を意味するラテン語 silva → silvāticus「森の、野生の」を経由して

sauvage adj 野生の、野蛮な
sauvagerie nf 野蛮さ、残酷さ、人間嫌い

□ Sa conduite ***sauvage*** indigne tout le monde.
□ La sauvagerie de sa conduite indigne tout le monde.

彼（彼女）の野蛮なふるまいは皆を憤慨させた。

105　アラビア語 al-khwl からとする説が有力

alcoolisé, e adj （飲み物が）アルコール入りの
alcool nm アルコール

□ Cette bière de banane est peu ***alcoolisée***.
□ Cette bière de banane contient peu d'alcool.

このバナナのビールはほとんどアルコールが入っていない。

＊ちなみに、petite bièreは「弱いビール」、bière forteあるいは double bièreなら「強いビール」のこと。

106　pré「面前に」+ texte「編む」→「縁飾りをつける」→「口実で装う」

prétexter v 口実にする
prétexte nm 口実

□ Prosper est encore en retard ? Qu'est-ce qu'il ***a prétexté***, cette fois-ci ?
□ Prosper est encore en retard ? Quel prétexte a-t-il donné cette fois-ci ?

プロスペールはまた遅刻？　今回は何にかこつけたのかな？

107 （自らすすんで）grat「喜び迎える、好ましい」

gratuit, e adj 無料の、無償の

gratuité nf 無料、無性性

□ Est-il possible de rendre l'enseignement universitaire ***gratuit*** ?

□ La gratuité de l'enseignement universitaire est-elle possible ?

大学教育の無償化は可能か?

関連語 gratuitement (adv)「無料で」(= gratis)。

108 race「種族」

racial, e adj 人種の

raciste adj 人種差別の

race nf 人種

racisme nm 人種差別

□ La discrimination ***raciale*** persiste encore dans ce pays.

□ Les phénomènes ***racistes*** persistent encore dans ce pays.

□ La discrimination basée sur la race persiste encore dans ce pays.

□ Le racisme persiste encore dans ce pays.

この国では人種差別がいまだに根深い。

109 古典ラテン語 lāc, lactis から

laitier, laitière adj 牛乳の

lait nm 牛乳、ミルク

□ Pour bien grandir, il faut manger beaucoup de produits ***laitiers***.

□ Pour bien grandir, il faut manger beaucoup de produits à base de lait.

ちゃんと成長するには、乳製品をたくさん食べる必要がある。

関連語 laitage (nm)「乳製品」。

110 intel「の中から」+ lig「選ぶ」→「多くの中から選ぶ能力」

intelligent, e adj 頭がいい、知的な

intelligence nf 知性、頭のよさ

□ L'acteur a donné une réponse très ***intelligente*** aux journalistes.

□ L'acteur a donné une réponse pleine d'intelligence aux journalistes.

その俳優は記者たちに対してとても頭のいい返答をした。

111 ab「まったく」+ surd「聞くに堪えない」

absurde adj ばからしい、不条理な ＝stupide, ridicule
absurdité nf ばかげたこと、不条理

□ C'est ***absurde*** d'acheter autant d'actions dans cette situation.
□ C'est une absurdité d'acheter autant d'actions dans cette situation.

この状況でそんなに多くの株を買うのはばかげている。

112 st「立っている」+ able「できる」

(se) stabiliser v / v.pr 安定させる、安定する
stable adj 安定した、落ち着いた
stabilité nf 安全、安定性

□ Nous devons trouver un moyen pour ***stabiliser*** les prix.
□ Nous devons trouver un moyen pour assurer la stabilité des prix.

物価を安定させる方法を見つけなければなりません。

□ Le cours de l'or ne ***se stabilise*** pas ces temps-ci.
□ Le cours de l'or n'est pas ***stable*** ces temps-ci.
□ Le cours de l'or manque de stabilité ces temps-ci.

金相場は近頃安定していない。

113 ラテン語 sollicitāre「強く動かす、扇動する、誘惑する」（← cit は「動きを起こさせる、刺激する」という語基）から

solliciter v 願い出る、引きつける
sollicitation nf 懇願、誘惑

□ Solène ***a sollicité*** un entretien sept fois, mais a été ignorée à chaque fois.
□ Solène a demandé un entretien sept fois, mais ses sollicitations ont toutes été ignorées.

ソレーヌは7回取材を依頼したが願いはことごとく無視された。

114 con「一緒に」+ form「形、形作る」

conforme adj 合致した
conformité nf 合致、一致

□ Tu dois mener une vie ***conforme*** à tes moyens.
□ Tu dois vivre en conformité avec tes moyens.

資力に見合った暮らしをすべきです。

関連語 conformément (adv)「従って、合致して」。

115 amuse「楽しませる」(英語 amusement park は「遊園地」、仏語は parc d'attractions (nm) という)

(s') amuser v / v.pr 楽しませる、楽しむ

amusement nm 楽しみ、娯楽

☐ Les présentations des étudiants m'***amusent***.

☐ Les présentations des étudiants sont un **amusement** pour moi.

学生のプレゼンテーションは私にとって楽しみです。

関連語 amusant, e (adj)「楽しい、愉快な」。

116 com「完全に」+ plé「満たす」こと

complémentaire adj (完全にするための) 補足的な、補充の

complément nm 補足、補充

☐ On a demandé des informations ***complémentaires*** sur ce scandale.

☐ On a demandé un **complément** d'information sur ce scandale.

このスキャンダルについて補足情報(不足している情報)を求められた。

117 古フランス語 glier「音もなく進む、巧みに滑り込む」

glisser v 滑る、滑り落ちる

glissement nm 滑ること

☐ Le glacier ***glisse*** lentement dans la vallée.

☐ Le glacier bouge lentement par **glissement** dans la vallée.

氷河は谷間を滑ってゆっくりと移動する。

関連語 glissade (nf)「(氷の上を) 滑ること」。

118 ex「上に」+ (どんどん) exagér「積み上げる」

exagérer v 誇張する

exagéré, e adj 誇張した

exagération nf 誇張

☐ Il ***exagère*** souvent quand il raconte ses histoires.

☐ Ses histoires sont souvent ***exagérées***.

☐ Il raconte souvent ses histoires avec **exagération**.

彼の話には誇張が多い。

☐ Sans ***exagérer***, ce weekend j'ai joué à ce jeu vidéo pendant 40 heures.

☐ Sans **exagération**, ce weekend j'ai joué à ce jeu vidéo pendant 40 heures.

誇張でなく、今週末、私はこのヴィデオゲームを 40 時間プレイしました。

関連語 exagérément (adv)「過度に、あまりに」。

119 dé「離れて」+ céd「行く、去る」

décéder v 死亡する、逝去する
décès nm 死亡、逝去

□ Je ne savais pas que cette femme politique ***était décédée***.
□ Je n'étais pas au courant du décès de cette femme politique.

私はあの女性政治家の逝去を知らなかった。

120 そもそもは「太鼓」を意味するギリシア語に由来

timbrer v 切手を貼る
timbre nm 切手

□ Tu ***as timbré*** la lettre ?
□ Tu as mis un timbre sur la lettre ?

手紙に切手を貼った?

121 ré「再び」+ vis「見る」→「見直す」

réviser v 再検討する、点検する、復習する、修正(改正)する
révision nf 再検討、点検、復習、改正

□ Rémy doit faire ***réviser*** sa voiture.
□ Rémy doit faire faire la révision de sa voiture.

レミは車を点検してもらわなくてはならない。

□ Mon fils pense qu'il est inutile de ***réviser*** pour le bac.
□ Mon fils pense que les révisions pour le bac sont inutiles.

息子はバカロレアのために復習は必要ないと考えている。

□ Consentez-vous à ***réviser*** la Constitution ?
□ Consentez-vous à la révision de la Constitution ?

憲法改正に賛成ですか?

関連語 révisable (adj)「再検討できる、修正できる」、révisible (adj)「再考され得る」。

122 ex「外に」+ clu「閉じる」→「締め出す」

exclusif, exclusive adj 独占的な
exclusivité nf (刊行・販売・上映などの)独占権

□ Cet éditeur a le droit ***exclusif*** de publier ce roman policier.
□ Cet éditeur a l'exclusivité de ce roman policier.

あの版元がこの推理小説の出版独占権をもっている。

☐ Ce soir à 20h, regardez une interview ***exclusive*** du président.
☐ Ce soir à 20h, regardez en **exclusivité** une interview du président.

今夜午後 8 時に、大統領との独占インタビューをご覧ください。

関連語 exclusivement (adv)「もっぱら、ひたすら」。

123 di「離れて」+ vorce「向く」→「別々の方向に向かう」

divorcer v 離婚する
divorce nm 離婚
divorcé, e n 離婚した人

☐ ***Divorcer***, c'est douloureux.
☐ Le **divorce** est douloureux.

離婚はつらいものだ。

☐ Elle est fiancée avec un homme qui ***a divorcé*** il y a 6 mois.
☐ Elle est fiancée avec un jeune **divorcé**.

彼女は半年前に離婚した人（離婚したばかりの人）と婚約している。

* この un jeune divorcé は「最近結婚したばかりの人（新婚さん）」un jeune marié と同じ感覚で使われる。

関連語 divorcé, e (adj)「離婚した」。

124 horr「毛が逆立つ」→「身の毛がよだつ」

horrible adj 恐ろしい、ぞっとする
horreur nf 恐怖、恐怖感

☐ Devant cette ***horrible*** situation, je ne savais pas quoi faire.
☐ Devant l'**horreur** de cette situation, je ne savais pas quoi faire.

あんな恐ろしい状況に直面して、私はどうしたらいいのかわからなかった。

関連語 horriblement (adv)「ひどく、ものすごく」、horrifier (v)「ぞっとさせる、憤慨させる」。

125 en, in「中に」+ va「行く」

envahir v 侵入する、侵略する
invasion nf 侵略、侵攻

☐ Notre pays ***a été envahi*** de nombreuses fois.
☐ Notre pays a subi de nombreuses **invasions**.

わが国は度重なる侵略に苦しんでいる。

関連語 envahisseur (nm)「侵略者、侵略軍」。

126 sus「下から」+（疑って）supect「見る」

suspecter v 疑う、嫌疑をかける
suspect, e adj 疑わしい、あやしい
suspect, e n 容疑者、不審人物

□ La police ***suspecte*** le mari d'avoir tué sa femme.
□ La police pense que le mari a tué sa femme à cause de son comportement suspect.
□ Selon la police, le mari est un suspect du meurtre de sa femme.

警察は夫が妻を殺害した容疑者とにらんでいる。

＊形容詞を用いた例は「不審な行動から夫が妻を殺害したと警察は考えている」という意味になる。

127 ラテン語 lentus「のろい、しなやかな」から

lent, e adj 遅い、のろい ↔ vite, vif, vive
lenteur nf 遅さ

□ Tout ce qu'il fait est très ***lent***, c'est énervant.
□ Il fait tout avec lenteur, c'est énervant.

彼がやることはすべてのろくて、迷惑しています。

関連語 lentement (adv)「ゆっくりと、徐々に」。

128 in「ない」+ juste「公正な」

injuste adj 不当な、不正な、不公平な ↔ juste
injustice nf 不当、不正、不公平

□ La société dans laquelle on vit est ***injuste***.
□ La société dans laquelle on vit est remplie d'injustices.

私たちが暮らしている社会は不公平なものだ。

関連語 injustement (adv)「不当に」。

129 ré「再び」+ compenser「補う、埋め合わせる」

récompenser v 報酬（褒美）を与える
récompense nf 褒美、報酬

□ Tu peux me dire comment tu ***as été récompensé(e)*** ?
□ Tu peux me dire quelle récompense tu as reçue ?

どんなご褒美がもらえたのか教えてくれない?

130 ré「再び」+（使えるように）pare「準備する」

réparer v （道具や機器などを）修理する

réparation nf 修理、修繕

☐ Votre ordinateur vintage a évidemment besoin d'***être réparé***.

☐ Votre ordinateur vintage a évidemment besoin de **réparations**.

あなたの年代物のパソコンは明らかに修理が必要です。

* vintage は通常は、英語式に発音される。

関連語 réparable (adj)「修理できる、修繕のきく」。

131 in「中に」+ form「形作る」

informatiser v コンピュータ化する、コンピュータで情報処理する

informatisation nf コンピュータ化、情報処理

☐ Mon travail consiste à ***informatiser*** les données.

☐ L'**informatisation** des données, c'est mon travail.

データをコンピュータ処理するのが私の仕事です。

関連語 informatique (nf)「情報科学、情報処理」、informatisable (adj)「コンピュータで処理できる、情報処理できる」、informatiquement (adv)「コンピュータで、情報処理で」。

132 ラテン語 bestia「獣」→「人でなし」

bête adj 愚かな、ばかな

bêtise nf 愚かさ

☐ J'ai été ***bête*** de la croire sur parole.

☐ J'ai eu la **bêtise** de la croire sur parole.

愚かにも彼女の言うことを鵜呑みにしてしまった。

関連語 bêtement (adv)「愚かにも、意味もなく」。

133 com「一緒に」+ pens「重さをはかる」→「バランスをとる」

compenser v 補う、埋め合わせる

compensation nf 補償、代償

☐ Qu'est-ce que le gouvernement prévoit pour ***compenser*** les riverains ?

☐ Qu'est-ce que le gouvernement prévoit comme **compensation** pour les riverains ?

政府は沿岸住民に何を補償する計画なのか?

134 「台所、調理室」を意味した後期ラテン語 coquina から

cuisiner v 料理する

cuisine nf 料理、台所

cuisinier, cuisinière n 料理人、コック

☐ Tu aimes ***cuisiner*** ?

☐ Tu aimes faire la **cuisine** ?

料理をするのは好きですか?

☐ Mon mari ***cuisine*** très bien.

☐ Mon mari est très doué en **cuisine**.

☐ Mon mari est un très bon **cuisinier**.

夫は料理がとても上手です。

135 fum「煙」

fumer v たばこを吸う、煙を出す

fumée nf 煙、たばこの煙

☐ Est-ce que je peux ***fumer*** ?

☐ La **fumée** ne vous dérange pas ?

たばこを吸ってもいいですか?

* Ça vous dérange si je fume ? とか La fumée vous dérange ? といった言い方もする。

関連語 fumé, e (adj)「燻製にした」、fumeux, fumeuse (adj)「煙る、すすけた」、fumeur, fumeuse (n)「たばこを吸う人、愛煙家」。

136 古典ラテン語 vibrāre（←「振動させる」vibrer の変形）から

virer v （金を）口座に振り込む

virement nm （口座の）振替、（電信での）振り込み

☐ Veuillez ***virer*** la somme sur mon compte bancaire.

☐ Veuillez me faire parvenir la somme par **virement** bancaire.

その金額を銀行振り込みでお願いします。

* 他動詞 virer は「（人を）追い出す、解雇する」とか「カーヴをきる」（☞ C-23）の意味でも使われる。

137 ラテン語 discernere「分離する」→「分離する能力あり」→「分別、慎重さがある」

discret, discrète adj 控え目な、口の固い ↔ indiscret, indiscrète

discrétion nf 控え目、口の固さ

☐ J'aimerais que vous fassiez une petite enquête, mais soyez ***discret(discrète)***.

A 1-668
B 1-269
C 1-255
索引

☐ J'aimerais que vous fassiez une petite enquête, mais avec **discrétion**.

少し調査をお願いしますが、慎重に行なってください。

関連語 discrètement (adv)「控え目に、口外せずに」。

138 dé「離れる」+ bouche「ふさがった状態」

déboucher **v** （狭いところから広いところへ）出る、通じる

débouché **nm** 出口、（商品の）販路

☐ Je ne sais pas sur quoi ces études ***débouchent***.

☐ Je ne sais pas quels sont les **débouchés** de ces études.

この勉強がいずれ何につながるのかが私にはわかりません。

＊動詞 déboucher には boucher「栓をする」（← bouchon(nm)「（コルクのような）栓」☞ C-143）の反意となる「栓を抜く」の意味もある。

139 il「ない」+ leg「法律」→「合法性のない」

illégal, e **adj** 違法の、不法の ↔ légal, e

illégalité **nf** 違法（性）、非合法

☐ Sa fuite à l'étranger est clairement ***illégale***.

☐ L'**illégalité** de sa fuite à l'étranger est flagrante.

彼（彼女）の国外逃亡は明らかに違法だ。

関連語 illégalement (adv)「不法に、法に逆らって」。

140 sapere「味がする（わかる）」→「分別がある」→俗ラテン語 sapius「賢い」

sage **adj** 賢明な、思慮深い、（子どもが）おとなしい

sagesse **nf** 賢さ、思慮分別、（子どもなどの）おとなしさ

☐ Simone a été ***sage*** de ne pas accepter ce contrat.

☐ Simone a eu la **sagesse** de ne pas accepter ce contrat.

シモーヌはその契約を受諾しなくて賢明だった。

☐ Les enfants ont été très ***sages*** avec leur baby-sitter.

☐ Les enfants ont été d'une **sagesse** exemplaire avec leur baby-sitter.

子どもたちはベビーシッターといっしょにとてもいい子にしていた。

関連語 sagement (adv)「賢明に、思慮深く、慎み深く」。

141 com「一緒に」+ pétite「求める」→「求め合いしのぎを削る」

compétitif, compétitive adj (経済的な)競争力のある
compétition nf 競走、(スポーツの)競技
compétitivité nf (商品などの)競争力

☐ Nous devons baisser le prix de ce produit pour le rendre plus ***compétitif***.
☐ Nous devons baisser le prix de ce produit pour faire face à la **compétition**.
☐ Nous devons baisser le prix de ce produit pour en augmenter la **compétitivité**.

この製品の競争力を高めるには価格を下げる必要がある。

* 中央の例は「商戦を十分に耐え抜ける」という意味になる。

語形成 **pétit「求める」** appétit (nm)「食欲、欲望」(← ap「方向」+「求める」→「何かが欲しいと強く願う」)。

142 tour「回転」→「いくつかの場所を訪問する」

touristique adj 観光の
touriste n 観光客

☐ Cette côte est une destination ***touristique*** très prisée.
☐ Cette côte est une destination très prisée des **touristes**.

この海岸は評判の観光地です。

関連語 tourisme (nm)「観光、観光旅行」。

143 ad「の方へ」+ hére「くっつく」

adhérer v 加入する、同意する
adhésion nf 加入、加盟、賛同
adhérent, e n 加入者、会員

☐ Pour continuer à lire cet article, vous devez ***avoir adhéré*** à notre journal.
☐ Pour continuer à lire cet article, vous devez avoir une **adhésion** à notre journal.
☐ Pour continuer à lire cet article, vous devez être **adhérent(e)** à notre journal.

この記事の先を読むには当ジャーナルへの加入が必要になります。

144 co「一緒に」+ ord「順序」→「順番を整える」

coordonner v 調整する
coordination nf 調整、連携
coordinateur, coordinatrice n 調整役、コーディネーター

☐ Ces programmes scolaires ne ***sont*** pas bien ***coordonnés***.

☐ Ces programmes scolaires manquent de **coordination**.

この学習カリキュラムはうまく調整されていない。

☐ Elle est chargée de ***coordonner*** les différents services dans l'agence d'intérim.

☐ Elle a un rôle de **coordinatrice** dans l'agence d'intérim.

彼女は人材派遣会社でコーディネーターの役割を担っている。

145 「心、精神活動」を指す ment から

mentir v 嘘をつく、偽る
mensonge nm 嘘
menteur, menteuse n 嘘つき

☐ Tu ***mens*** !

☐ C'est un **mensonge** !

嘘だ!

* Menteur [Menteuse] ! で「嘘つき!」の意味になる。

☐ Je déteste les gens qui ***mentent***.

☐ Je déteste les gens qui disent des **mensonges**.

☐ Je déteste les **menteurs**.

私は嘘つきが大嫌いだ。

146 rig「固い」

rigoureux, rigoureuse adj 厳密な
rigueur nf 厳密さ

☐ Le professeur d'éthique était ***rigoureux*** avec les étudiants.

☐ Le professeur d'éthique traitait les étudiants avec **rigueur**.

倫理の教師は学生に対して厳しかった。

関連語 rigoureusement (adv)「厳密に、絶対に」

147 ラテン語 locāre「置く、賃貸しする」から

louer v 賃借りする、賃貸しする
location nf 賃貸借、レンタル、貸家、借家
loyer nm 家賃、部屋代

☐ Tu ***loues*** ton appartement combien ?

☐ Tu payes combien pour la location de ton appartement ?
☐ Tu payes combien de loyer pour ton appartement ?

アパルトマンの家賃はいくら?

* 無料で「借りる」なら emprunter を用いる。

☐ Je ne veux pas te ***louer*** ma maison de campagne, tu peux l'utiliser gratuitement.
☐ Ma maison de campagne n'est pas une location, tu peux l'utiliser gratuitement.
☐ Je ne veux pas que tu me payes un loyer, tu peux utiliser ma maison de campagne gratuitement.

君に別荘を賃貸ししたくないので、どうぞ無料で使ってください。

* 無料で「貸す」なら prêter を使う。

関連語 locataire (n)「借家人」(↔ propriétaire (n))。

148　　ラテン語 reperīre「発見する、見つける」から

(se) repérer v / v.pr 位置を割り出す、自分の位置を知る
repérage nm (位置などの) 割り出し

☐ Ce bûcheron a la tâche de ***repérer*** les arbres qui doivent être coupés.
☐ Ce bûcheron est chargé du repérage des arbres qui doivent être coupés.

あの木こりは伐採しなければならない木を見つける仕事をしている。

関連語 repère (nm)「目印」、repérable (adj)「位置が決定できる」。

149　　em「中に」+ barque「小舟」

embarquer v (乗り物に) 乗り込む、(車や船、飛行機に) 乗せる ↔ débarquer
embarquement nm 乗船、搭乗

☐ Nous allons ***embarquer*** à 21 heures.
☐ Notre embarquement est prévu pour 21 heures.

搭乗は 21 時の予定です。

150　　ré「逆に」+ volt「巻き戻す、回転する」→「寝返る」

(se) révolter v / v.pr 憤慨させる、反乱 (暴動) を起こす
révolte nf 反乱、暴動、反抗、憤慨

☐ Ces mesures d'urgence pourraient pousser les citoyens à ***se révolter***.
☐ Ces mesures d'urgence pourraient pousser les citoyens à la révolte.

この緊急措置のせいで市民が暴動を引き起こす可能性がある。

関連語 révoltant, e (adj)「言語道断な、憤らせる」。

151 フランク語 tas から

entasser v 積みあげる、山積みする
tas nm 山積み

☐ Il ***a entassé*** les vieux vêtements qu'il veut donner dans le couloir.
☐ Il a mis les vieux vêtements qu'il veut donner en **tas** dans le couloir.

彼はあげたいと思っている古着を廊下に山と積みあげた。

* Il a fait un tas de vieux vêtements qu'il veut donner. といった書き換えもできる。

152 dé「やめる」+ jeûner「断食 [jeûne (nm)] する」から

déjeuner v 昼食（朝食）をとる
déjeuner nm 昼食

☐ Elle ***a déjeuné*** d'un sandwich.
☐ Elle a mangé un sandwich pour le **déjeuner**.

彼女はサンドイッチで昼食をすませた。

* 動詞 déjeuner は「朝食をとる」の意味にもなるが、名詞 déjeuner は「昼食」の意味でしか用いない。「朝食」は petit déjeuner (nm) という。

153 dis「分かれて」+ pute「考える」→「個々人が意見を別々に考える」

(se) disputer v / v.pr 争う、口論（けんか）する
dispute nf 口論、けんか

☐ Ma mère et ma grand-mère ***se sont disputées*** violemment dans la cuisine.
☐ Ma mère et ma grand-mère ont eu une violente **dispute** dans la cuisine.

母と祖母が台所で激しく言い争った。

語形成 **pute「考える」** réputation (nf)「評判、名声」(← ré「繰り返し」+「考える」→「繰り返し話題にのぼる」)（☞ A-608）。

154 dé「否定」+ ranger「きちんと並べる」

déranger v 乱す、（仕事の）じゃまをする
dérangement nm （仕事などの）じゃま、迷惑

☐ Excusez-moi de vous ***déranger***.
☐ Excusez-moi du **dérangement**.

おじゃましてすみません。

* dérangement は「故障」の意味でも使う（例：Le téléphone est en dérangement.「電話が故障している」= Le téléphone est en panne.）。

155 con「一緒に」+ sentir「感じる」

consentir v （à に）同意する、承認する
consentement nm 同意、承認

□ Mon fils est parti en Europe sans me demander si j'y ***consentais***.
□ Mon fils est parti en Europe sans mon consentement.

息子は私が同意するかどうかを尋ねもせずにヨーロッパへ出発した。

156 （心の）en「中に」+ thous「神」がいる状態

(s') enthousiasmer v / v.pr 熱狂させる、夢中になる
enthousiaste adj 熱狂的な
enthousiasme nm 熱狂

□ Mon mari ***s'enthousiasme*** à l'idée de faire le tour du monde.
□ Mon mari est ***enthousiaste*** à l'idée de faire le tour du monde.
□ Mon mari manifeste de l'enthousiasme à l'idée de faire le tour du monde.

夫は世界中を旅するというアイデアに熱をあげている。

イタリア語 assasino「暗殺者」
157 (←イスラムで hachîchyya「ハシッシュで相手を狂わせて敵を暗殺させたこと」）から

assassiner v 殺す、暗殺する
assassinat nm 暗殺

□ Les rumeurs parlent d'un projet d'***assassiner*** le président.
□ Les rumeurs parlent d'un projet d'assassinat du président.

噂では大統領暗殺計画があるとのことだ。

関連語 assassin, e (n)「人殺し、暗殺者」。

158 opt「選ぶ」→「何でも自由に選べる」

optimiste adj 楽天的な ↔ pessimiste
optimisme nm 楽天主義、オプティミズム

□ Comme tu le sais, elle n'est pas aussi ***optimiste*** que toi.
□ Comme tu le sais, elle ne partage pas ton optimisme.

知っての通り、彼女は君ほど楽天的じゃない。

159 île「島（←水に囲まれた土地）」のように孤立した

isoler v / v.pr 孤立させる、隔離する、孤立する

isolement nm 孤立、孤独、（病人や囚人の）隔離

☐ L'état du malade exige qu'il ***soit isolé*** des autres.

☐ L'état du malade exige son **isolement**.

患者の病状から隔離が必要だ。

関連語 isolé, e (adj) 孤立した、孤独な。

160 re「強意」+ vendiqu, vendic「主張する」

revendiquer v （権利として）要求する

revendication nf （政治的・社会的な権利の）要求

☐ Les employés à temps partiel ***revendiquent*** une augmentation de salaire.

☐ La **revendication** des employés à temps partiel porte sur une augmentation de salaire.

パートの従業員が賃上げを要求している。

161 ラテン語 succutere「（下から）揺らす」

secouer v 揺り動かす、衝撃を与える

secousse nf 揺れ、振動、心の動揺

☐ Je n'aime pas les montagnes russes, ça ***secoue*** trop.

☐ Je n'aime pas les montagnes russes, il y a trop de **secousses**.

私はジェットコースターが好きではない、あまりにも揺れるので。

162 イタリア語 bizzaro「怒りっぽい、風変わりな」からとされる

bizarre adj 奇妙な、風変わりな

bizarrerie nf 奇妙、風変わり

☐ L'arbre appelé « durian » est surtout connu pour son fruit qui est très ***bizarre***.

☐ L'arbre appelé « durian » est surtout connu pour la **bizarrerie** de son fruit.

「ドリアン」と呼ばれる木はその奇妙な果実で実によく知られている。

☐ Il a des idées ***bizarres***, c'est inquiétant.

☐ La **bizarrerie** de ses idées m'inquiète.

彼は風変わりな考えを持っていて心配です。

＊この文は 1984 年度実用フランス語技能検定試験1級の書き換え（名詞化）問題で、それ以前は、単語レヴェルでの置き換えだったものが、文を丸ごと受験生が書き換えるという出題形式に変更され

た年の記念すべき第1問である。以後、受験生はこの出題形式に頭を悩ませることになる。

関連語 bizarrement (adv)「奇妙に、奇妙なことに」。

163 ad「逸脱して」+「使用する」

abuser v （deを）乱用する
abusif, abusive adj 度を越した
abus nm 乱用

□ Il va sans dire qu'***abuser*** de médicaments n'est pas bon pour la santé.
□ Il va sans dire que l'usage ***abusif*** de médicaments n'est pas bon pour la santé.
□ Il va sans dire que l'abus de médicaments n'est pas bon pour la santé.

薬の乱用が体によくないことは言うまでもない。

164 tri「3」

trimestriel, trimestrielle adj 3ヶ月ごとの
trimestre nm 3ヶ月、（3ヶ月の）学期

□ C'est une revue ***trimestrielle***.
□ Cette revue paraît chaque trimestre.

これは季刊誌です。

語形成 **tri「3つの」** tricycle (nm)「3輪車」（←「3つの」+ cycle「輪」：monocycle (nm)「1輪車」、bicyclette (nf)「自転車」= vélo）、tricolore (adj)「3色の」（←「3つの」+ colore「色の」）、triathlon (nm)「トライアスロン」（←「3つの」+ athlon「競技」: biathlon (nm)「バイアスロン、2種競技」、décathlon (nm)「10種競技」）。

165 ラテン語 calor「（太陽・火などの）熱、（夏の）猛暑」から

chaleureux, chaleureuse adj 熱烈な、熱のこもった
chaleur nf 暑さ、熱さ、熱情、（物体の）熱

□ Casimir a reçu un accueil ***chaleureux***.
□ Casimir a été accueilli avec chaleur.

カジミールは熱烈な歓迎を受けた。

関連語 chaleureusement (adv)「熱意を込めて」を用いて Casimir a été chaleureusement acueilli. としても同義になる。

166 range「列、並び」

ranger v 片づける、整理する
rangement nm 片づけ、整理

☐ Il m'a fallu une demi-journée pour ***ranger*** mes livres.

☐ Le **rangement** de mes livres m'a pris une demi-journée.

自分の本の整理に半日かかった。

167 dram「する、行なう」

dramatique adj 劇的な、ドラマチックな、深刻な、悲惨な

drame nm 惨劇、(誇張された)大騒ぎ、ドラマ

☐ Cela n'a rien de ***dramatique***.

☐ Ce n'est pas un **drame**.

それは大騒ぎするようなことではない。

* N'en faites pas un drame. も類義になる。

168 ギリシア語 mýein「目や唇を閉じた」→「秘儀、奥義を授けられた」

mystérieux, mystérieuse adj 不思議な、謎の、神秘的な

mystère nm 神秘、不思議、謎

☐ Sa ***mystérieuse*** disparition n'a pas encore été élucidée.

☐ Sa disparition reste un **mystère** qui n'a pas encore été élucidé.

彼(彼女)の失踪の謎はいまだに解き明かされてはいない。

関連語 mystérieusement (adv)「不思議にも」。

169 ラテン語 dens「歯」(← odont「食べる」)

dentaire adj 歯の

dent nf 歯

☐ Les problèmes ***dentaires*** ont un grand impact sur la santé.

☐ Les problèmes de **dents** ont un grand impact sur la santé.

歯の悩みは健康に大きな影響を及ぼす。

*「歯医者」は dentiste (n)、「歯科矯正医」は orthodontiste (n) という。

170 古典ラテン語 trādere「裏切る、引き渡す」から

trahir v 裏切る

trahison nf 裏切り、背信

traître, traîtresse n 裏切り者、売国奴

☐ Il m'***a trahi(e)***, je ne pourrai jamais lui pardonner.

☐ Je ne pourrai jamais lui pardonner cette **trahison**.

彼は私を裏切った、そんな彼をけっして許せない。

☐ Il a été condamné à mort pour ***avoir trahi*** son pays.

☐ Il a été condamné à mort pour **trahison**.

☐ Le **traître** a été condamné à mort.

彼は反逆罪で死刑を宣告された。

171 ad「に」+ mir「見て驚く」

admirer v 感嘆する、尊敬する

admiration nf 感嘆、賛美

☐ Ma fille ***admire*** beaucoup ce pianiste aveugle.

☐ Ma fille a une grande **admiration** pour ce pianiste aveugle.

娘はこの盲目のピアニストに感服している。

☐ J'***admire*** le président Kennedy.

☐ J'ai beaucoup d'**admiration** pour le président Kennedy.

私はケネディー大統領を尊敬しています。

語形成 **mir「見て驚く」** miracle (nm)「奇跡、奇跡的なこと」(←「見て驚く」+ cle「小さいもの」)、mirage (nm)「蜃気楼、幻想」(←「見て驚くもの」)。

172 lic「許す、自由にする」

licencier v 解雇する

licenciement nm 解雇

☐ Tu sais pourquoi Louis ***a été licencié*** ?

☐ Tu connais la raison du **licenciement** de Louis ?

ルイが解雇された理由を知ってる?

173 ラテン語 metallum「鉱山、金属」から

métallique adj 金属(製)の、金属性の

métal nm 金属

☐ Ce meuble ***métallique*** est extrêmement lourd.

☐ Ce meuble en **métal** est extrêmement lourd.

この金属製の家具はすごく重い。

関連語 métallurgie (nf)「金属工業」。

語形成 **ique「に関係する、から成る」(adj)** atomique「原子の、原子力の」、alcoolique「アルコールの、アルコール中毒の」、volcanique「火山の、激しやすい」。(☞ A-336)

A 1-668

B 1-269

C 1-255

索引

174 brut「獣」（ポパイに登場するBruteは「乱暴者」の意味）

brutal, e adj 乱暴な、粗暴な

brutalité nf 乱暴、荒々しさ

□ Il parle toujours de façon ***brutale***.

□ Il parle toujours avec brutalité.

彼はいつも乱暴に話をする。

＊Il parle toujours de manière brutale とも書ける。“-ment [副詞]”は通常“de façon ＋[形容詞] = de manière ＋[形容詞]”と言い換えられるため。したがって、この文なら 関連語 brutalement (adv) を用いて Il parle toujours brutalement. としても同義になる。

175 ex「外へ」+ tract「引っ張る」

extraire v 引き抜く、採掘（抽出）する、抜粋する

extraction nf 引き抜くこと、採掘

□ On a commencé à ***extraire*** du pétrole sur la côte de la Mer du Japon en 1888.

□ L'extraction du pétrole sur la côte de la Mer du Japon a commencé en 1888.

1888（明治21）年、日本海沿岸での石油採掘が始まった。

176 croc「鉤（かぎ）、フック」

(s') accrocher v / v.pr 掛ける、（車などと）接触する、引っかかる、口論する

accrochage nm 掛けること、（車の）接触事故、口論

□ Ces deux voitures ***se sont accrochées***, mais les conducteurs vont bien.

□ Ces deux voitures ont eu un accrochage, mais les conducteurs vont bien.

2台の車が接触事故を起こしたが、双方の運転手とも無事だ。

□ Elle ***s'est accrochée*** avec son mari.

□ Elle a eu un accrochage avec son mari.

彼女は夫と口論になった。

177 col「一緒に」+ lect「集める」

collectionner v 収集する

collection nf 収集品、コレクション

collectionneur, collectionneuse n 収集家、コレクター

□ Mon oncle ***collectionne*** les livres rares depuis l'âge de 20 ans.

□ Mon oncle fait collection de livres rares depuis l'âge de 20 ans.

おじは20歳から稀覯本を集めている。

□ Il *collectionne* les timbres.

□ C'est un collectionneur de timbres.

彼は切手のコレクターです。

*「切手（timbre ☞ B-120）の収集家」は philatéliste (n) と呼ばれる。なお、collecteur, collectrice (n) は「（寄付金などの）集金係」の意味で「コレクター」のことではない。

178 plant「（苗木を）植える」

planter v 植える
plantation nf 植えつけ、農園

□ Cet arbre commencera à donner des fruits deux ans après *avoir été planté*.

□ Cet arbre commencera à donner des fruits deux ans après sa plantation.

この木は植えてから 2 年で実がなり始めます。

関連語 plante (nf)「植物、草木」。

179 dé「分離」+ cevoir「取る」→「（罠にかけて）人から物を取る」

décevoir v （人を）失望させる
décevant, e adj 期待はずれの、失望させる
déception nf 失望

□ Mes parents *ont été* terriblement *déçus* de mon comportement.

□ Mes parents ont trouvé mon comportement terriblement décevant.

□ La déception de mes parents à cause de mon comportement a été terrible.

両親は私のふるまいにひどく失望していた。

180 mob「動く」

mobiliser v （戦争や行動などに）動員する、召集する
mobilisateur, mobilisatrice adj （スローガンなど）動員力のある
mobilisation nf 動員、召集

□ La campagne pour *mobiliser* tout le monde a été un franc succès.

□ La campagne *mobilisatrice* a été un franc succès.

□ La campagne de mobilisation a été un franc succès.

人を動員するキャンペーンは大成功だった。

関連語 mobile (adj)「動く、動かせる」、immobile (adj)「動かない、不動の」（☞ C-114）。

181 en「中へ」+ cadre「枠」

encadrer v 額縁（枠）に入れる
cadre nm 額縁（枠）、フレーム

☐ Je voudrais faire ***encadrer*** ce tableau.
☐ Je cherche un cadre pour ce tableau.

この絵に合うフレームを探しています。

☐ Les jeux d'argent ***sont*** très ***encadrés*** par la loi.
☐ Les jeux d'argent sont limités par un cadre législatif strict.

ギャンブルは厳格な法の枠組みによって制限されている。

関連語 encadré, e (adj)「額に入った、〜で囲まれた」、encadrement (nm)「額縁に入れること、（企業などの）幹部」。

182 古フランス語 gentil「良家の、上流階級の」ふるまい

gentil, le adj 親切な、思いやりのある
gentillesse nf 親切、親切な言動

☐ Gilbert est très ***gentil*** avec nous.
☐ Gilbert est d'une grande gentillesse pour nous.

ジルベールは私たちにとても親切です。

☐ Vous seriez ***gentil(gentille)*** de fermer la porte ?
☐ Vous auriez la gentillesse de fermer la porte ?

すみませんがドアを閉めていただけますか?

関連語 gentiment (adv)「親切に、おとなしく」。

183 il「と」+ lu「遊ぶこと」→「人をもて遊ぶもの」

(s') illusionner v / v.pr 錯覚を与える、（sur について）幻想を抱く
illusion nf 幻想、錯覚

☐ Ignace ne ***s'illusionne*** pas du tout sur sa vie étudiante.
☐ Ignace ne se fait aucune illusion sur sa vie étudiante.

イニャスは学生生活に何の幻想も持っていない。

184 cipit「頭」から pré「前、先」→「頭から真っ逆さまに」

(se) précipiter v / v.pr （高いところから）落とす、急ぐ、突進する
précipitaion nf 大急ぎ、あわただしさ

☐ Vous n'avez pas à ***vous précipiter*** pour agir.

☐ Vous n'avez pas à agir avec **précipitation**.

あわてて行動する必要はありません。

関連語 précipitamment (adv)「大急ぎで、あたふたと」という副詞を用いて Vous n'avez pas à agir précipitamment. としても同義になる。

185 「舵をとる人」（←船の「オール」を意味するギリシア語 pēdon から）

piloter v （飛行機などを）操縦する
pilote n パイロット、操縦士
pilotage nm 操縦

☐ Il est né pour ***piloter*** des voitures de course.
☐ Il est né pour être **pilote** de course.
☐ Il est né pour le **pilotage** de voitures de course.

彼はレーシングカーを操縦するために生まれてきた男だ。

186 dé「離れる」+ amarrer「つなぐ」→「（船を）つないでいた舫（もやい）を解く」

démarrer v （エンジンを）始動する、発進する
démarrage nm （エンジンの）始動、スタート

☐ Il est assez difficile pour un nouveau conducteur de ***démarrer*** dans une côte.
☐ Il est assez difficile pour un nouveau conducteur de faire un **démarrage** en côte.

新米のドライヴァーにとって坂道（上り坂）発進はかなり難しい。

187 ラテン語 surdus「耳が聞こえない」から

sourd, e adj 耳の聞こえない
surdité nf 耳が聞こえないこと、難聴

☐ Il est ***sourd***, mais ça ne l'empêche pas de vivre normalement.
☐ Sa **surdité** ne l'empêche pas de vivre normalement.

彼は耳が聞こえませんが問題なく暮らせます。

＊この文の副詞 normalement を comme vous et moi と言い換えても類義になる。

188 op「に向かって」+ port「運ぶ」→「帆船が風に恵まれ出入港できること」から

opportun, e adj （時が）好都合な、（行動などが）時宜（じぎ）を得た ↔ inopportun, e
opportunité nf 時宜を得ていること、適時性

☐ Le ministre a demandé si la réforme était vraiment ***opportune***.

☐ Le ministre a posé la question de l'opportunité de la réforme.

大臣は改革が時宜を得ているかについて疑問を呈した。

関連語 opportunément (adv)「よい時に、タイミングよく」。なお、英語 opportunity の影響で opportunité を「好機、チャンス」(=chance) の意味で用いるのは誤用。

189 ラテン語 pedica「足枷、罠」

piéger v (動物を) 罠で捕らえる

piège nm (動物用の) 罠

☐ Le chasseur ***a piégé*** un cerf.

☐ Le chasseur a pris un cerf au piège.

ハンターは罠で鹿を捕らえた。

190 en「の中に」+ terre「土、地面」

enterrer v 埋める、埋葬する

enterrement nm 埋葬、葬式

☐ Elle ***sera enterrée*** dans trois jours, un jour néfaste dans le calendrier japonais.

☐ Son enterrement aura lieu dans trois jours, un jour néfaste dans le calendrier japonais.

彼女の埋葬は3日後、仏滅の日に執り行ないます。

191 ラテン語 pingere「色を付ける、描く」から

peindre v (ペンキや絵の具で) 描く

peinture nf (芸術としての) 絵画

☐ Quand il a du temps libre, Pascal aime ***peindre***.

☐ Quand il a du temps libre, Pascal aime faire de la peinture.

暇な時間にパスカルは絵を描くのが好きだ。

関連語 repeindre (v)「塗り替える、塗り直す」。

192 mass「大きな塊」

massacrer v (大量) 虐殺する

massacre nm (大量) 虐殺

☐ L'ancien président a été jugé coupable d'avoir fait ***massacrer*** une minorité ethnique.

☐ L'ancien président a été jugé coupable du massacre d'une minorité ethnique.

前大統領は少数民族を虐殺した罪で有罪判決を受けた。

* この単語はスポーツなどでの「圧勝」(英語の口語なら「ぼろ負け」)の意味でも使われる。

193 trans「通して」+ par「現れる」(透けて見える)

transparent, e adj 透明な、透けて見える
transparence nf 透明さ

☐ Les Maldives sont célèbres pour leur mer ***transparente***.
☐ Les Maldives sont célèbres pour la transparence de leurs eaux.

モルディヴは透明な海で知られている。

194 re「再び」+ cycle「循環、サイクル」

recycler v 再利用する、再教育する
recyclage nm (資源の)リサイクル、(社会人の)再教育

☐ Savez-vous comment le plastique ***est recyclé*** ?
☐ Savez-vous comment a lieu le recyclage du plastique ?

プラスチックがどのようにリサイクルされるかご存知ですか?

関連語 recyclable (adj)「リサイクル(再教育)できる」、recycleur, recycleuse (n)「リサイクル業者」。

195 sim「1つ」+ ple「折る」

simplifier v 単純にする、簡素化する
simplification nf 単純化、簡素化

☐ Certaines machines peuvent ***simplifier*** le travail des personnes.
☐ Certaines machines permettent la simplification du travail des personnes.

人の作業を簡略化してくれる機械もある。

関連語 simplifiable (adj)「単純化できる、簡略化できる」。

196 フランク語 salo「汚れている」から

sale adj 汚い、汚れた ↔ propre
saleté nf 汚さ、不潔

☐ Cette décharge publique est très ***sale***.
☐ Cette décharge publique est d'une grande saleté.

このゴミ集積所はひどく汚い。

関連語 (se) salir (v/v.pr)「汚す、(物が)汚れる、自分の体を汚す」。

197 sou「下から上に」(持ち上げて) + lager「減らす、軽くする」

soulager v （精神的・肉体的に）楽にする、苦痛（負担）などを軽減する
soulagement nm 安堵、安らぎ、（苦痛などの）緩和

☐ Ce médicament ne m'***a*** pas du tout ***soulagé(e)***.
☐ Ce médicament ne m'a apporté aucun **soulagement**.

この薬は私にはまったく苦痛の軽減にならなかった。

198 bouler「転がる」+ verser「注ぐ、まき散らす」

bouleverser v 大混乱させる、（習慣などを）一変させる
bouleversement nm 大混乱

☐ La guerre civile ***a bouleversé*** le pays.
☐ La guerre civile a entraîné des **bouleversements** dans le pays.

内戦がその国に大混乱をもたらした。

199 pro「前に」+ mener「連れていく」

(se) promener v / v.pr 散歩させる、散歩する
promenade nf 散歩

☐ Je me relaxe vraiment seulement quand je ***promène*** mon chien.
☐ Je me relaxe vraiment seulement pendant la **promenade** de mon chien.

犬の散歩のときだけは本当にリラックスします。

関連語 promeneur, promeneuse (n)「散歩する人、散策者」。

200 a「を」+ range「並べる」

arranger v 整える、整理する
arrangement nm （適切に）並べること、整理

☐ La fleuriste ***a*** magnifiquement ***arrangé*** les bouquets sur les tables.
☐ L'**arrangement** des bouquets sur les tables par la fleuriste est magnifique.

フラワーデザイナーによるテーブル上の花束のアレンジメントはすばらしい。

201 フランク語 dansôn「（ロンドでつないだ手を）張る」→ 古フランス語 dancier

danser v 踊る、ダンスをする
danse nf ダンス、バレエ
danseur, danseuse n 踊り手、バレリーナ

□ Denise aime ***danser***.

□ Denise aime la **danse**.

ドゥニーズはダンスが好きだ。

□ Damien ***danse*** bien.

□ Damien est un bon **danseur**.

ダミアンはダンスがうまい。

202 ラテン語 genuculum → genû「膝（ひざ）」から

(s') agenouiller **v.pr** ひざまずく、膝をつく

genou **nm** 膝

□ Gabriel ***s'est agenouillé*** pour faire sa demande en mariage.

□ Gabriel a mis un **genou** à terre pour faire sa demande en mariage.

ガブリエルはひざまずいて彼女（彼）にプロポーズした。

＊ここでよく使われる se mettre à genoux を使うと「両膝をついて」という意味になるので言い回しを工夫した。

関連語 agenouillement (nm)「ひざまずくこと」。

203 俗ラテン語 colla「糊（のり）」から

coller **v** （糊などで）貼りつける、くっつく ↔ décoller

collage **nm** （糊などで）貼りつけること

□ Il est interdit de ***coller*** des affiches électorales sur ce mur.

□ Le **collage** des affiches électorales est interdit sur ce mur.

この塀に選挙ポスターを貼るのは禁止です。

関連語 collant, e (adj)「（べたべたと）くっつく」、colleur, colleuse (n)「（ポスターなどを）貼る人」。

204 sou「下に」+ fler「吹く」

souffler **v** 息を吐く、息を吹きかける、（風が）吹く、吹き消す

souffle **nm** 息、呼吸、（風の）そよぎ

□ Mon père ***a soufflé*** ses 50 bougies d'anniversaire d'un seul coup.

□ Mon père a éteint ses 50 bougies d'anniversaire d'un seul **souffle**.

父は誕生日の 50 本のロウソクを一息で吹き消した。

□ Le vent ne ***souffle*** pas du tout.

□ Il n'y a pas un **souffle** de vent.

風はそよとも吹いていない。

205 ラテン語 miscēre「混ぜる」から

mélanger v 混ぜる
mélange nm 混ぜること、混合

☐ ***Mélangez*** l'huile et le vinaigre.
☐ Faites le **mélange** de l'huile et du vinaigre.

油と酢を混ぜてください。

＊類語に mêler があるが、「混ぜる」の意味では mélanger の方が日常の使用頻度は高い。また、mêler が意識的でなく「混じる」の意味をもつのに対して、mélanger は「混ぜるものの比率や混ぜ方」をより強く意識する傾向がある。

☐ Il y a un risque d'explosion si vous ***mélangez*** ces deux solvants.
☐ Le **mélange** de ces deux solvants peut entraîner une explosion.

この2つの溶剤を混ぜると爆発の危険がある。

206 use「使用する」

(s') user v / v.pr （de を）用いる、すり切れさせる、すり減る
usé, e adj すり減った
usure nf すり減ること

☐ Les lames de rasoir ***s'usent***, il faut les changer régulièrement.
☐ Il faut changer les lames de rasoir ***usées*** régulièrement.
☐ L'**usure** des lames de rasoir est normale, il faut les changer régulièrement.

すり減ったかみそりの刃は定期的に交換する必要がある。

207 原義は「境界や地代を定める」（← 古フランス語 bonne「標石、境界線」）

(s') abonner v / v.pr （新聞や雑誌を）予約する、予約を申し込む
abonné, e adj 予約している
abonnement nm 加入契約、予約申し込み

☐ Je ***me suis abonné(e)*** à ce magazine il y a cinq ans.
☐ Je suis ***abonné(e)*** à ce magazine depuis cinq ans.
☐ J'ai un **abonnement** à ce magazine depuis cinq ans.

5年前からこの雑誌を予約購読しています。

関連語 abonné, e (n)「（新聞や雑誌の）予約購読者」。

208 ob「向かって」+ ject「投げる」

objecter v 反論する

objection nf 反論、異議

☐ La décision a été acceptée par tout le monde, personne n'***a objecté***.

☐ La décision a été acceptée par tout le monde, sans objection.

その決定は反論もなく、みなが受け入れた。

209 luxe「豪華さ」

luxueux, luxueuse adj ぜいたくな、豪華な

luxe nm ぜいたく、奢侈

☐ Ils ont séjourné dans un hôtel ***luxueux*** à Hawaï pendant une semaine.

☐ Ils ont séjourné dans un hôtel de luxe à Hawaï pendant une semaine.

彼らはハワイの豪華ホテルに1週間滞在した。

関連語 luxueusement (adv)「ぜいたくに、豪華に」。

210 sym「一緒に」+ path「感情、感じる」→「同じ感情を抱く」

sympathiser v 気が合う、仲良くなる

sympathique adj 共感を呼ぶ、感じのいい

sympathie nf 好感、共感、同情

☐ Le directeur a tout de suite ***sympathisé*** avec le nouveau secrétaire.

☐ Le directeur a immédiatement eu de la sympathie pour le nouveau secrétaire.

部長はすぐに新しい秘書と意気投合した。

☐ Être ***sympathique*** n'est pas toujours une qualité.

☐ La sympathie n'est pas toujours une qualité.

感じのいいことが必ずしも長所とは限らない。

語形成 **sym「一緒に、同時に」** symphonie (nf)「交響曲」(←「一緒に」+ phon「音」を出すこと)、symptôme (nm)「症状、前兆」(←同時に「同時に」+ ptôme「落ちること」)。

語形成 **pathie「感じること」** télépathie (nf)「テレパシー」(← télé「遠くに」+「感じること」)。

211 re「再び」+ attraper「つかまえる」

rattraper v (先行する人や乗り物に) 追いつく、(遅れなどを) 取り戻す

rattrapage nm 追いつくこと、挽回

☐ Nous devons ***rattraper*** le temps perdu pour ne pas abandonner ce projet.

☐ Le rattrapage du temps perdu est important pour ne pas abandonner ce projet.

この企画を諦めないために、我々は失った時間を取り戻さなくてはならない。

212 rage「怒り」

rager v かんかんに怒る、ひどく悔しがる
rageur, rageuse adj 怒りっぽい、怒りをあらわにした
rage nf 激怒、激高

□ Renée ***a ragé*** d'entendre ces paroles malhonnêtes.
□ Renée a été folle de **rage** d'entendre ces paroles malhonnêtes.

ルネはその不誠実な言葉を聞いて怒り狂った。

□ Quand je l'ai interrogé sur son divorce, il a répondu d'un ton ***rageur***.
□ Quand je l'ai interrogé sur son divorce, il a répondu avec **rage**.

彼に離婚について尋ねたとき、彼は怒りに満ちた口調で答えた。

213 barque「小舟、ボート」を「離れる」から

débarquer v 上陸する、(乗り物から) 降りる、(船荷を) 陸揚げする、降ろす
débarquement nm 陸揚げ、下船、上陸 ↔ embarquement (nm)

□ L'avion a atterri à Narita pour ***débarquer*** une personne tombée subitement malade.
□ L'avion a atterri à Narita pour le **débarquement** d'une personne tombée subitement malade.

飛行機は成田に着陸して急病人を降ろした。

214 re「再び」+ spir「息をする」

respirer v 呼吸する
respiration nf 呼吸、息

□ Si vous portez un masque en tissu, vous aurez des difficultés à ***respirer*** au bout d'un moment.
□ La **respiration** avec un masque en tissu devient difficile au bout d'un moment.

布マスクをしていると時間が経つと呼吸が苦しくなる。

関連語 irrespirable (adj)「(雰囲気などが) 息苦しい、(気体が) 窒息性の」。

215 ラテン語 agere の反復動詞 agitare「(ゆさゆさ、がんがん) 激しく動かす」

(s') agiter v / v.pr ゆする、動揺させる、動揺する
agitation nf 動揺、揺れ

□ Le monde du spectacle ***s'agite*** à cause de la mort de cette actrice.
□ La mort de cette actrice crée de l'**agitation** dans le monde du spectacle.

その女優の死で芸能界が騒がしい。

216 pol「すっかり」+ lute「泥で汚す」

polluer **v** 汚染する
polluant, e **adj** 汚染する
pollution **nf** （環境）汚染、公害

□ Les entreprises qui ***polluent*** doivent être conscientes des problèmes qu'elles créent.
□ Les entreprises ***polluantes*** doivent être conscientes des problèmes qu'elles créent.
□ Les entreprises doivent être conscientes des problèmes liés à la **pollution** qu'elles créent.

企業は自分たちが引き起こす汚染問題を認識する必要がある。

217 sou「下に」+ ple「折る」→「膝などを折る、曲げる」

(s') assouplir **v / v.pr** 柔らかくする、体を柔軟にする
souple **adj** しなやかな、柔軟な
souplesse **nf** しなやかさ、柔軟性

□ Je fais de la gymnastique pour ***m'assouplir***.
□ Je fais de la gymnastique pour devenir plus ***souple***.
□ Je fais de la gymnastique pour gagner en **souplesse**.

体を柔軟にするように体操をしています。

□ Ce portefeuille en cuir n'est pas très ***souple***.
□ Ce portefeuille en cuir manque de **souplesse**.

この革の財布はあまりやわらかくない。

218 ラテン語 remūnerārī（re「再び」+ munérer「（贈り物などを）与える」）から

rémunérer **v** 報酬を与える
rémunération **nf** 報酬

□ Je ne m'attendais pas à ***être*** bien ***rémunéré(e)*** pour ce travail.
□ Je ne m'attendais pas à recevoir une importante **rémunération** pour ce travail.

私はこの仕事で多額の報酬を受け取れるとは期待していなかった。

関連語 rémunérateur, rémunératrice (adj)「（仕事などが）もうかる、金になる」。

219 host「知らない人」+ ile「性質を持った」→「敵の性質を持つ」

hostile **adj** 敵意のある
hostilité **nf** 敵意

A 1-668
B 1-269
C 1-255
索引

☐ Je sens qu'elle m'est ***hostile***.

☐ Je sens son **hostilité** à mon égard.

私に対する彼女の敵意を感じます。

220 em「中に」+ bar「横木」=「障害物」→「気持ちを妨害する」

embarrasser v （人を）当惑させる、（通路などを）ふさぐ、じゃまをする
embarras nm 困惑、窮地

☐ L'actrice ***a été embarrassée*** par les propos déplacés d'un journaliste.

☐ Les propos déplacés d'un journaliste ont mis l'actrice dans l'**embarras**.

ある記者の不謹慎な発言が女優を困惑させた。

☐ Elle ***était embarrassée*** par le conflit familial.

☐ Elle était dans l'**embarras** à cause du conflit familial.

彼女は家庭内のもめ事で困っていた。

関連語 embarrassé, e (adj)「動きのとれない、困惑した」、embarrassant, e (adj)「（荷物などが）邪魔な、厄介な、面倒な」。

221 re「元に戻って」+ embourser「金を財布に入れる」

rembourser v 返済する、払い戻す
remboursement nm 返済、払い戻し

☐ J'attends d'***être remboursé(e)*** par l'assurance pour acheter une nouvelle voiture.

☐ J'attends le **remboursement** de l'assurance pour acheter une nouvelle voiture.

私は新しい車を買うために保険の払い戻しを待っています。

222 「集団の長」pot(i) +「としてある」という意味合いから

pouvoir v ～することができる、～できる
pouvoir nm 力、影響力

☐ Je n'y ***peux*** rien.

☐ Ce n'est pas en mon **pouvoir**.

それは私の力が及ばないことだ。

関連語 possible (adj)「可能な、できる、あり得る」。

223 fond「底、土台」を壊す

(s') effondrer v.pr 崩壊する、つぶれる
effondrement nm 崩壊、瓦解

□ Le tremblement de terre a fait ***s'effondrer*** la pagode à quatre étages.
□ Le tremblement de terre a provoqué l'**effondrement** de la pagode à quatre étages.

地震で五重塔が崩壊した。

224 a「に」+ dit「与える」

additionner v 加算する ↔ soustraire、合計する
addition nf 足し算

□ ***Additionnez*** ces deux racines carrées.
□ Faites l'**addition** de ces deux racines carrées.

この 2 つの平方根を足してください。

*「引き算」は soustraction (nf)、「掛け算」は multiplication (nf) (☞ B-4)、「割り算」は division (nf) (☞ A-532)、そして「加減乗除」は quatre opérations (nfpl) という。

関連語 additionnel, additionnelle (adj)「付加の、追加の」。なお、日常会話で addition「(飲食店などの) 勘定書」の意味は大事 (例 : L'addition, s'il vous plaît.「勘定をお願いします」)。

225 uni「1」

unanime adj 全員一致の
unanimité nf 全会一致

□ Son élection à la présidence a été ***unanime***.
□ Il a été élu président à l'**unanimité**.

彼は全会一致で議長に選出された。

関連語 unanimement (adv)「全会一致で」(= à l'unanimité)。

226 lum「光」(← lumière)

allumer v 火をつける、明かりをつける
allumage nm 点火、点灯

□ Il est relativement difficile pour un enfant d'***allumer*** un poêle.
□ L'**allumage** d'un poêle est relativement difficile pour un enfant.

子どもにはストーヴの点火は意外に難しい。

227 dé「上から下に」+ chirer「引き裂く」

(se) déchirer v / v.pr (引き) 裂く、破る、裂傷を負う
déchirement nm 引き裂くこと、破ること
déchirure nf 裂け目、裂傷

A 1-668
B 1-269
C 1-255
索引

□ Son départ pour l'étranger m'***a déchiré*** le cœur.
□ Son départ pour l'étranger m'a causé un vrai **déchirement**.

彼（彼女）が海外へ出発したことで私の胸は張り裂けそうだった。

□ Le col de ce T-shirt ***est déchiré***.
□ Il y a une **déchirure** au col de ce T-shirt.

この T シャツの襟は破れている。

□ Donat ne peut pas marcher depuis qu'il ***s'est déchiré*** le genou.
□ Donat ne peut pas marcher à cause de sa **déchirure** du genou.

ドナは膝に裂傷を負ってから歩くことができない。

* déchirure は「裂け目」の意味より「裂傷」の意味で使われることが多い。

228　mé「否定、軽蔑」+ priser「高く評価する」

mépriser v 軽蔑する、軽視する
mépris nm 軽蔑、軽視

□ Morgane ***méprisait*** profondément ceux qui n'avaient pas d'opinions.
□ Morgane affichait un profond **mépris** à l'égard de ceux qui n'avaient pas d'opinions.

モルガーヌは意見をもたない人たちを心底軽蔑していた。

関連語 méprisable (adj)「軽蔑すべき、卑劣な」。

229　sincé(è)re「誠実な」

sincère adj 誠実な、正直な
sincérité nf 誠実さ、率直

□ Ma petite(-)amie n'est pas toujours très ***sincère***.
□ Ma petite(-)amie manque parfois de **sincérité**.

ぼくのガールフレンドはいつも正直とは限りません。

関連語 sincèrement (adv)「率直に、率直に言うと」。

230　古ラテン語 mescheoir（mé「否定、軽蔑」+ choir「落ちる、倒れる」）→「不幸な、哀れな状態にする」

méchant, e adj 意地悪な、悪意のある
méchanceté nf 悪意、意地悪

□ Mon patron est rarement ***méchant***.
□ Mon patron agit rarement par [avec] **méchanceté**.

私の雇い主はまれに意地悪くふるまうことがある。

関連語 méchamment (adv)「意地悪く」。

231　dés「ない」+ espér「希望」→「希望がない」

désespérer v　絶望させる、絶望する、(de を) とても残念に思う
désespoir nm　絶望、落胆　↔ espoir (nm)

□ Son suicide ***a désespéré*** ses camarades de classe.
□ Son suicide a plongé ses camarades de classe dans le **désespoir**.

彼（彼女）の自殺は同級生を悲嘆に暮れさせた。

□ Je ***désespère*** de ne pas pouvoir finir mes devoirs.
□ Je suis au **désespoir** de ne pas pouvoir finir mes devoirs.

宿題を終えられなくてひどく落ち込んでいます。

関連語 désespéré, e (adj)「絶望的な、必死の」。

232　pli「折る」

plier v　（紙や布を）折る、曲がる、曲げる
pliage nm　折り曲げること、折り紙

□ Ma petite sœur était douée pour ***plier*** des grues en papier.
□ Ma petite sœur était douée pour le **pliage** de grues en papier.

妹は紙で鶴を折るのがうまかった。

233　pli「折る」

plisser v　ひだをつける、しわを作る
plissé, e adj　ひだのついた
pli nm　折り目、しわ

□ L'avocat ***plisse*** le front quand il se concentre.
□ L'avocat a des **plis** sur le front quand il se concentre.

その弁護士は精神を集中すると額にしわが寄る。

□ Ma grande sœur ne porte pas de jupes ***plissées***.
□ Ma grande sœur ne porte pas de jupes à **plis**.

姉はプリーツスカートは履かない。

234　ex「外に」+ plore「泣き叫ぶ」→「狩猟で 獲物を大声を出して外に出す」

explorer v　探検（探査）する
exploration nf　探検、踏査　= expédition

□ La NASA a beaucoup investi pour ***explorer*** Mars.
□ La NASA a beaucoup investi dans l'**exploration** de Mars.

NASA は火星探査に多額の投資を行なってきた。

関連語 inexploré, e (adj)「探検（調査）されていない」、inexplorable (adj)「探検（調査）不可能の」。

235
ab「行為の完了」+ baisser「低くする」（← bas「低い」）

abaisser v （物を）下ろす、低くする、（数値や程度などを）下げる
abaissement nm 引き下げること、低下 ↔ relèvement (nm)

□ En ***abaissant*** la vitesse à 80 km/h, on a pu diminuer les accidents de la route.
□ L'**abaissement** de la vitesse à 80 km/h a permis de diminuer les accidents de la route.

速度を時速 80km に下げることで交通事故を減らすことができた。

*「時速」km/h は kilomètre(s)-heure / kilomètre(s) par heure / kilomètre(s) à l'heure のこと。

236
nue「雲」

nuageux, nuageuse adj 曇った
nuage nm 雲

□ Le ciel était ***nuageux***.
□ Le ciel était couvert de **nuages**.

空が雲に覆われていた。

237
fatigue「疲れさせる」

fatigué, e adj 疲れた
fatigue nf 疲労

□ Ma sœur était si ***fatiguée*** qu'elle s'est endormie dans le métro.
□ Ma sœur s'est endormie de **fatigue** dans le métro.

姉（妹）は疲れていて地下鉄で寝てしまった。

□ Je suis terriblement ***fatigué(e)***.
□ Je suis épuisé(e) de **fatigue**.

疲労困憊しています。

関連語 (se) fatiguer (v/v.pr)「疲れさせる、疲れる」。

238
dé「奪う」+ courage「勇気」

(se) décourager v / v.pr 落胆させる、がっかりさせる ↔ encourager、落胆する
découragé, e adj 落胆した、がっかりした
découragement nm 落胆、失望

☐ Mon mari ***s'est découragé*** à cause de sa mutation soudaine en Belgique.
☐ Mon mari s'est senti ***découragé*** à cause de sa mutation soudaine en Belgique.
☐ Mon mari s'est laissé aller au **découragement** à cause de sa mutation soudaine en Belgique.

突然のベルギーへの人事移動で夫は意気消沈した。

＊「名詞化」という縛りで3つの例を示したが、代名動詞 se décourager を使った言い回しは少々自然さを欠く。

239 ラテン語 pulvis「ほこり、粉末」(「粉末」の語義は poudre に継承される)

poussiéreux, poussiéreuse adj ほこりまみれの
poussière nf ほこり、ちり

☐ Visiblement tu n'utilises pas souvent ce dictionnaire, il est tout ***poussiéreux***.
☐ Visiblement tu n'utilises pas souvent ce dictionnaire, il est couvert de **poussière**.

明らかにこの辞書をあまり使用っていませんね、ほこりまみれですよ。

240 dé「離れて」+ tacher「触る」

(se) détacher v / v.pr 外す、ほぐす、切り離す、外れる、無関心になる
détaché, e adj 切り離された、執着がない
détachement nm (利害に対する) 無関心

☐ Il ***se détache*** de tout.
☐ Il est ***détaché*** de tout.
☐ Il affiche un **détachement** à l'égard de tout.

彼は何事にも恬淡(てんたん)としている。

＊同じ綴りで tache (nf)「しみ、汚れ」から派生した動詞 détacher「しみを抜く」もある。

241 plaud「手をたたく」

applaudir v 拍手喝采する、拍手を送る
applaudissement nm 拍手喝采

☐ Son entrée en scène ***a été*** chaleureusement ***applaudie***.
☐ Il y a eu un tonnerre d'**applaudissements** lorsqu'il est entré en scène.

彼が舞台に登場したとき、万雷の拍手が起きた。

242 アラビア語 sukkar「砂糖」→イタリア語 zucchero 経由

sucrer v 砂糖を入れる
sucré, e adj 砂糖入りの、甘い
sucre nm 砂糖

□ Tu as trop ***sucré*** ce gâteau au chocolat.
□ Ce gâteau au chocolat est trop ***sucré***.
□ Tu as mis trop de sucre dans ce gâteau au chocolat.
□ Ce gâteau au chocolat contient trop de sucre.

このガトー・オ・ショコラ（チョコレートケーキ）は砂糖を入れすぎだ。

関連語 sucrerie (nf)「(多くは複数で）甘いもの、菓子」。

243 cor「完全に」+ romp, rup「壊れる、破裂する」

corrompre v 堕落させる、買収する
corruption nf 堕落、買収

□ Le gouvernement de ce pays ***est*** totalement ***corrompu***.
□ La corruption du gouvernement de ce pays est totale.

この国の政府は完全に腐っている。

語形成 **rup「壊れる、破裂する」** éruption (nf)「噴火」(←é「外に」+「破裂する」)、interruption (nf)「中断、遮断」（← inter「間に入って」+「壊れる」)。

244 ob「に」+「(話に）耳を傾ける」

obéir v 従う、服従する ↔ désobéir
obéissant, e adj 従順な
obéissance nf 服従、恭順

□ Ils ont juré d'***obéir*** au général.
□ Ils ont juré obéissance au général.

彼らは将軍に服従を誓った。

* obéir à qqn の例として「子どもが親に従わない（言うことを聞き入れない)」という文を載せた教科書があるが、「(人の言うことを）聞き入れる」の意味なら écouter を用いるのが自然な言い回し。

□ Les labradors sont connus pour être ***obéissants***.
□ Les labradors sont connus pour leur obéissance.

ラブラドールは従順なことで知られている。

245 ラテン語 cohaerere（co「一緒に」+ haerere「突き刺す」→「まとまっている」）から

cohérent, e adj 首尾一貫した、筋の通った
cohérence nf （論理の）一貫性

□ Cette idée n'est pas ***cohérente***.

□ Cette idée manque de **cohérence**.

それは一貫性に欠ける（つじつまの合わない）考えだ。

関連語 incohérent, e (adj)「一貫性のない、支離滅裂な」を用いて、例文は Cette idée est incohérente. と書けるし、合わせて、incohérence (nf)「一貫性のなさ」を用いて Il y a des incohérences dans cette idée. などと書き換えることができる。

246 古典ラテン語 vānus「自惚れの強い」から

(se) vanter v / v.pr ほめそやす、自慢する
vantard, e adj 自慢する
vantard, e n 自慢家、ほら吹き
vantardise nf 自慢話、ほら

□ Victorine ***se vante*** sans arrêt.

□ Victorine est très ***vantarde***.

□ Victorine est une grosse **vantarde**.

ヴィクトリーヌはたえず自慢ばかりしている。

□ Plus personne ne s'intéresse à ses histoires ***vantardes***.

□ Ses **vantardises** n'intéressent plus personne.

彼（彼女）の自慢話にはもう誰も感心を示さない。

247 en「中に入れる」のを + nui「嫌うもの、憎むもの」

(s') ennuyer v / v.pr 退屈させる、困らせる、退屈する
ennuyeux, ennuyeuse adj 退屈な、困った
ennui nm 退屈、心配、困ったこと

□ Ces vacances sont nulles, je ***m'ennuie*** à mourir.

□ Ces vacances sont ***ennuyeuses*** à mourir.

□ Ces vacances sont nulles, je meurs d'**ennui**.

今回のヴァカンスは最低で、死ぬほど退屈だ。

＊フランス語 ennui には、日本語の「アンニュイ」=「物憂げな雰囲気」の意味はない。

248 équi「等しい」

équitable adj 公平な、公正な
équité nf 公平さ、公正

☐ Je reconnais que le juge est ***équitable***.
☐ Je reconnais l'**équité** du juge.

裁判官の公平さは認めます。

関連語 équitablement (adv)「公正に、公平に」。

語形成 **équi「等しい」** équivaloir (v)「(à と) 同等である」(←「等しい」+ valoir「価値がある」)、équivoque (adj)「曖昧な、紛らわしい」(←「等しい」+ voque「声の」→「声が似ている」)。

249 re「再び」+ staur「補給する」→「元に戻す」

(se) restaurer v / v.pr 修復する、復元する、(食事をして) 元気を取り戻す
restauration nf 修復、復興

☐ On ***a*** récemment ***restauré*** cette cathédrale.
☐ La **restauration** de cette cathédrale est récente.

この大聖堂は最近修復された。

関連語 restaurant (nm)「レストラン」(←そもそもは「元気を回復させる食事」un repas qui restaure から)。

250 古フランス語 grail, grille「焼き網」から

grillé, e adj (焼き網で) 焼いた
grillade nf 網焼きの肉、ステーキ

☐ Au camping, nos enfants aiment manger de la viande ***grillée***.
☐ Au camping, nos enfants aiment manger des **grillades**.

うちの子どもたちはキャンプ場で網焼きにした肉を食べるのが好きだ。

関連語 griller (v)「(焼き網などで) 焼いた、(パンを) トーストする」。

251 cru「粗野な、野蛮な」

cruel, cruelle adj 残酷な
cruauté nf 残酷さ

☐ Comme vous le savez, les enfants sont ***cruels***.
☐ La **cruauté** des enfants est bien connue.

ご存知のように、子どもというのは残酷です。

関連語 cruellement (adv)「残酷に」。

252 dé「離れる」+ mettre「送る」→「見捨てる」

(se) démettre v / v.pr 解任する、辞職する
démissionner v 辞職（辞任）する
démission nf 辞職

☐ Le maire ***s'est démis*** de son emploi le 31 mars.
☐ Le maire ***a démissionné*** de son poste le 31 mars.
☐ Le maire a donné sa démission le 31 mars.

市長は3月 31 日に辞職した。

253 re「再び」+ dresser「まっすぐ立てる」

(se) redresser v / v.pr 立て直す、（状況などを）立て直す、身を起こす
redressement nm 立て直し、再建

☐ Mon père a été chargé de ***redresser*** la situation financière d'une société pharmaceutique.
☐ Mon père a été chargé du redressement des finances d'une société pharmaceutique.

父は製薬会社の財政を立て直すよう任された。

254 r（特に意味はない）+ masser「（1箇所に）集める」

ramasser v 集める、拾い集める
ramassage nm （拾い）集めること

☐ Dans ce quartier, les papiers et cartons ***sont ramassés*** deux fois par mois.
☐ Dans ce quartier, le ramassage des papiers et cartons a lieu deux fois par mois.

この界隈では月に2度古紙（紙とボール紙）の回収が行なわれる。

255 terri「ぎょっとさせる」状態にする

terrifier v ひどく怖がらせる、（恐ろしさで）震え上がる
terroriser v 脅かす、恐怖に陥れる
terreur nf （激しい）恐怖

☐ Il y a eu un incendie dans le quartier et la population ***a été terrifiée***.
☐ Il y a eu un incendie dans le quartier et la population a été prise de terreur.

近所に火事があって住民たちは恐怖におののいた。

☐ Les voyous ***terrorisaient*** la ville.
☐ Les voyous semaient la terreur dans la ville.

ごろつき連中が街を恐怖に陥れていた。

関連語 terrible (adj)「恐ろしい、ものすごい」、terriblement (adv)「ものすごく、とても」。

256 re「再び」+ crut「成長する」→「(新人など) 人員を増やす」

recruter **v** (人を) 募集する
recrutement **nm** (会員、人材などの) 募集、採用

☐ En cette récession, ce n'est pas une bonne idée de ***recruter*** de nouveaux talents.

☐ En cette récession, le **recrutement** de nouveaux talents n'est pas une bonne idée.

この不況下で新しい人材を募集するのは得策ではない。

257 somme「(短い) 眠り」

sommeiller **v** うとうとする
sommeil **nm** 眠り

☐ Mon fils ***sommeille*** sur la banquette arrière de la voiture.

☐ Mon fils dort d'un **sommeil** léger sur la banquette arrière de la voiture.

息子は車の後部座席でうとうとしている。

関連語「うとうとする」somnoler (v) という類語があり、「まどろみ、眠気」を意味する somnolence (nf) という名詞がある。

258 ラテン語 frēnum「手綱、制御」から

freiner **v** ブレーキをかける、ブレーキをかける
frein **nm** ブレーキ
freinage **nm** ブレーキをかけること

☐ Le chauffeur ***freine*** souvent brusquement.

☐ Le chauffeur appuie souvent brusquement sur le **frein**.

その運転手はしょっちゅう急ブレーキを踏む。

* Le chauffeur donne souvent des coups de frein brusques. とも表現できる。

☐ Cette voiture ***freine*** bien.

☐ Cette voiture a de bons **freins**.

☐ Cette voiture a un bon **freinage**.

この車はブレーキの効きがいい。

259 「呆然とする、動かずにいる」を意味するラテン語 stupēre から

stupide adj 愚かな、ばかげた
stupidité nf 愚かさ、ばかげた言動

☐ Ses remarques sont trop ***stupides*** pour être ignorées.
☐ La **stupidité** de ses remarques ne peut pas être ignorée.

彼（彼女）の発言の愚かさは看過できない。

関連語 stupidement (adv)「愚かしく、ばかみたいに」。

260 sens「感じる」こと

sensationnel, sensationnelle adj センセーショナルな
sensation nf 感じ、印象、センセーショナル

☐ Je pense que votre découverte sera ***sensationnelle***.
☐ Je pense que votre découverte fera **sensation**.

あなたの発見は世間をあっと言わせると思います。

261 ang で「窒息させる」の意味

angoisser v 不安に陥れる
angoisse nf （苦悩を伴った強い）不安

☐ J'***ai*** beaucoup ***angoissé*** en attendant le résultat de mon test sanguin.
☐ J'ai attendu avec beaucoup d'**angoisse** le résultat de mon test sanguin.

血液検査の結果を待っている間とても不安でした。

関連語 angoissant, e (adj)「不安をかき立てる」、angoissé, e「不安におののく」。

262 ラテン語 fodere「掘る」から

fouiller v （地面を）掘り起こす、丹念に探す、（所持品などを）調べる、探し回る
fouille nf （考古学などの）発掘、検査

☐ Il a fallu beaucoup de temps pour ***fouiller*** mes bagages à la douane.
☐ La **fouille** de mes bagages à la douane a pris beaucoup de temps.

税関での私の所持品検査に時間がかかった。

☐ La police ***a fouillé*** la maison du suspect sans succès.
☐ La **fouille** de la maison du suspect par la police a été sans succès.

警察による容疑者宅の捜索はなんら成果をあげなかった。

263 soli「単独の」

solitaire adj 孤独な
seul, e adj 一人でいる、ひとりぼっち
solitude nf 一人でいること、孤独

□ Ma tante est ***solitaire*** par tempérament.
□ Ma tante aime la **solitude** par nature.

おばは孤独を好む性向がある。

□ Mon mari a horreur de rester ***seul***.
□ Mon mari a horreur de la **solitude**.

夫は一人でいるのが大嫌いだ。

264 ponct「(突き刺した) 点」が気にかかる→「几帳面な」

ponctuel, ponctuelle adj 時間を厳守する
ponctualité nf 時間厳守

□ J'admire qu'elle soit si ***ponctuelle***.
□ J'admire sa grande **ponctualité**.

彼女の時間厳守には感心している。

関連語 ponctuellement (adv)「時間通りに」。

265 フランク語 haist「激しさ、熱烈さ」から

† (se) hâter v / v.pr (時期を) 早める、急いで行く、急いで～する
† hâtif, hâtive adj (予想より) 早い、急いで～した
† hâte nf 急ぐこと

□ Hortense ***s'est*** trop ***hâtée*** de répondre.
□ Hortense s'est montrée trop ***hâtive*** dans sa réponse.
□ Hortense a répondu avec trop de **hâte**.

オルタンスはあまりに返事を急ぎ過ぎた。

関連語 † hâtivement (adv)「すぐさま、急いで」。

266 man「手」+ pul「いっぱい」→「手で巧みに扱う」

manipuler v (器具などを) 手で扱う、操作する、(世論などを) 操る
manipulation nf 取り扱い、操作

□ Vous devez être très prudent lorsque vous ***manipulez*** l'appareil respiratoire.
□ Vous devez être très prudent lors de la **manipulation** de l'appareil respiratoire.

呼吸器を取り扱う際には細心の注意を要する。

☐ Il est facile pour un grand journal de ***manipuler*** l'opinion publique.

☐ La manipulation de l'opinion publique est facile pour un grand journal.

大手の新聞が世論を操作するのはたやすい。

267 mé「否定」+ se fier「信用する」

(se) méfier v.pr 用心する、警戒する

méfiant, e adj 疑い深い、信用しない

méfiance nf 不信（感）、警戒心、疑惑 ↔ confiance (nf)

☐ Les enfants s'approchent sans ***se méfier***.

☐ Les enfants s'approchent sans méfiance.

子どもは警戒心なしに近づいていく。

☐ Le détective ***se méfiait*** d'elle.

☐ Le détective était ***méfiant*** à son égard.

☐ Le détective avait de la méfiance à son égard.

私立探偵は彼女に不信感を抱いていた。

268 mod「尺度」に合わせる→「変える」

modifier v 変更する、修正する

modification nf 変更、修正

☐ M. Martin m'a suggéré de ***modifier*** plusieurs phrases de mon mémoire.

☐ M. Martin m'a suggéré quelques modifications pour mon mémoire.

マルタンさんは私の研究論文を何箇所か直すように提案した。

関連語 modificateur, modificatrice (adj)「変更（修正）させる」、modificatif, modificative (adj)「変更（修正）する」、modifiable (adj)「変更（修正）可能な」。

269 dé「強意」+ battre「戦う」

(se) débattre v 討論する、議論する、じたばたする

débat nm 討論、議論

☐ Cela fait plusieurs heures que nous ***débattons*** de la vaccination obligatoire.

☐ Cela fait plusieurs heures que nous sommes en débat sur la vaccination obligatoire.

数時間にわたって、私たちは強制的なワクチン接種について論議している。

頻度順　C 1-255

音声ファイルについて

掲載している例文の音声ファイルは駿河台出版社ホームページより聞くことが出来ます。

https://www.e-surugadai.com/books/isbn978-4-411-00557-1

※各見開き左上のトラック番号をご参照ください。

1
ré「再び」+ prim「押す、圧迫する」→「抑制する」

réprimer v （暴動などを）鎮圧する、取り締まる、（感情などを）抑える、こらえる
répression nf 鎮圧、（犯罪の）抑止、（心理の）抑圧

☐ Ces nouvelles mesures devraient aider à ***réprimer*** les fraudes.
☐ Ces nouvelles mesures devraient aider la **répression** des fraudes.

この新しい対策は不法行為を取り締まるのに役立つはずだ。

関連語 répressif, répressive (adj)「抑圧的な」。

2
é「外へ」+ vacu「空（から）の」→「空にして外に出る」

évacuer v 避難させる、立ち退かせる
évacuation nf 退去、避難

☐ Il est difficile d'***évacuer*** rapidement les résidents.
☐ L'**évacuation** rapide des résidents est difficile.

迅速に住民を避難させるのは難しいことだ。

関連語 évacué, e (adj/n)「立ち退いた（人）、避難した（人）」。

語形成 **vac「空の」** vacances (nfpl)「（複数で）ヴァカンス、休暇」（←「空で何もしていない状態」が原義）、vacant, e (adj)「（部屋などが）空いている、空席の、欠員の」（←「空の状態」）。

3
南西部方言「fler（吹いて）火の勢いを増す」から

gonfler v （空気やガスを入れて）ふくらませる ↔ dégonfler
gonflage nm （タイヤなどを）ふくらませること、ふくらみ具合

☐ L'employé du magasin de vélos a d'abord vérifié si les pneus ***étaient gonflés***.
☐ L'employé du magasin de vélos a d'abord vérifié le **gonflage** des pneus.

自転車屋さんはまずタイヤに空気が入っているか（タイヤ圧）を確かめた。

関連語 regonfler (v)「再び膨らませる、人を（再び）元気づける」。

4
後期ラテン語 complex「共犯者」から

complice adj 共犯の
complicité nf 共犯

☐ La police a affirmé qu'elle est* ***complice*** du meurtre.
☐ La police a affirmé sa **complicité** dans le meurtre.

警察は彼女が殺人の共犯だと断定した。

* était（時制照応をした場合）。

関連語 complice (n)「共犯者」。

5 ラテン語 lavāre「洗う」

(se) laver v / v.pr 洗う、洗濯する、(自分の体を) 洗う、洗濯できる

lavable adj 洗える、洗濯できる

lavage nm 洗うこと、洗濯

□ Il est interdit de ***laver*** sa voiture sur ce parking.

□ Le lavage de voiture est interdit sur ce parking.

この駐車場では洗車は禁止です。

□ Ce pull peut-il ***se laver*** en machine ?

□ Ce pull est-il ***lavable*** en machine ?

□ Le lavage de ce pull en machine est-il possible ?

このセーターは洗濯機で洗えますか?

ラテン語 gelāre「凍る」から

6 (イタリア語「ジェラート」gelato、英語「ゼリー」jelly もここからで、本来は「凍らせたもの」の意味)

geler v 凍る、霜が降りる

gel nm **/ gelée** nf **氷点下の寒さ、霜**

□ Il ***a gelé*** la nuit dernière.

□ Il y a eu du gel [de la gelée] la nuit dernière.

昨夜、凍結した (霜が降りた)。

*「凍結防止剤、不凍液」は antigel (nm) という。

関連語 dégeler (v)「(川などが) 氷が溶ける、(凍結したものを) 溶かす」。

7 em「中に」+ prison「刑務所、監獄」

emprisonner v 投獄する、閉じ込める

emprisonnement nm 投獄、監禁

□ M. Endo, grand homme politique, ***a été emprisonné***. Cela a divisé l'opinion publique.

□ L'emprisonnement de M. Endo, grand homme politique, a divisé l'opinion publique.

偉大な政治家である遠藤氏の投獄は世論を二分した。

関連語 prison (nf)「刑務所、禁錮」(☞ A-403)、prisonnier, prisonnière (n)「囚人、捕虜」。

語形成 **em「中に」** embouteiller (v)「瓶をふさぐ、(道を) ふさぐ」(←「中に」+ bouteille「瓶」) (☞ C-199)、embarquer (v)「(船や飛行機などに) 乗り込む、乗せる」(←「中に」+ barque「小船」) (☞ B-149)。

8 ラテン語 rigidus（← rigêre「硬直している」）から

(se) raidir v / v.pr 突っ張らせる、ぴんと張る、こわばる
raide adj 硬い、こわばった、（坂が）急な
raideur nf こわばり、硬直、（坂などが）急なこと

☐ Si on n'ajoute pas d'assouplissant, le linge ***se raidit*** en séchant.
☐ Si on n'ajoute pas d'assouplissant, le linge devient ***raide*** en séchant.
☐ Si on n'ajoute pas d'assouplissant, la **raideur** du linge est inévitable quand il sèche.

柔軟剤を入れないと洗濯物は乾くとこわばる。

☐ Il est pénible de marcher sur cette pente ***raide***.
☐ La **raideur** de cette pente rend la marche pénible.

あの急な坂は歩くのがつらい。

9 ラテン語 macer「やせ衰えた」から

maigrir v やせる ↔ grossir
maigre adj やせた
amaigri, e adj やせた、やせこけた
maigreur nf やせていること

☐ Marie ***a*** beaucoup ***maigri***.
☐ Marie est devenue très ***maigre***.
☐ Marie est très ***amaigrie***.
☐ Marie est maintenant d'une **maigreur** terrible.

マリーはすごくやせている。

10 「体液の流出」を意味するギリシア語 rheũma

(s') enrhumer v / v.pr 風邪をひかせる、風邪をひく
enrhumé, e adj 風邪をひいている
rhume nm 風邪

☐ Je ***me suis enrhumé(e)*** la semaine dernière, j'ai du mal à m'en remettre.
☐ Je suis ***enrhumé(e)*** depuis la semaine dernière, j'ai du mal à m'en remettre.
☐ J'ai un **rhume** depuis la semaine dernière, j'ai du mal à m'en remettre.

先週から風邪をひいてしまい、まだちゃんと回復していません。

11 ídios「独特な、個人的な」→ラテン語 idiōta「無知な人」

idiot, e adj ばかな、愚かな
idiotie nf ばかげたもの（こと）、愚かさ

☐ C'est ***idiot*** d'imiter un YouTuber vulgaire.
☐ C'est une idiotie d'imiter un YouTuber vulgaire.

俗悪なユーチューバーの真似をするなんてばかげている。

12 quer「嘆く」→ラテン語 querella「不平、苦情」から

(se) quereller v.pr けんかする
querelle nf けんか、口論

☐ Les jeunes mariés d'à côté ***se querellent*** tout le temps.
☐ Les querelles ne cessent pas chez les jeunes mariés d'à côté.

隣の新婚さんはしょっちゅうけんかをしている。

13 capital「資本（←（事業の）capit「頭」に必要なもの）」+ isme「主義」

capitaliste adj 資本家の、資本主義の
capitalisme nm 資本主義

☐ Les pays d'Europe de l'ouest sont ***capitalistes***.
☐ Le capitalisme règne sur les pays d'Europe de l'ouest.

西ヨーロッパは資本主義だ。

14 調理に関する用語 mincer「薄切りにする」（原義は「細かく切る」）から

mince adj 薄い、ほっそりした、取るに足らない
minceur nf 薄いこと、ほっそりしていること、乏しさ

☐ Je viens de croiser une femme aussi ***mince*** qu'un fil de fer.
☐ Je viens de croiser une femme à la minceur d'un fil de fer.

さっき、針金のように痩せ細った女性とすれ違った。

☐ Ses connaissances sur l'histoire de (la) France sont bien ***minces***, ça m'étonne.
☐ La minceur de ses connaissances sur l'histoire de (la) France m'étonne.

彼（彼女）はフランスの歴史に関する知識がまるでないので驚いた。

＊「フランスに関する歴史」の意味なら定冠詞 la を添え、教科名「フランス史」の意味合いなら冠詞は添えないとされる。

関連語 mincir (v)「ほっそりする、痩せる」、amincir (v)「薄くする、細くする」。

15 ラテン語 habēre「持つ」の派生語 habitus「状態、服装、身なり」から

(s') habiller v / v.pr 服を着せる、服を着る ↔ (se) déshabiller
habit nm (集合的な意味で)衣服

☐ ***Habille-toi*** vite.
☐ Mets vite tes **habits**.

急いで服を着て。

＊ただし、日常会話では「衣服」には vêtements (nmpl) を使うことが多い。

16 ペルシア語 dīwān「(ふわふわの)長椅子」(仏語 divan)の換喩→「(政府部門の一部)税関」

douanier, douanière adj 税関の、関税の
douane nf 税関(事務所)、関税 = droits de douane (nmpl)

☐ Assurez-vous de vérifier les tarifs ***douaniers***.
☐ Assurez-vous de vérifier les tarifs de la **douane**.

関税率をご確認ください。

関連語 douanier, douanière (n)「税関吏」。

17 balai「箒(ほうき)」

balayer v 掃く、掃除する
balayage nm 掃除

☐ C'est le travail de mon mari de ***balayer*** les feuilles mortes.
☐ Le **balayage** des feuilles mortes est le travail de mon mari.

枯葉を掃除するのは夫の仕事です。

関連語 balai (nm)「箒(ほうき)」、balayette (nf)「小箒(こぼうき)」。

18 「家族、住居」を意味する古フランス語 maisnie 影響→ mesnage, menage

ménager v 大事に扱う、気を配る
ménagement nm 手加減、気配り

☐ Il n'***a*** pas ***ménagé*** les employés au sujet des problèmes de l'entreprise.
☐ Il a parlé des problèmes de l'entreprise avec les employés sans **ménagement**.

彼は会社の問題に関して手心を加えることなく従業員と話をした。

19 ren「戻って」+ force「力」

renforcer v さらに強くする
renforcement nm 強化、補強

□ Je ne pense pas que cela ***renforce*** les mesures de sécurité.
□ Je ne pense pas que cela permette un renforcement des mesures de sécurité.

これでセキュリティ対策が強化されることはないと思う。

20　古フランス語 guarder「注意している」→「守る」

(se) guérir v / v.pr （人を）治す、（人が）回復する、（病気が）治る
guéri, e adj （人・病気が）治った
guérison nf （病気などの）回復、治療

□ Ginette est contente que son mari ***ait guéri*** rapidement.
□ Ginette est contente que son mari ***soit*** déjà ***guéri***.
□ Ginette est contente de la guérison rapide de son mari.

ジネットは夫が早期に回復して喜んでいる。

21　con「一緒に」+ tamin「触れる」→「触れて汚す」

contaminer v 病菌をうつす、感染する、汚染する
contamination nf 感染、汚染

□ Le risque d'***être contaminés*** est très élevé pour les professionnels de santé.
□ Le risque de contamination est très élevé pour les professionnels de santé.

医療従事者は感染リスクがとても高い。

22　con「共に」+ tagion「接触すること」

contagieux, contagieuse adj 感染する、伝染病の
contagion nf 伝染、感染

□ La grippe est très ***contagieuse***.
□ La grippe présente un grand risque de contagion.

インフルエンザはとても感染しやすい。

23　古典ラテン語 vibrāre（←「振動させる」vibrer の変形）から

virer v （車や船などが）カーヴをきる、方向転換する
virage nm （道路などの）カーヴ、（車が）カーヴを切ること

□ Contre toute attente, il n'est pas facile de ***virer*** à droite.
□ Contre toute attente, il n'est pas facile de faire un virage à droite.

思いのほか、右にカーヴを切るのは難しい。

24 per「完全に、ずっと」+ turber「騒がせる」

perturber v 混乱させる
perturbation nf 混乱、ダイヤの乱れ

☐ Le trafic aérien ***est perburbé*** par le mauvais temps.
☐ Il y a des **perturbations** dans le trafic aérien à cause du mauvais temps.

悪天候により空のダイヤが乱れている。

25 「履き物」calceus から

(se) chausser v / v.pr （靴などを）履く、靴を履く
chaussure nf 靴

☐ Mon fils de cinq ans ne sait pas encore ***se chausser*** tout seul.
☐ Mon fils de cinq ans ne sait pas encore mettre ses **chaussures** tout seul.

5歳の息子はまだ一人では靴が履けません。

*「靴を脱ぐ」は se déchausser = enlever ses chaussures という。

26 ab「離れる」+ olir「成長」→「成長させない」→「廃止する」

abolir v （制度や慣習を）廃止する
abolition nf 廃止

☐ La peine de mort ***a été abolie*** en France en 1981.
☐ L'**abolition** de la peine de mort a été décidée en France en 1981.

フランスでは 1981 年に死刑廃止が決まった。

関連語 abolitionisme (nm)「死刑廃止論、奴隷制度廃止論」。

27 im「中に」+ plant「植える」→「体内に埋め込む医療器具」=インプラント

implanter v （産業や思想などを）導入する、定着させる
implantation nf （地域などへの）導入、定着

☐ Il est assez difficile d'***implanter*** une nouvelle industrie dans cette province conservatrice.
☐ L'**implantation** d'une nouvelle industrie dans cette province conservatrice est assez difficile.

あの保守的な地方に新しい産業を根づかせるのはかなり難しい。

語形成 **plant「植える」** transplantation (nf)「（植物の）植え替え、（臓器の）移植= greffe (nf)」（← trans「別の場所に」+「植える」）。

28 pré「前もって」+ lever「上げる、取り除ける」

prélever v 天引きする、採取する

prélèvement nm 天引き、先取り、採取

☐ Mes impôts ***sont*** automatiquement ***prélevés*** sur mon compte bancaire.

☐ Je paie mes impôts par **prélèvement** automatique.

税金は私の銀行口座から自動的に引き落とされる。

29 pre「前もって」+ script「書く」

prescrire v （医者が）処方する

prescription nf （医者による）処方

☐ Vous devez prendre les médicaments que le médecin ***a prescrits***.

☐ Vous devez suivre les **prescriptions** du médecin.

医者の処方に従わなくてはなりません。

30 famil「家族」のような

familier, familière adj （人に接する態度が）なれなれしい、見（聞き）慣れた

familiarité nf なれなれしさ、（実践から得た）知識

☐ Fabien est trop ***familier*** avec les femmes.

☐ Fabien fait preuve de trop de **familiarité** avec les femmes.

ファビアンは女性に対してやたらとなれなれしい。

☐ Je ne suis pas très ***familier***[***familière***] avec ce sujet, pouvez-vous me donner les grandes lignes ?

☐ Je manque de **familiarité** avec ce sujet, pouvez-vous me donner les grandes lignes ?

その話にぴんときません、概要を教えていただけますか?

関連語 familièrement (adv)「親しく、なれなれしく」。

31 ギリシア語「片側が機能しなくなる」paraluesthai（← para「側」+ lysie「分離、溶解、消失」）から

paralyser v （身体的に）麻痺させる、（活動を）停止させる

paralysé, e adj 麻痺した、不随の

paralysie nf （身体の）麻痺、（活動の）停止

☐ Il ***est paralysé*** de la jambe droite à cause de l'accident de voiture.

☐ Il a la jambe droite ***paralysée*** à cause de l'accident de voiture.

☐ L'accident de voiture a conduit à une **paralysie** de sa jambe droite.

彼は車の事故で右脚に麻痺がある。

32 im「ない」+ pati「辛抱強い」

(s') impatienter v / v.pr いらいらさせる、辛抱できなくなる、～したくてうずうずする
impatient, e adj 忍耐力のない、待ちきれない ↔ patient
impatience nf 辛抱できないこと、待ちこがれること

□ Mon père ***s'impatiente*** de connaître le résultat de la loterie.
□ Mon père est ***impatient*** de connaître le résultat de la loterie.
□ L'**impatience** de mon père grandit avant le résultat de la loterie.

父はロトの結果を知りたくてうずうずしている。

関連語 impatiemment (adv)「待ちかねて、そわそわして」。

33 charm「魅力」（和製英語 charm point は charming feature などとしないと通じない）

charmant, e adj すてきな、かわいらしい、心ひかれる
charme nm 魅力、美しさ

□ J'aime beaucoup cette petite église au bord du lac, elle est ***charmante***.
□ J'aime beaucoup cette petite église au bord du lac, elle a beaucoup de **charme**.

私はこの湖畔にある小さな教会が大好きです、魅力にあふれていますから。

関連語 charmer (v)「魅了する、楽しませる、喜ばせる」。

34 ab「から離れて」+ tenir「保持する」→「遠ざける」

(s') abstenir v.pr （投票で）棄権する
abstention nf （選挙での）棄権

□ Beaucoup d'électeurs ***se sont abstenus*** à l'élection municipale.
□ Il y a eu un grand nombre d'**abstentions** à l'élection municipale.

多くの有権者が地方選挙を棄権した。

35 ex「外へ」+ puls「押す、押し出す」= pousser

expulser v （強制的に）退去させる、追放する
expulsion nf 強制退去、追放

□ Plusieurs policiers ***ont été expulsés*** par les manifestants.
□ Les manifestants ont procédé à l'**expulsion** de plusieurs policiers.

数人の警官はデモの参加者によって追い出された。

36 dé「下へ」+ duire「導く、運ぶ」

déduire v 差し引く、控除する、推論（演繹）する
déductif, déductive adj 演繹的な
déduction nf 差し引き、控除、推論、演繹 ↔ induction (nf)

□ Dix mille euros ***ont été déduits*** de mes droits d'auteur.
□ Il y a eu une **déduction** de dix mille euros sur mes droits d'auteur.

自分の印税のうち1万ユーロは控除された。

□ M. Dallier est bon en raisonnement ***déductif***.
□ M. Dallier est doué pour faire des **déductions**.

ダリエ氏は演繹法が得意だ。

37 ギリシア語 syntítheni「結合する」から

synthétique adj （分析に対する）総合の、統合の ↔ analytique 、合成の
synthèse nf （分析に対する）総合、合成

□ Ce résumé n'est pas très ***synthétique***.
□ Ce résumé manque de **synthèse**.

この要約はうまくまとめられていない。

□ Cette usine fabrique du caoutchouc ***synthétique***.
□ Cette usine fabrique du caoutchouc de **synthèse**.

この工場は合成ゴムを製造している。

38 nerv「糸をつむぐ」→筋肉と骨を「結ぶもの」→「神経」

nerveux, nerveuse adj 神経の、神経質な
nervosité nf 神経の高ぶり、いらだち

□ Le patient était terriblement ***nerveux***.
□ Le patient était d'une grande **nervosité**.

患者は極度の興奮状態にあった。

関連語 nerf (nm)「神経」、nerveusement (adv)「神経質に、いらだって」。

39 im「似せる」

imiter v まねる、模倣する
imitation nf 模倣

□ Mon fils ***a imité*** le cri du corbeau.
□ Mon fils a fait une **imitation** du cri du corbeau.

A 1-668
B 1-269
C 1-255
索引

息子がカラスの鳴きまねをした。

関連語 inimitable (adj)「まねのできない、比類ない」。

40 bauche「小屋」+ em「中に」意味、débaucher「小屋の外へ」→「解雇する」が反意

embaucher v （人を）雇う、採用する、職員を募集する
embauche nf 雇用、職、働き口

□ On n'*embauche* plus cette année.
□ Il n'y a plus d'embauche cette année.

今年はもう職員募集をしていません。

41 ex「外に」+ péd「足」を伸ばす

expédier v 発送する
expédition nf 発送

□ Combien ça coûte pour *expédier* ce colis vers la France ?
□ Combien coûte l'expédition de ce colis vers la France ?

この小包をフランスに発送するといくらですか?

関連語 expéditeur, expéditrice (n)「差出人、発送人」(↔ destinataire)。

42 re「再び」+ con「一緒に」+ stitue「立てる」

reconstituer v 再構成する、復元する
reconstitution nf 再構成、復元

□ Ce logiciel permet de *reconstituer* un bâtiment à partir de ses ruines.
□ Ce logiciel permet la reconstitution d'un bâtiment à partir de ses ruines.

このソフトウェアを使用すると廃墟から建物を復元することができる。

43 apt「適した」

apte adj （人、団体が）適した、能力がある
aptitude nf 素質、適正、能力

□ Le médecin du travail ne m'a pas encore déclaré *apte* à retourner au travail.
□ Le médecin du travail n'a pas encore déterminé mon aptitude à retourner au travail.

労働医は私が仕事に復帰する適性ありとまだ明言していない。

*「労働医」とは 6 年間の医学教育を受け、さらに 4 年間の産業医学教育・研修を経た専門医のことで、フランス全土で約 7000 人程度。

語形成 **apt「適した」** (s') adapter (v/v.pr)「適合させる、ちゃんと合う」(← ad「に」+「適した」)。

44　古フランス語 espes「厚い」から

épais, épaisse adj 厚い、濃い
épaissir v 厚くする、濃密にする
épaisseur nf 厚さ、厚み、濃さ

□ Ce dictionnaire est ***épais*** de 10 centimètres.
□ Ce dictionnaire a [fait] 10 centimètres d'**épaisseur**.

この辞書は厚みが 10 センチある。

＊ただし、文法的に間違ってはいないが形容詞を用いる例はあまり使われない。

□ Pouvez-vous ajouter de la crème pour ***épaissir*** cette sauce ?
□ Pouvez-vous ajouter de la crème pour augmenter l'**épaisseur** de cette sauce ?

クリームを加えてこのスープを濃くしていただけますか?

45　ambi「両方に」+ igu「動く」→「どちらとも取れる」

ambigu, ambiguë adj 曖昧（あいまい）な
ambiguïté nf 曖昧さ

□ Il est gêné par votre réponse ***ambiguë***.
□ Il est gêné par l'**ambiguïté** de votre réponse.

彼はあなたのどっちつかずの返答に困惑しています。

＊この単語は「新しい綴り」では ambigu, ambigüe / ambigüité が推奨されている。

語形成 **ambi, amph(i)「両方」**　ambivalent, e (adj)「(愛憎など) 反対感情の共存する、アンビヴァレントな、両義的な」(←「両方、2つの」+ valent「価値のある」)、amphibie (nm)「両生動物（植物)、水陸両用機」(←水陸「両方」で + ble「生きる」)。

46　ob「上に」+ sc「覆う」

obscur, e adj 暗い、不明瞭な
obscurité nf 暗さ、不明瞭さ

□ ***Obscur*** ou non, descendre au sous-sol ne lui faisait pas peur.
□ **Obscurité** ou pas, elle n'avait pas peur de descendre au sous-sol.

暗かろうとそうでなかろうと、彼女は地下に降りていくことを恐れなかった。

関連語 (s') obscurcir (v/v.pr)「暗くする、暗くなる」、obscurrément (adv)「不明瞭に、漠然と」。

47　pit「哀れみの気持ち」

pitoyable adj 哀れな、痛ましい　↔ impitoyable
pitié nf 哀れみ、憐憫

A 1-668
B 1-269
C 1-255
索引

☐ Après son divorce, M. Picard était ***pitoyable***.
☐ Après son divorce, M. Picard faisait pitié.

離婚後、ピカール氏は哀れなものだった。

関連語 pitoyablement (adv)「哀れに、惨めに、下手に」。

48 timid「恐れる」

timide adj 内気な、恥ずかしい
timidité nf 内気、臆病

☐ J'ai l'impression que la plupart des Japonais ignorent qu'ils sont ***timides***.
☐ J'ai l'impression que la plupart des Japonais ignorent leur timidité.

日本人の大半は自分が気弱であることを見過ごしている気がする。

関連語 timidement (adv)「遠慮がちに、おずおずと」。

49 in「上に」+ sult「跳ぶ」→「言葉で上から跳びかかる」

insulter v 侮辱する、ののしる
insulte nf 侮辱

☐ Il m'***a insulté(e)*** en public.
☐ Il m'a lancé des insultes en public.

彼は人前で私を侮辱した。

50 ménager「大事に扱う、準備を整える」の古形

aménager v （建物や土地などを）整備する、整える
aménagement nm 整備、改造

☐ Combien cela a-t-il coûté pour ***aménager*** ce terrain ?
☐ Combien l'aménagement de ce terrain a-t-il coûté ?

この土地の整備にどのぐらいの費用がかかりましたか?

51 動植物を「繁殖する」を意味するラテン語 propagare から

(se) propager v / v.pr 広める、普及させる、広まる、蔓延する
propagation nf 普及、伝播

☐ La Covid-19 ***s'est propagée*** en un clin d'œil.
☐ La propagation de la Covid-19 a été très rapide.

新型コロナの広がりはあっという間の出来事だった。

52 recti で「まっすぐにする、方向を定める」の意味

rectifier v 訂正する、修正する
rectification nf 訂正、修正

□ Enfin, deux correcteurs ***ont rectifié*** les petites erreurs.
□ Enfin, deux correcteurs ont procédé à la rectification des petites erreurs.

最後に、2名の校正者が細かなミスを訂正した。

53 廃語 venge「復讐する」から

(se) venger v / v.pr （人の）恨みを晴らす、復讐する
vengeance nf 復讐

□ Victor ne pense qu'à ***se venger***.
□ Victor ne pense qu'à la vengeance.

ヴィクトールは復讐のことだけを考えている。

54 mob「動く」→「動かせるもの」

meubler v 家具を備えつける
meublé, e adj 家具つきの
meublé nm 家具つきのアパルトマン

□ J'ai loué un appartement qui ***était*** déjà ***meublé*** à Paris.
□ J'ai loué un appartement ***meublé*** à Paris.
□ J'ai loué un meublé à Paris.

私はパリで家具つきのアパルトマンを借りた。

55 dé「下に」+ grad「階段」→「下がっていく」

(se) dégrader v / v.pr （建物などを）破損する、悪化する
dégradation nf 破損、破壊、悪化

□ On ***a dégradé*** un monument historique à cause d'une erreur pendant les travaux.
□ On a causé des dégradations à un monument historique en raison d'une erreur pendant les travaux.

工事作業中のミスで歴史的建造物が破損した。

□ Sans communication, il est inévitable que les relations entre ces deux pays ***se dégradent***.
□ Sans communication, la dégradation des relations entre ces deux pays est inévitable.

意思疎通がなければ両国の関係悪化は避けられない。

56 net「清潔な」(←ラテン語 nitēre「輝く」) から

nettoyer v 掃除する、清潔にする

nettoyage nm 掃除、クリーニング

☐ J'***ai nettoyé*** le grenier dimanche dernier.

☐ J'ai fait le **nettoyage** du grenier dimanche dernier.

この前の日曜に屋根裏部屋を掃除した。

☐ Veuillez ***nettoyer*** ce manteau à sec.

☐ Veuillez laver ce manteau par **nettoyage** à sec.

このコートをドライクリーニングでお願いします。

57 中期フランス語 bousser「ぶつかる」から

bousculer v ぶつかる、突き飛ばす

bousculade nf 人込み、混雑

☐ L'actrice ***a été bousculée*** par la foule à Narita.

☐ L'actrice a été prise dans la **bousculade** à Narita.

その女優は成田で人込みでもみくしゃにされた。

58 plan「平らな」+ ifi「化する」→「平面図化する」→「計画化する」

planifier v 計画化する、計画的に組織する

planification nf 計画化、スケジューリング

☐ Ce projet a besoin d'***être*** bien mieux ***planifié*** que ça.

☐ Ce projet a besoin d'une bien meilleure **planification** que ça.

このプロジェクトにはそれよりもはるかにすぐれたスケジューリングが必要だ。

関連語 planifiable (adv)「計画化し得る」、planificateur, planificatrice (adj)「計画化の、計画経済の」。

59 hum「(血液・粘液などの) 体液」→「その混ざり具合が人の性格、気質を決める」→「ユーモアのある気質」

humoristique adj ユーモアのある、ユーモラスな

humour nm ユーモア

☐ Les œuvres de cet artiste sont souvent ***humoristiques***.

☐ Les œuvres de cet artiste sont souvent pleines d'**humour**.

このアーティストの作品はしばしばユーモアにあふれている。

60 aut「本人が」+ henitique, hentic「作った」

authentique adj 本物の、真作の、真情の
authenticité nf 本物であること、真正さ、(人柄の) 誠実さ

□ L'antiquaire certifie que cette signature est ***authentique***.
□ L'antiquaire certifie l'**authenticité** de cette signature.

骨董屋はこの署名は本物だと認めている。

□ Son émotion était ***authentique***, ça nous a frappé(e)s.
□ Nous avons été frappé(e)s par l'**authenticité** de son émotion.

彼 (彼女) の心の底からの感動に私たちは心打たれた。

61 (慰めや元気づけで) ラテン語 confortāre (con「強意」+ fort「強い」) から

confortable adj 快適な、安楽な
confort nm (住居の) 快適な設備、(設備が整っていることで得られる) 快適さ

□ Nous rêvons tous d'une vie ***confortable***.
□ Nous rêvons tous de vivre dans le **confort**.

私たちは皆、快適に暮らすことを夢見ている。

関連語 confortablement (adv)「快適に、心地よく」。

62 sou「下に」+ scri「書く」(→ écrire) から

souscrire v (公債などに) 応募する、(出版物を) 予約する
souscription nf (公債などへの) 応募、申し込み、(出版物の) 予約申し込み
souscripteur, souscriptrice nf (公債などへの) 応募者、(出版物の) 予約購読者。

□ Vous pouvez ***souscrire*** à cet emprunt public demain.
□ La **souscription** à cet emprunt public sera ouverte [possible] demain.

この公債への申し込みは明日からできる。

□ Toutes les personnes qui ***souscrivent*** à notre service recevront un carnet en cuir gratuit.
□ Tous nos **souscripteurs** recevront un carnet en cuir gratuit.

ご予約いただいた方全員に革製の手帳を無料で差し上げます。

63 ラテン語 spons → sponte「意に従って、自発的に」から

spontané, e adj 自発的な、率直な
spontanéité nf 自発性、率直さ

□ Elle est ***spontanée*** et ça me plaît.

☐ Sa spontanéité me plaît.

彼女の率直さが気に入っています。

関連語 spontanément「自発的に、思わず、率直に」。

64 ラテン語 indemnis「損なわれていない」(←「否定」+ damnum「損失」)から

indemniser v 賠償(補償)する
indemnisation nf 賠償、補償
indemnité nf 補償(賠償)金、手当

☐ J'ai été licencié(e) pour motif économique, j'ai le droit d'***être indemnisé(e)***.
☐ J'ai été licencié(e) pour motif économique, j'ai le droit à une indemnisation.
☐ J'ai été licencié(e) pour motif économique, j'ai le droit à des indemnités.

経済的理由で解雇されましたが、補償を受ける権利はあります。

65 「左官、石工」(=maçon)を意味する語根 mako から

(se) maquiller v / v.pr (人に)化粧をする、化粧する ↔ (se) démaquiller
maquillage nm 化粧

☐ Les infirmières n'ont pas le droit de ***se maquiller***.
☐ Le maquillage est interdit aux infirmières.

看護師は化粧が禁止です。

66 matur「熟した、頃合いの」

mûrir v 熟す、成熟する
mûr, e adj (果物などが)熟した、(人が)成熟した
maturité nf (果物などが)熟すこと、(人の)成熟

☐ Le raisin a presque fini de ***mûrir***, les vendanges vont bientôt commencer.
☐ Le raisin est presque ***mûr***, les vendanges vont bientôt commencer.
☐ Le raisin sera bientôt à maturité, les vendanges vont bientôt commencer.

ブドウはほぼ熟しており、まもなく収穫が始まる。

☐ Mathias a besoin de ***mûrir***.
☐ Mathias n'est pas ***mûr*** pour son âge.
☐ Mathias manque de maturité pour son âge.

マティアスは年の割に成熟していない。

67 （通常より）pré「早く」+ coce（「焼く、熟させる」）

précoce adj （植物が）早く育つ、早熟な、（普通より）時期が早い

précocité nf 生育の早さ、早熟

☐ Mon fils est exceptionnellement ***précoce***, ce qui m’inquiète.

☐ Mon fils est d’une **précocité** exceptionnelle qui m’inquiète.

息子は並外れて早熟で、それが心配だ。

68 フクロウの甲高い「声」(h)uller（h は「擬音効果」のため）から

† hurler v （犬や狼が）遠吠えする、（人が）わめく、大声で言う

† hurlement nm 遠吠え、怒号

☐ Il ***a hurlé*** de douleur.

☐ Il a poussé un **hurlement** de douleur.

彼は苦痛の叫びをあげた。

☐ Dehors, j’entendais le vent qui ***hurlait***.

☐ Dehors, j’entendais le **hurlement** du vent.

外では風がうなり声をあげていた。

69 gras「厚い」（← gros の影響）

gras, grasse adj 脂肪質の、太った

graisse nf （体の）脂肪、（食用の）油、（工業用の）グリース

☐ Combien de matières ***grasses*** les ramen contiennent-ils ?

☐ Quel est le pourcentage de **graisse** dans les ramen ?

ラーメンの脂肪の含有量はどれぐらいですか？

関連語 graisser (v)「（機械などに）グリースを塗る、油をさす」。

70 hum「液体」+ ide「状態」

humide adj 湿った ↔ sec, sèche

humidité nf 湿気

☐ Il fait très ***humide*** pendant la saison des pluies.

☐ L’**humidité** est très élevée pendant la saison des pluies.

梅雨（つゆ）の間はとても湿気を帯びている。

関連語 humidificateur (nm)「加湿器」、humidifier (v)「加湿する」。

71 gros「厚い、濃い」

grossier, grossière adj 粗末な、粗野な
grossièreté nf 粗野、無作法

☐ Ses paroles et ses actes ***grossiers*** nous étonnent.
☐ La grossièreté de ses paroles et de ses actes nous étonne.

彼（彼女）の粗暴な言動にはみんな驚いている。

関連語 grossièrement (adv)「無作法に、粗雑に」。

72 ラテン語 necāre「殺す」（← nex「殺害、死」）から

(se) noyer v / v.pr 溺れさせる、溺死する、水死する
noyade nf 溺死
noyé, e n 溺死者

☐ L'année dernière, beaucoup de personnes ***se sont noyées*** dans le lac.
☐ L'année dernière, il y a eu beaucoup de noyades dans le lac.
☐ L'année dernière, il y a eu beaucoup de noyés dans le lac.

去年、その湖で大勢の人が水死した。

73 俗ラテン語 rocca から

rocheux, rocheuse adj 岩の多い
rocher nm 岩、岩礁
roche nf 岩、岩石

☐ Ce terrain est trop ***rocheux*** pour y construire une maison.
☐ Il y a trop de rochers sur ce terrain pour y construire une maison.
☐ Ce terrain est constitué de roche, on ne peut pas y construire de maison.

この土地は岩だらけでここに家は建てられない。

74 vigil「目が覚める」→「睡眠中に見張る」→「たえず警戒する」

vigilant, e adj 警戒する
vigilance nf 警戒

☐ Le voleur a pu entrer dans l'immeuble parce que le gardien n'a pas été ***vigilant***.
☐ Le voleur a pu entrer dans l'immeuble à cause du manque de vigilance du gardien.

ガードマンが警戒を怠り、泥棒がビル内に侵入した。

75 ré「再び」+ chauff「暖かさ、暑さ」

(se) réchauffer v / v.pr （冷えたものを）温め直す、（気候などが）暖かくなる
réchauffement nm （気候などが）暖かくなること、温暖化

□ Cette couverture de secours permet de ***réchauffer*** les blessés en attendant l'ambulance.

□ Cette couverture de secours permet le **réchauffement** des blessés en attendant l'ambulance.

救急車を待っている間、この緊急用毛布は負傷者を暖めてくれる。

□ Que faites-vous pour empêcher la planète de ***se réchauffer*** ?

□ Que faites-vous pour empêcher le **réchauffement** de la planète ?

地球温暖化を防ぐためにあなたは何をしていますか?

76 ré「再び」+ concile「調停する」→「対立する者を和解させる」

(se) réconcilier v / v.pr 和解させる、和解する、仲直りする
réconciliation nf 和解、仲直り

□ Ils ***se sont*** rapidement ***réconciliés***.

□ Leur **réconciliation** a été rapide.

彼らはすぐに仲直りした。

77 os「骨」(←ラテン語 ossum から)

osseux, osseuse adj 骨の、骨ばった
os nm （人や脊椎動物の）骨

□ Mon voisin a été hospitalisé pour un problème ***osseux*** à la jambe.

□ Mon voisin a été hospitalisé pour un problème des **os** de la jambe.

隣人が脚の骨に問題があって入院した。

＊魚の「骨」は arête (nf) という。

78 in「ない」+ con「十分に」+ sci「知っている」→「気づいていない」

inconscient, e adj 意識を失った、無意識の ↔ conscient, e
inconscience nf 無意識、無自覚

□ Après une opération chirurgicale, il est normal de rester ***inconscient*** quelques dizaines de minutes.

□ Après une opération chirurgicale, il est normal que l'**inconscience** se prolonge quelques dizaines de minutes.

外科手術のあと、意識を失った状態が数十分続くのはやむを得ないことです。

関連語 inconsciemment (adv)「無意識に、知らずに」。

79 fiév, fièv「熱」

fiévreux, fiévreuse adj 熱のある
fièvre nf （体温などの）熱

☐ Mon fils est ***fiévreux*** depuis ce matin.
☐ Mon fils a de la **fièvre** depuis ce matin.

息子は今朝から熱っぽい。

＊fièvre は「体温」や「（病気の）熱」を指す。物体の「熱」には chaleur (nf)（☞ B-165）を用いる。

80 「牛のチーズ」boutyron（ギリシア語）から

beurrer v バターをぬる
beurre nm バター

☐ Tu ***as beurré*** le moule à gâteau ?
☐ Tu as mis du **beurre** dans le moule à gâteau ?

ケーキの押し型にバターは塗った?

81 古典ラテン語 ōs, ōris「口」から

oral, e adj 口頭の
oral nm 口述試験 ↔ écrit

☐ Ophélie a échoué à l'examen ***oral***.
☐ Ophélie a échoué à l'**oral**.

オフェリは口述試験に落ちた。

82 古フランス語 mu「口がきけない」（ラテン語 mūtus）から

muet, muette adj 無言の、黙り込んだ、口のきけない
mutisme nm 無言、沈黙

☐ Marc est ***muet*** de naissance.
☐ Marc souffre de **mutisme** depuis sa naissance.

マルクは生まれつき口がきけない。

83 o「反対方向に」+ mettre「置く、送る」→「入れない、抜かす」

omettre v （故意にあるいは不注意で）抜かす、言い（書き）落とす、省く

omission nf 言い（書き）落とし、欠落、省略

□ Un certain nombre de choses ***a été omis*** dans ses commentaires.

□ Il y avait un certain nombre d'omissions dans ses commentaires.

彼（彼女）のコメントにはいくつもの言い落としがあった。

84 （よく通る）route「道」→「決まった道筋」→「型にはまったこと」

routinier, routinière adj 慣例に従った、ルーチンの

routine nf 型にはまった行動、習慣的行為、ルーチン

□ Ma vie est ***routinière***, mais ça me plaît.

□ Je vis dans la routine, mais ça me plaît.

私の暮らしはマンネリ化していますが、そこが気に入っています。

85 ré「再び」+ nov「新しい」

rénover v （建物などを）改修する

rénovation nf 改修、改装

□ Quand ***avez***-vous ***rénové*** votre maison ?

□ De quand date la rénovation de votre maison ?

自宅をいつ改修しましたか?

86 médi「中間の」

médiocre adj （質・量ともに）並以下の、平凡な、つまらない

médiocrité nf （質・量ともに）並以下、平凡、凡庸

□ Il a eu une fin de vie ***médiocre***.

□ Il a passé la fin de sa vie dans la médiocrité.

彼は晩年平凡な暮らしを送った。

関連語 médiocrement (adv)「並以下に、平凡に」。

87 in「ない」+ différent「違い」→「違いが生じない」→「重要事以外は関心がない」

indifférer v （事柄が人の）関心をひかない、どうでもいい

indifférent, e adj 関心がない、どうでもいい

indifférence nf 無関心 ↔ intérêt (nm)

☐ Ce problème ***indiffère*** complètement les résidents.
☐ Les résidents sont complètement ***indifférents*** à ce problème.
☐ Les résidents ont la plus complète **indifférence** pour ce problème.

居住者はその問題にまったく関心がない。

☐ Il est impossible d'être ***indifférent*** à cette question.
☐ On ne peut pas montrer de l'**indifférence** à l'égard de cette question.

人はこの問題に無関心ではいられない。

88　ラテン語 pulvis「ほこり、粉末」(「ほこり」の語義は poussière に継承される)

(se) poudrer **v / v.pr** 粉をふる、顔にパウダーをつける
poudreux, poudreuse **adj** 粉状の
poudre **nf** 粉、パウダー

☐ La petite fille ***s'est poudrée*** pour la première fois.
☐ La petite fille s'est mis de la **poudre** pour la première fois.

少女が初めて顔におしろいをつけた。

☐ Si la pâte est trop ***poudreuse***, ajoutez du lait.
☐ Si la pâte ressemble à de la **poudre**, ajoutez du lait.

生地が粉っぽすぎる場合には牛乳を加えてください。

89　mé「否定」+ content「満足な」

mécontent, e **adj** 不満な、不平を抱く ↔ content, e
mécontentement **nm** 不平、不満

☐ Les ouvriers ***mécontents*** ont décidé de se mettre en grève.
☐ Les ouvriers ont décidé de se mettre en grève pour exprimer leur **mécontentement**.

不満をもった労働者たちはストライキをすると決めた。

関連語 mécontenter (v)「(人に) 不満を抱かせる」。

90　ラテン語 reciprocus「行ったり来たり、相互の」

réciproque **adj** 相互の
réciprocité **nf** 相互性

☐ J'apprécie votre amitié et je vous assure qu'elle est ***réciproque***.
☐ J'apprécie votre amitié et vous pouvez compter sur sa **réciprocité**.

友情に感謝します、そして同じ友情で私があなたにお応えすることを請け合います。

関連語 réciproquement (adv)「互いに、相互に」。

91 中世ラテン語 ratificare（← ratus「定まった」+ facere「する」」）から

ratifier v 批准する、承認する

ratification nf 批准、承認

□ Il n'est pas urgent de ***ratifier*** ce traité.

□ La ratification de ce traité n'est pas urgente.

この条約の批准は急がなくてよい。

92 dé「離れて」+ tendre「張る」

(se) détendre v / v.pr （張っていたものを）ゆるめる、ゆるむ、くつろぐ

détente nf くつろぎ、息抜き

□ Je n'ai pas un moment pour ***me détendre***.

□ Je n'ai pas un moment de détente.

くつろぐ時間がありません。

関連語 détendu, e (adj)「くつろいだ、リラックスした」。

93 ラテン語 a + djacêre（←「横たわる」: 原義「人の傍の空いた場所」→「安らぎ」）から

aisé, e adj （行動が）自然な、容易な、（暮らしが）ゆとりのある

aisance nf （行動の）自然さ、容易さ、（暮らしの）ゆとり

□ La famille Abélard est connue dans le village pour être ***aisée***.

□ La famille Abélard est connue dans le village pour son aisance.

アベラール家は余裕のある暮らしぶりで村では知られている。

関連語 aise (nm)「気楽、くつろぎ」、aisément (adv)「たやすく、安楽に」。

94 ban「召喚状」(封建時代に強制的な賦役は日常茶飯) →「平凡な」

banal, e adj 平凡な、ありふれた、月並みな

banalité nf 平凡さ、陳腐 ↔ originalité (nf)

□ L'histoire de ce roman est très ***banale***.

□ L'histoire de ce roman est d'une grande banalité.

この小説の筋書きはひどくありふれている。

関連語 banalisation (nf)「一般化、大衆化」、banalement (adv)「平凡に、月並みに」。

95 俗ラテン語 piscāre（← piscis「魚」）から

pêcher v （魚などを）釣る、釣りをする

pêche nf 魚釣り

☐ Je vais ***pêcher*** en mer avec mon ami Pierre.

☐ Je vais à la pêche en mer avec mon ami Pierre.

友人のピエールと海釣りに行きます。

＊辞書に載っているように「釣りをする」は pêcher à la ligne とも表現するが、これは竿を投げる釣り（キャスティング）ではなく、通常、糸や網を垂らした状態にする釣り（トローリングやドラッギング）をいう。

関連語 pêcheur, pêcheuse (n)「漁師、釣り人」。

96 tremb「震える」

trembler v 震える、振動する

tremblant, e adj 震える

tremblement nm 震え

☐ Ils ***tremblaient*** trop de froid pour pouvoir dormir.

☐ Ils étaient trop ***tremblants*** de froid pour pouvoir dormir.

☐ Leurs tremblements de froid les ont empêchés de dormir.

彼らは寒すぎて震えて眠れなかった。

関連語 trembloter (v)「かすかに震える、小刻みに震える」。

97 fur「激怒」

furieux, furieuse adj 激怒した、怒り狂った

fureur nf （激しい）怒り

☐ Je ne comprends pas pourquoi le restaurateur était ***furieux***.

☐ Je ne comprends pas la fureur du restaurateur.

どうしてレストランの経営者が激怒したのかわからない。

関連語 furieusement (adv)「猛然と、憤然として、はなはだしく」、furie (nf)「狂乱、たけり狂うこと」。

古プロヴァンス語 gai「愉快な」から
98 （→ 1930 年代の刑務所内の俗語から広がった英語 gay「同性愛の」もここから）

égayer v 陽気にする

gai, e adj 陽気な、愉快な、（色や場所が）明るい

gaieté nf 陽気さ、上機嫌、（色や場所の）明るさ

☐ Le champagne les ***a égayé(e)s***.

☐ Le champagne les a rendus ***gai(e)s***.

☐ Le champagne leur a apporté de la gaieté.

シャンパンで彼ら（彼女たち）は陽気になった。

☐ La journée sportive était très ***gaie***.

□ La journée sportive était pleine de gaieté.

スポーツデー（スポーツのイヴェント）はとても楽しかった。

関連語 gaiement (adv)「陽気に、張り切って」。

99 rude「生の」→「野趣な、粗野な」

rude adj （人や性格などが）粗野な、骨の折れる
rudesse nf 粗野なこと、厳しさ

□ L'hiver a été ***rude***, ce qui a surpris tout le monde.
□ La rudesse de l'hiver a surpris tout le monde.

誰もが驚く厳しい冬だった。

関連語 rudement (adv)「手荒に、手厳しく」（この単語は日常会話では très「非常に」の意味でも使われる）。

100 re「再び」+ pli「折る」

(se) replier v / v.pr （広げたものを）折り畳む、撤退（後退）する
repli nm 折り返し、（景気などの）後退、（軍の）撤退

□ Le capitaine a ordonné aux troupes de ***se replier***.
□ Le capitaine a ordonné le repli des troupes.

隊長は軍隊に撤退を命じた。

101 sal, sel「塩」

saler v 塩味をつける
salé, e adj 塩気のある、塩辛い
sel nm 塩

□ N'oubliez pas de ***saler*** le sauté de veau avant de servir.
□ N'oubliez pas de mettre du sel dans le sauté de veau avant de servir.

食卓に出す前に、子羊のソテーに塩をするのを忘れずに。

□ La soupe à la tomate est trop ***salée***.
□ Il y a trop de sel dans la soupe à la tomate.

そのトマトスープは塩がききすぎだ。

102 （中心から）radi(o)「放射状に出るもの」（← ラテン語 radius「（車輪の中心から出ている）スポーク」）

radioactif, radioactive adj 放射性の
radioactivité nf 放射能

A 1-668
B 1-269
C 1-255
索引

☐ La contamination ***radioactive*** dans cette région est très grave.

☐ Cette région est fortement contaminée par la radioactivité.

この地域はひどく放射能に汚染されている。

語形成 **radi「放射」** radiateur (nm)「ヒーター、（自動車の）ラジエーター」（←熱を「放射」するもの）、radieux, radieuse (adj)「光り輝く、晴れやかな」（←光を「放射」するような）。

103　naïve「生まれながらの」

naïf, naïve adj お人好しな

naïveté nf お人好し、ばか正直

☐ Je ne peux pas croire à quel point elle a été ***naïve***.

☐ Je ne peux pas croire sa naïveté.

彼女のお人好しぶりが信じられない。

関連語 naïvement (adv)「ばか正直に、無邪気に」。

104　「航行する」を意味するラテン語 nāvigāre（← nâvis「船」）から

nager v 泳ぐ

nage nf 泳ぐこと

natation nf 水泳

nageur, nageuse n 泳ぎ手、スイマー

☐ ***Nager*** est la passion de mon fils.

☐ La nage est la passion de mon fils.

☐ La natation est la passion de mon fils.

水泳は私の息子が打ちこんでいるものです。

☐ Ma fille ***nage*** bien.

☐ Ma fille est (une) bonne nageuse.

娘は泳ぎがうまい。

＊上記の例文で nager を使うと「（遊泳）能力」に、nageur, se なら「人物」にポイントが置かれる。なお、nager は「泳ぐ」動作を指すが、「（本格的に泳ぐのでなく）海水浴に行く」といった意味なら aller se baigner à la mer といった言い方をする。

105　イタリア語 recolta（← ré「再び」+ colte「集める」）から

récolter v 収穫する

récolte nf 収穫

☐ Les villageois ***récoltent*** les champignons en automne.

☐ Les villageois font la récolte des champignons en automne.

村人たちは秋にきのこの取り入れをする。

106 néant「無」+ a「移行」する

anéantir v 全滅させる
anéantissement nm 全滅

□ La ville de Pompéi ***fut anéantie*** par l'éruption du Vésuve en 79.
□ L'**anéantissement** de Pompéi fut causé par l'éruption du Vésuve en 79.

西暦 79 年、ヴェスヴィオ火山の噴火によりポンペイの街は壊滅した。

＊歴史的な叙述なので直説法単純過去 passé simple を採用した。

107 sub「下の」+ tile「織物」→「細やかな織物」

subtil, e adj 精緻な、巧みな
subtilité nf 精緻さ、巧妙さ

□ Son analyse économique ***subtile*** a été très appréciée du public.
□ Son analyse économique d'une grande **subtilité** a été très appréciée du public.

彼（彼女）の精緻な経済分析は聴衆からとても高く評価された。

関連語 subtilement (adv)「繊細に、巧妙に」。

108 é「外へ」+ vader「行く」

(s') évader v / v.pr （閉じ込められている場所から）逃げ出す、抜け出す
évasion nf 脱走、脱獄

□ Trois prisonniers ont tenté de ***s'évader*** de la prison.
□ Il y a eu une tentative d'**évasion** de trois prisonniers à la prison.

3 人の囚人が刑務所から逃げ出そうと試みた。

関連語 évadé, e (n)「脱走者、脱獄者」。

109 ironi「無知を装う」→「知らないふりをして気持ちと反対のことを言う」

ironiser v 皮肉を言う
ironique adj 皮肉な
ironie nf 皮肉

□ Ce journaliste ***ironise*** souvent dans ses articles, c'est inacceptable.
□ Ce journaliste est souvent ***ironique*** dans ses articles, c'est inacceptable.
□ Ce journaliste écrit souvent ses articles avec **ironie**, c'est inacceptable.

この記者はたびたび皮肉を込めた記事を書いているが、それは容認しがたい。

関連語 ironiquement (adv)「皮肉に、皮肉を込めて」。

110 ラテン語 placēre「和らげる」→「(人の心を) 和らげるもの」

plaisanter v 冗談を言う
plaisanterie nf 冗談

☐ Tu ***plaisantes*** !

☐ C'est une **plaisanterie** !

冗談でしょ（まさか）！

111 re「再び」+ passer「通る」

repasser v アイロンをかける
repassage nm アイロンがけ

☐ Ma mère était douée pour ***repasser*** les pantalons.

☐ Ma mère était douée pour le **repassage** des pantalons.

母はズボンにアイロンをかけるのが得意だった。

112 dis「分離して」+ solute「溶く」→「溶かす」

(se) dissoudre v / v.pr 溶解させる、(法的に) 解散する、溶ける
dissolution nf 溶解、解体、解散

☐ Le sucre ***se dissout*** rapidement quand vous le mettez dans l'eau chaude.

☐ La **dissolution** du sucre dans l'eau chaude est rapide.

砂糖を湯に入れるとすぐに溶ける。

☐ Qui est-ce qui a décidé de ***dissoudre*** notre association ?

☐ Qui a décidé la **dissolution** de notre association ?

私たちの協会の解散を誰が決めたのですか?

113 ラテン語 pallidus「青白い、青ざめた」から

pâle adj (顔色などが) 青白い、青ざめた
pâleur nf (顔色などの) 青白さ、(光の) 弱さ

☐ J'aime le ciel ***pâle*** avant le lever du soleil.

☐ J'aime la **pâleur** du ciel avant le lever du soleil.

日が昇る前の薄明が好きです。

関連語 pâlir (v) 「(人が) 青ざめる、色あせる、(光が) 弱まる」。

114 im「ない」+ mobile「動かせる」

immobile adj 動かない、不動の ↔ mobile
immobilité nf 不動、不動の状態

□ Le mime faisait la statue et était complètement ***immobile***.

□ Le mime faisait la statue et était d'une immobilité parfaite.

パントマイミスト（パントマイムをする人）は彫像のふりをしてまったく動かなかった。

関連語 (s') immobiliser (v.pr)「（人や物が）動かなくなる」。

115 俗ラテン語 tacca から

tacher v 染みをつける
tache nf 染み、汚れ

□ J'***ai taché*** ma chemise par inadvertance.

□ J'ai fait une tache sur ma chemise par inadvertance.

うっかりシャツに染みをつけてしまった。

116 後期ラテン語「抗弁する」contrāriāre から

contrarier v （逆らって）不愉快にさせる、いらだたせる
contrariété nf （反対や障害を前にした）不愉快さ、いらだち

□ Ces rumeurs ennuyeuses les ***ont contrariées***.

□ Ces rumeurs ennuyeuses leur ont causé des contrariétés.

こうした迷惑な噂に彼女たちはむっとなった。

117 frustr「失望させる」

frustré, e adj 欲求不満の
frustration nf 欲求不満 ↔ satisfaction (nf)

□ N'ayant pas pu obtenir l'aide de ses voisins, elle se sentait ***frustrée***.

□ N'ayant pas pu obtenir l'aide de ses voisins, elle éprouvait de la frustration.

近所の協力を得られなかったせいで、彼女はフラストレーションを感じていた。

118 initi「中に入る」→「始める」

(s') initier v / v.pr 手ほどきをする、（à の）初歩を学ぶ
initiation nf （à の）手ほどき、入門

□ Je ***me suis initié(e)*** au breton à l'université.

□ J'ai suivi un cours d'initiation au breton à l'université.

大学でブルトン語の初歩を学んだ。

119 ガリア語 bawa から

boueux, boueuse **adj** 泥だらけの

boue **nf** 泥

□ Le chemin vers ce château était ***boueux***.

□ Le chemin vers ce château était plein de boue.

あの城へ向かう道は泥だらけだった。

120 clair「明るい」

(s') éclaircir **v / v.pr** 明るくする ↔ assombrir、解明する、明るくなる、明らかになる

éclaircie **nf** 雲の切れ間、晴れ間

éclaircissement **nm** （謎や事件についての）説明、解明、釈明

□ Pendant un bref moment, le temps ***s'est éclairci***.

□ Il y a eu une brève éclaircie.

ほんの少しの間、晴れ間がでた。

□ L'avocat nous a donné quelques explications pour ***éclaircir*** cette affaire.

□ L'avocat nous a donné quelques éclaircissements sur cette affaire.

弁護士はその事件について幾つかの説明をしてくれた。

121 （液体などの）vers「（方向や状態を）変える、向かう」

verser **v** 注ぐ、（金を）払い込む

versement **nm** 払い込み、支払い

□ Je vous ***ai versé*** la somme sur votre compte.

□ J'ai procédé au versement de la somme sur votre compte.

あなたの口座にお金を払い込みました。

*「銀行への振込（送金）」の意味では、広く「払い込み」を意味する versement（←現金での送金も含む）よりも、現在では virement (nm)「電信送金」の方がよく使われる。

語形成 **vers「向かう」** conversation (nf)「会話」（← con「一緒に」+「向かう」→「共に向き合って言葉を交わす」）、controverse (nf)「（学問上の）論争、反論」（← contro「逆に」+「向ける」→「背中合わせで言葉が向かう」）。

122　語源は不詳だが、chat「猫のような鳴き声をあげて」+ griner「歯ぎしりする」からとの考えがある

chagriner v 悲しませる、困らせる

chagrin nm 悲しみ、苦しみ

□ Vos remarques sans cœur nous ***chagrinent***.

□ Vos remarques sans cœur nous causent du **chagrin**.

あなたの心ない発言は私たちを悲しませている。

* causer du chagrin à qqn で「人を悲しませる」の意味。Vos remarques sans cœur nous rendent tristes. といった言い換えもできる。

123　古ノルド語（北欧語）skîth → ノルウェー語 ski を経て

skier v スキーをする

ski nm スキー

□ Tu sais ***skier*** ?

□ Tu sais faire du **ski** ?

スキーができるの？

関連語「スキーヤー」は skieur, skieuse (n) という。

124　ギリシア語 meteõrología「気象学」から

météorologique adj 気象の

météo nf 天気予報

□ Avec le développement de l'IA, la précision des prévisions ***météorologiques*** s'est nettement améliorée.

□ Avec le développement de l'IA, la précision du bulletin de la **météo** s'est nettement améliorée.

AI の発達のおかげで、天気予報の精度は明らかに改善された。

* ただし、bulletin de la météo「天気予報」は météo を形容詞として使い、bulletin météo とする方が日常的な言い回し。

関連語 météorologie (nf)「気象学」。

125　baba「子どもおしゃべりの声」（擬音）→ bave「よだれ、口からの泡」

bavarder v （長々と）しゃべる、気軽に話す

bavardage nm おしゃべり、無駄話

□ Arrêtez de ***bavarder***.

□ Arrêtez ce **bavardage**.

おしゃべりはやめてください。

A 1-668
B 1-269
C 1-255
索引

＊bavard, e は「おしゃべりな」という形容詞であり「おしゃべりな人」という名詞にもなる。moulin (nm)「風車」を用いて un moulin à paroles「とめどなく話す人」という言い方もある。

□ Les lycéens ont continué à ***bavarder***, ce qui a mis le directeur en colère.

□ Le **bavardage** continu des lycéens a mis le directeur en colère.

リセの生徒がしゃべり続けていたので校長は怒り出した。

126 後期ラテン語 balneāre「水浴する」(←イタリア語「水浴の、海水浴の」)

(se) baigner **v / v.pr** 水浴させる、(本格的に「泳ぐ nager」わけではないが) 海水浴する

baignade **nf** 水浴

□ À cause de la pollution, il est interdit de ***se baigner*** dans ce lac.

□ À cause de la pollution, la **baignade** est interdite dans ce lac.

汚染のせいでこの湖は遊泳禁止だ。

＊「遊泳禁止」という掲示は « Baignade interdite » となる。

関連語 bain (nm)「入浴、(海) 水浴」。

127 dé「離れる」+ ménage「滞在するところ、住居」

déménager **v** 引っ越す ↔ emménager

déménagement **nm** 引越し、移転

□ Je suis triste depuis qu'un de mes amis ***a déménagé*** à Osaka.

□ Je suis triste depuis le **déménagement** d'un de mes amis à Osaka.

友人の一人が3日前に大阪に越してから悲しい思いでいます。

関連語 déménageur, déménageuse (n)「引越し業者」。

128 dif「分離」+ fér「運ぶ」→「別に運ぶ」

différencier **v** 区別する

différenciation **nf** 区分、分化

□ Cette analyse chimique a permis de ***différencier*** exactement les deux médicaments.

□ Cette analyse chimique a permis de faire la **différenciation** exacte entre ces deux médicaments.

この化学分析により正確に 2 つの薬剤を区別することができた。

129 ray「車輪のスポーク」

rayer v 線を引く、削除する
rayé, e adj 線入りの、縞（しま）のある
raie nf （多くは複数で）縞（しま）、ストライプ
rayure nf （多くは複数で）縞（しま）、ストライプ、引っかき傷

□ Quelqu'un ***a rayé*** ma voiture.
□ Quelqu'un a fait une rayure sur ma voiture.

誰かが私の車に傷をつけた。

□ Pourquoi les zèbres sont-ils ***rayés*** ?
□ Pourquoi les zèbres ont-ils des raies ?
□ Pourquoi les zèbres ont-ils des rayures ?

どうしてシマウマには縞模様があるのですか?

130 en「中に」+ chaîne「鎖」

(s') enchaîner v / v.pr 鎖でつなぐ ↔ déchaîner、（論理的に）つながる
enchaînement nm 連鎖、脈絡

□ Les parties de son exposé ***s'enchaînent*** mal.
□ L'enchaînement des parties de son exposé est malhabile.

彼（彼女）の研究発表の部分部分がうまくつながっていない。

関連語 chaîne (nf)「鎖、連鎖」。

131 ラテン語 mollis「やわらかい」から

mou (mol), molle adj やわらかい、ふやけた ↔ dur, e
mollesse nf やわらかさ

□ J'aime ce matelas ***mou***.
□ J'aime la mollesse de ce matelas.

このマットレスのやわらかさが好きです。

＊名詞 mollesse は「無気力」という意味合いでもよく使われる。

132 古フランス語 seit（ラテン語 sitis「喉の渇き」に相当）から

assoiffé, e adj 喉の渇いた
soif nf （喉の）渇き

□ Est-ce que tu as quelque chose à boire ? Je suis ***assoiffé(e)*** !
□ Est-ce que tu as quelque chose à boire ? J'ai très soif !

何か飲み物はある？ すごく喉が渇いた！

＊Je meurs de soif ! あるいは J'ai grand soif !などともいう。

133 ob「近くに」+ sess「座る」→「そばに居座り取りつく」

obséder v （思い出や考えが人に）つきまとう、取りつく
obsession nf 強迫観念 = idée obsessionnelle、妄想

□ L'idée de gagner le prix Akutagawa l'***obsède***.

□ Gagner le prix Akutagawa est son **obsession**.

彼（彼女）は芥川賞を取るという思いに取りつかれている。

関連語 obsessionnel, obsessionnelle (adj)「心につきまとう、強迫的な」。

134 ラテン語 amāre「愛する」

aimable adj 愛想がいい、親切な
amabilité nf 愛想のよさ、親切さ

□ La propriétaire de l'auberge japonaise où je suis resté(e) s'est montrée très ***aimable***.

□ La propriétaire de l'auberge japonaise où je suis resté(e) a montré une grande **amabilité**.

私が滞在した旅館の女将はとても愛想のいいところを見せた。

＊「客あしらいのよい旅館」auberge japonaise accueillante といった言い回しでも表現できる。

関連語 aimablement (adv)「愛想よく、丁重に、親切に」。

135 古フランス語 avoer「告白する」から

avouer v （正直に）認める、告白する
aveu nm （罪や過ちの）告白、（複数で）自白 ↔ désaveu

□ Le juge écoutait avec attention ce qu'elle ***a avoué***.

□ Le juge écoutait avec attention ses **aveux**.

裁判官は彼女の自白を注意深く聞いていた。

136 古ノルド語 heimta「家に連れて行く」から

† hanter v （観念などが）取りつく、つきまとう、（幽霊などが）出る
† hantise nf 強迫観念、妄想

□ Il ***est hanté*** par les persécutions qu'il a subies de la part de ses camarades de classe.

☐ La hantise des persécutions infligées par ses camarades de classe le poursuit.

同級生たちから受けたいじめが彼の頭から離れない。

137 tri「3」

tripler v 3倍にする、3倍になる

triple nm 3倍

☐ Le chiffre d'affaires ***a triplé*** depuis 2010.

☐ Le chiffre d'affaires actuel est le triple de celui de 2010.

現在の売上高は 2010 年の 3 倍です。

138 jal「嫉妬」+ oux（に）「富む」

jalouser v ねたむ、うらやむ

jaloux, jalouse adj 嫉妬深い、ねたんでいる

jaloux, jalouse n 嫉妬深い人

jalousie nf 嫉妬（心）、ねたみ

☐ Il aime me créer des problèmes parce qu'il me ***jalouse***.

☐ Il aime me créer des problèmes parce qu'il est ***jaloux*** de moi.

☐ Il aime me créer des problèmes par jalousie.

彼はねたみから私にとって厄介なことを引き起こすのが好きだ。

☐ Sa femme est très ***jalouse***.

☐ Sa femme est une affreuse jalouse.

☐ Sa femme est d'une jalousie féroce.

彼の奥さんはひどく嫉妬深い。

139 ラテン語 pilus「毛」から

poilu, e adj 毛の生えた、毛深い

poil nm 体毛

☐ Le professeur de sport a les bras très ***poilus***.

☐ Le professeur de sport a les bras couverts de poils.

その体育教師は腕がとても毛深い。

*「体育教師」は professeur d'EPS とも呼ばれる。

A 1-668
B 1-269
C 1-255
索引

140　　擬音 murmur →「ぶつぶつ言う」murmurāre

murmurer v ささやく、つぶやく、不平を言う
murmure nm ささやき、つぶやき

□ J'entends ***murmurer*** au fond du couloir.
□ J'entends des **murmures** au fond du couloir.

廊下の奥からささやく声が聞こえてくる。

関連語 murmurant, e (adj)「（風などが）ざわめく、ぶつぶつ不平を言う」。

141　　é「外に」+ lég「選ぶ」→「選び抜かれた」

élégant, e adj 趣味のいい、上品な、気品のある
élégance nf 趣味のよさ、上品、気品

□ Les manières de cette actrice sont vraiment ***élégantes***.
□ Les manières de cette actrice sont d'une grande **élégance**.

あの女優の身のこなしは実にエレガントだ。

関連語 élégamment (adv)「優美に、手際よく」。

142　　vrai「真」+ semble「らしい」

vraisemblable adj 本当らしい、ありそうな
vraisemblance nf 本当らしさ、信憑性

□ Il est ***vraisemblable*** qu'elle réussira l'examen.
□ Selon toute **vraisemblance**, elle réussira l'examen.

彼女は十中八九試験に合格するだろう。

関連語 vraisemblablement (adv)「たぶん、おそらく」、invraisemblable (adj)「本当らしくない」、invraisemblance (nf)「本当らしくないこと」。

143　　古フランス語 bousche「（馭者などが馬の腹をこする）わらの束」→「居酒屋の看板にも使われた（酒屋の目印）」から

boucher v 栓をする、ふさぐ
bouchon nm （コルク栓のような差し込み式の）栓

□ N'oublie pas de ***boucher*** la bouteille après t'être servi.
□ N'oublie pas de mettre le **bouchon** sur la bouteille après t'être servi.

使用後、ボトルに栓をするのを忘れないで。

関連語 tire-bouchon (nm)「ワインの栓抜き」。ちなみに、ビール瓶の「王冠」を抜くような「栓抜き」は décapsuleur (nm) という。

144 古フランス語 ore「風」から

orageux, orageuse adj 雷雨（嵐）が来そうな
orage nm 雷雨、（雷をともなう）にわか雨

□ Le temps est ***orageux***.
□ Le temps est à l'**orage**.

今にも雷雨になりそうだ。

* L'orage menace. あるいは Il va y avoir de l'orage. と書くこともできる。

関連語 orageusement (adv)「嵐のように、激しく」。

145 clim「傾き」→「赤道から両極への傾きで生じる天候の変化」→「温度調整する」

climatisé, e adj 空調設備のある
climatisation nf 空気調整、エアコンディショニング

□ Cette salle de sport est mal ***climatisée***.
□ La **climatisation** de cette salle de sport fonctionne mal.

このスポーツジムはエアコンの効きが悪い。

* 会話では la clim「空調」と略して使われることが多い。

関連語 climatiser (v)「エアコンを設置する」、climatiseur (nm)「エアコン」。

146 st(atu)「静止、固定」（← station「立っていること」が原義）

stationner v 駐車する
stationnement nm 駐車

□ Est-il interdit de ***stationner*** dans cette rue ?
□ Le **stationnement** est-il interdit dans cette rue ?

この道路は駐車禁止ですか?

* station =「（地下鉄の）駅」だけでは単純すぎる。station は「立っていること」が原義で、「タクシー乗り場」（= station de taxis）、「ラジオの放送局」station de radio、「セルフサーヴィスのガソリンスタンド」station libre-service、「温泉、湯治場」station thermale などもその範疇だからだ。

147 ラテン語 habilis「扱いやすい」（← habêre「持つ」）から

habile adj （人が）器用な、巧みな、抜け目のない
habileté nf うまさ、器用さ = dextérité (nf)

□ Elle est incroyablement ***habile*** de ses mains.
□ Son **habileté** manuelle est incroyable.

彼女の手先の器用さは信じられないほどだ。

□ Ce magicien est ***habile*** à manipuler le public.

☐ Ce magicien manipule le public avec **habileté**.

このマジシャンは観客を巧みに操ります。

関連語 habilement (adv)「巧みに、手際よく」。

148 mal「悪、非、下手」+ adroit「器用な」

maladroit, e **adj** 下手な、不器用な、軽率な、（対人関係で）不手際な

maladresse **nf** 不器用さ、不手際、失敗

☐ Tu as été très ***maladroit(e)*** avec Manon.

☐ Tu as été d'une grande **maladresse** avec Manon.

君はマノンに対してとても不用意だった。

関連語 maladroitement (adv)「不器用に、軽率に、不用意に」。

語形成 **mal「悪、不良」（形容詞を作る）** malheureux, malheureuse「不幸な、残念な」、malhabile「下手な、不器用な」、malhonnête「不正直な、不誠実な」、malorodant, e「悪臭を放つ」。

語形成 **mal「悪の、不良の」（名詞を作る）** maladie (nf)「病気」、malchance (nf)「不運、不幸」、malformation (nf)「奇形」、malnutrition (nf)「栄養不良」、maltraitance (nf)「虐待、いじめ」。

149 イタリア語 doccia「シャワー」から

(se) doucher **v / v.pr** シャワーをかける（浴びさせる）、シャワーを浴びる

douche **nf** シャワー

☐ Ma sœur ***se douche*** toujours avant de se coucher.

☐ Ma sœur prend toujours une **douche** avant de se coucher.

姉（妹）は就寝前にいつもシャワーを浴びる。

150 ラテン語 tonāre「雷鳴がとどろく」から

tonner **v** 雷が鳴る

tonnerre **nm** 雷鳴

☐ On a entendu ***tonner*** près du sommet de la montagne.

☐ On a entendu des coups de **tonnerre** près du sommet de la montagne.

山頂付近で雷鳴が聞こえた。

151 vulg「民衆、一般大衆」

vulgaire **adj** 下品な、俗悪な

vulgarité **nf** 下品さ、俗悪

☐ Son langage est extraordinairement ***vulgaire***.

☐ La vulgarité de son langage est incroyable.

彼（彼女）の言葉遣いの下品さはひどいものだ。

関連語 vulgairement (adv)「俗悪に、下品に」。

152 オランダ語 balg「ケース」の音位転倒で「たばこ入れ」→「空っぽのもの」

blaguer v でたらめを言う、冗談を言う
blague nf 嘘、でたらめ、冗談

☐ Bastien n'arrête pas de ***blaguer***.

☐ Bastien n'arrête pas de dire des blagues.

バスチァンは冗談をやめない。

関連語「でたらめを言う人、冗談好きな人」は blagueur, blagueuse (n) という。なお、「冗談ですよ!」なら C'est une blague ! とか C'est pour rire ! といった言い方をする。

153 in「中に」+ ject「投げる」→「注入する」

injecter v 注射する、（予算などを）投入する
injection nf 注射、（資本力などの）投入

☐ Le médecin lui ***a injecté*** quelque chose contre la douleur.

☐ Le médecin lui a fait une injection contre la douleur.

医者は彼（彼女）の痛みに効くものを注射した。

☐ Le gouvernement a décidé d'***injecter*** un milliard d'euros dans l'économie pour combattre la récession.

☐ Le gouvernement a décidé l'injection d'un milliard d'euros dans l'économie pour combattre la récession.

政府は不況と戦うために経済に 10 億ユーロを投入することを決定した。

関連語 injectable (adj)「注射（注入）できる」、injecteur (nm)「注射器、注入器」。

154 イタリア語 carezza「愛撫」（← caro「愛すべき」）から

caresser v 愛撫する、なでる
caressant, e adj 愛撫する、愛撫されるのが好きな
caresse nf 愛撫

☐ Mon chat aime ***être caressé*** auprès du feu le soir.

☐ Mon chat est ***caressant*** auprès du feu le soir.

☐ Mon chat aime les caresses auprès du feu le soir.

うちの猫は夕方に暖炉の火のかたわらで撫でられるのが好きです。

155 loc「場所」+ al「に関する」

(se) localiser v / v.pr 位置を突き止める、局地化する
localisation nf 位置を突き止めること、位置決定

☐ Ma voiture est équipée d'un GPS qui me permet de la ***localiser*** en cas de vol.
☐ Ma voiture est équipée d'un GPS pour permettre sa **localisation** en cas de vol.

車には GPS が装備されているので、盗難の際に位置を突きとめられます。

156 フランス語 laip「不快な」から

laid, e adj 醜い、(行為が) 見苦しい、卑劣な
laideur nf 醜さ ↔ beauté 、卑劣さ

☐ Que ce gratte-ciel est ***laid*** !
☐ Ce gratte-ciel est d'une **laideur** !

あの高層ビルはなんとも醜悪だ!

☐ J'étais dégoûté(e) par ses actions ***laides***.
☐ J'étais dégoûté(e) par la **laideur** de ses actions.

私は彼（彼女）の見苦しい行動に嫌気がさした。

関連語 (s') enlaidir (v/v.pr)「醜くする、醜くなる」(↔ embellir)。

157 tu や toi を用いて話す

(se) tutoyer v / v.pr tu を用いて話す ↔ vouvoyer、互いに tu で話す
tutoiement nm tu を用いた話し方

☐ Je préfère vouvoyer que ***tutoyer***.
☐ Je préfère le vouvoiement au **tutoiement**.

私は tu で話すよりも vous で話す方が好きだ。

158 di「分離して」+ gest「運ぶ」→「分解して運ぶ」→「消化する」

digérer v 消化する
digestif, digestive adj 消化の
digestion nf 消化

☐ Couchez-vous après ***avoir digéré***.
☐ Couchez-vous après la **digestion**.

食べ物を消化してから就寝してください。

* Couchez-vous après que vous aurez digéré. と書くこともできるが、不定法を用いる方が自然。

□ Mon fils est sujet à des troubles ***digestifs***.

□ Mon fils a parfois la digestion difficile.

息子は消化不良気味です。

＊ずばり「消化不良」indigestion (nf) という単語もある。

関連語 digestif (nm)「食後酒」(↔ apéritif)、digeste (adj)「消化しやすい」。

159 espace「スペース、空間」から

espacer **v** （空間的、時間的に）間をあける、間隔をあける

espacement **nm** 間隔を開けること、間隔

□ Afin de limiter les risques de contamination, veuillez ***espacer*** chaque bureau de deux mètres.

□ Afin de limiter les risques de contamination, veuillez respecter un espacement de deux mètres entre chaque bureau.

感染のリスクを抑えるためにそれぞれのデスクの間隔は 2 メートルにしてください。

□ On peut ***espacer*** les paiements.

□ L'espacement des paiements est possible.

支払いの間隔を延ばすことができます。

160 flex「曲げる」+ ible「できる」

flexible **adj** しなやかな

flexibilité **nf** しなやかさ、柔軟性

□ L'osier est ***flexible***, ce qui le rend idéal pour fabriquer des paniers.

□ La flexibilité de l'osier le rend idéal pour fabriquer des paniers.

柳（の細い枝）は柔軟性があり籠を作るのに最適です。

関連語 flexion (nf)「（手足を）曲げること」、flexibiliser (v)「柔軟にする、フレキシブルにする」。

161 cap「捕まえる」+ ure「こと」

capturer **v** 捕獲する

capture **nf** 捕らえること、捕獲物

□ Il est difficile de ***capturer*** un animal sauvage.

□ La capture d'un animal sauvage est difficile.

野生動物を捕まえるのは難しい。

162 「堅くする、勇気づける」を意味する古フランス語 hardir から

† hardi, e adj 大胆な、勇敢な

† hardiesse nf 大胆さ、大胆な言動

☐ J'ai le sentiment que les jeunes d'aujourd'hui ne sont pas ***hardis***.

☐ J'ai le sentiment que les jeunes d'aujourd'hui manquent de **hardiesse**.

今時の若者は大胆さに欠ける気がする。

関連語 † hardiment (adv)「大胆に」、(s') enhardir (v/v.pr)「大胆にする、(物が) 自信をもたせる、大胆になる」。

163 古典ラテン語 coquere「料理する、焼く」から

cuire v (食べ物を) 焼く、煮る、焼ける、煮える

cuisson nf (食べ物を) 焼くこと、煮ること、加熱調理

☐ Cette viande ***a cuit*** longtemps comme vous pouvez le voir.

☐ La **cuisson** de cette viande a été longue comme vous pouvez le voir.

ご覧のように、この肉は焼くのに時間がかかりました。

164 pessim「最悪の」

pessimiste adj 悲観的な ↔ optimiste

pessimisme nm 悲観論、ペシミズム

☐ Notre responsable comptable est ***pessimiste***.

☐ Notre responsable comptable montre du **pessimisme**.

わが社の経理責任者はペシミストです。

165 dé「剥ぐ」+ coller「貼る」

décoller v 着陸する ↔ atterrir、飛び立つ、(貼ってあるものを) はがす

décollage nm (航空機の) 着陸 ↔ atterrissage (nm)、(経済などの) 発展、(貼ってあるものを) はがすこと

☐ Veuillez éteindre vos appareils électroniques avant que l'avion ***décolle***.

☐ Veuillez éteindre vos appareils électroniques avant le **décollage**.

離陸前に電子機器の電源を切ってください。

☐ ***Décoller*** des affiches peut être un crime.

☐ Le **décollage** des affiches peut être un crime.

ポスターをはがすことが犯罪になることがある。

166 terre, terrain「陸、土地」

atterrir v 着陸する ↔ décoller

atterrissage nm 着陸

□ Les pilotes sont particulièrement prudents lorsqu'ils décollent et ***atterrissent***.

□ Les pilotes sont particulièrement prudents au décollage et à l'**atterrissage**.

パイロットは飛行機の離発着には特に気をつかう。

167 英国人医師 Jenner が天然痘に罹患した「牛」vacca（ラテン語）から「痘苗」を作ったことから

vacciner v ワクチン注射（予防接種）する

vaccin nm ワクチン

vaccination nf ワクチン注射、予防接種

□ Pensez-vous que le gouvernement doit forcer tout le monde à se faire ***vacciner*** ?

□ Pensez-vous que le gouvernement doit rendre le **vaccin** obligatoire ?

□ Pensez-vous que le gouvernement doit rendre la **vaccination** obligatoire ?

政府がワクチン接種を義務化すべきだと思いますか?

168 sentiment「感じたこと」

sentimental, e adj 感情の、愛情の

sentimentalité nf 感傷的なこと

□ Ma femme aime les choses ***sentimentales***.

□ Ma femme aime la **sentimentalité**.

うちの家内は感傷的なことが好きだ。

関連語 sentiment (nm)「感情、好意、意識」(☞ A-190)。

169 orgueil「誇り」(←フランク語 urgôli から)

orgueilleux, orgueilleuse adj 思い上がった、高慢な、(de を) 誇る

orgueil nm 思い上がり、高慢、誇り

□ Pourquoi est-elle si ***orgueilleuse*** ?

□ Pourquoi a-t-elle tant d'**orgueil** ?

どうして彼女はそんなに思い上がっているのか?

* D'où vient son orgueil ? といった言い方もできる。

170 古フランス語 ivroigne「酔い」から

ivre adj 酔った

ivresse nf 酔い

☐ Il est absolument interdit de conduire si vous êtes ***ivre***.

☐ Il est absolument interdit de conduire en état d'**ivresse**.

飲酒運転は絶対に禁止だ。

関連語 (s') enivrer (v/v.pr)「酔わせる、酔う、陶酔する」。

171 frac(t)「砕ける、壊す」から

se fracturer v.pr （自分の）～を骨折する

fracture nf 骨折

☐ Il ***s'est fracturé*** le tibia en tombant de vélo.

☐ Il s'est fait une **fracture** du tibia en tombant de vélo.

彼は自転車が転倒して向こう脛（脛骨（けいこつ））を骨折した。

＊医学的な意味合いで使われる単語で、日常的に「転んで足を骨折した」se casser le pied en tombant と同じように用いるのは自然ではない。具体的な骨の部位を添えて使うのが通常。

172 sens「感じる」

(se) sensibiliser v / v.pr （人や世間の）関心を高める、敏感になる

sensibilisation nf （社会問題への）関心を高めること、世論の喚起

☐ Son but est de ***sensibiliser*** le public à la société vieillissante.

☐ Son but est la **sensibilisation** du public à la société vieillissante.

彼（彼女）の目的は高齢化社会に対する人々の関心を高めることにある。

＊日本の「高齢化社会」を l'hiver démographique（人口統計学上の冬）と呼んでいるケースもある。

関連語 sensibilité (nf)「感覚、感性、感受性」（☞ A-409）。

173 西部方言 gapailler「穀物の殻を取る」から

gaspiller v むだ使いする、浪費する

gaspillage nm （財産、才能などの）むだ使い、浪費

☐ On déteste ***gaspiller*** l'énergie.

☐ On déteste le **gaspillage** d'énergie.

エネルギーをむだ使いは嫌われる。

関連語 gaspilleur, gaspilleuse (adj/n)「むだ使いする（人）、浪費する（人）」。

174 créat「生み出す」

créatif, créative adj 創造性に富んだ
créativité nf 創造性、創意

☐ Personne n'est aussi ***créatif*** qu'elle pour développer de nouveaux designs.
☐ Personne ne montre autant de **créativité** qu'elle quand il s'agit de développer de nouveaux designs.

新しいデザインを開発するために彼女ほどの創造性を示す人は他にない。

175 「黒い胆汁」(←ギリシア語 melankholía) が「鬱」の原因とされた

mélancolique adj 憂鬱な、もの悲しい
mélancolie nf 憂鬱

☐ Penser à l'avenir me rend ***mélancolique***.
☐ Je tombe dans la **mélancolie** quand je pense à l'avenir.

将来のことを考えると憂鬱になる。

* J'éprouve de la mélancolie quand je pense à l'avenir. あるいは Penser à l'avenir me plonge dans la mélancolie. とも表現できる。

関連語 mélancoliquement (adv)「憂鬱そうに、もの悲しげに」。

176 person「人」+ al「の」→「個人の」

personnaliser v (規格品などを) 個人の好みに合わせる、カスタマイズする
personnalisation nf (規格品などを) 個人の好みに合わせること、カスタマイズ

☐ ***Personnaliser*** une voiture, c'est vraiment amusant.
☐ La **personnalisation** d'une voiture est vraiment amusante.

車のドレスアップ (カスタマイズ) は実に楽しい。

177 (その土地の) nat「生まれ」

nationaliser v 国有化する
nationalisation nf 国有化

☐ En quelle année les chemins de fer japonais ***ont***-ils ***été nationalisés*** ?
☐ En quelle année la **nationalisation** des chemins de fer japonais a-t-elle eu lieu ?

日本の鉄道が国有化されたのは何年のことですか?

A 1-668
B 1-269
C 1-255
索引

178 サンスクリット語を経て、ギリシア語 péperi →ラテン語 piper

poivrer v 胡椒（こしょう）をする（かける）
poivre nm 胡椒

☐ Le chef ***a*** rapidement salé et ***poivré*** la viande devant nous.

☐ Le chef a rapidement saupoudré la viande de sel et de poivre devant nous.

シェフは私たちの前で肉にさっと塩胡椒をした。

179 ラテン語 sūdāre「汗をかく」から

suer v 汗をかく
sueur nf 汗

☐ Solenne ***suait*** déjà après avoir couru 50 m.

☐ Solenne était déjà en sueur après avoir couru 50 m.

ソレンヌは 50m 走ったあとすでに汗をかいていた。

180 re「強意」+ fraîchir「涼しくなる、冷える」

(se) rafraîchir v / v.pr 冷たくする、涼しくする、爽やかな気分になる、蘇らせる、冷たい飲み物を飲む
rafraîchissant, e adj 涼しくする、爽やかな
rafraîchissement nm 涼しくなること、冷たい飲み物

☐ Les températures ***se sont*** brusquement ***rafraîchies*** le mois dernier, ce qui a causé de gros dégâts aux vignes.

☐ Le brusque rafraîchissement des températures le mois dernier a causé de gros dégâts aux vignes.

先月の急激な気温低下はブドウの木に大きな被害をもたらした。

☐ ***Rafraîchissons-nous*** dans un café.

☐ Prenons une boisson ***rafraîchissante*** dans un café.

☐ Prenons un rafraîchissement dans un café.

カフェで冷たいものを飲みましょう。

181 婦人のかぶり物を意味した後期ラテン語 cofia から

(se) coiffer v / v.pr （人の）髪を整える、（自分の）髪をセットする、髪を整える
coiffé, e adj 髪を整えた
coiffure nf 髪型、ヘアスタイル

☐ Elle ***s'est coiffée*** différemment.

☐ Elle est ***coiffée*** différemment.
☐ Elle a une nouvelle **coiffure**.
☐ Elle a changé de **coiffure**.

彼女は違う髪型をしている。

* changer de coiffure は「ヘアスタイルを変える」の意味。

182 フランク語 grisilón から

grêler v 雹（ひょう）が降る、霰（あられ）が降る
grêle nf 雹、霰

☐ Il ***a grêlé*** toute la matinée.
☐ Il y a eu de la **grêle** toute la matinée.

午前中ずっと雹が降っていた。

関連語 grêlon (nm)「（雹や霰の）粒」。

183 ラテン語 indulgēre「情け深い、寛大である」

indulgent, e adj 寛大な
indulgence nf 寛大

☐ Mon père est souvent trop ***indulgent*** avec mes enfants.
☐ Mon père fait souvent preuve de trop d'**indulgence** avec mes enfants.

うちの父は子どもに甘すぎる。

184 con「一緒に」+ sole「慰める」

consoler v 慰める、慰めとなる、（苦痛を）和らげる
consolant, e adj 慰めになる
consolateur, consolatrice adj 慰める
consolation nf 慰め

☐ Je ne trouve aucun mot pour ***consoler*** mon ami.
☐ Je ne trouve aucun mot ***consolant*** pour mon ami.
☐ Je ne trouve aucun mot ***consolateur*** pour mon ami.
☐ Je ne trouve aucun mot de **consolation** pour mon ami.

私には友を慰める言葉が何も見つからない。

185 古フランス語 gourmant（← gouton「むさぼり食う」）から

gourmand, e adj 食いしんぼうの、食い道楽
gourmandise nf 食いしんぼう、大食い

□ Mon père est ***gourmand***, ça fait plaisir à voir.
□ La **gourmandise** de mon père fait plaisir à voir.

父の大食は見ていて楽しい。

186 ラテン語 lassus「疲れた」から

las, lasse adj 疲れた、（de に）疲れた、うんざりした
lassitude nf （体の）疲労、倦怠

□ Il se sentait ***las*** mais il s'est remis à travailler.
□ Malgré sa **lassitude**, il s'est remis à travailler.

疲れていたが、彼はまた仕事をはじめた。

関連語 lasser (v)「うんざりする、（de に）飽きる」。

187 ラテン語 pigritia「不活発、怠惰」

paresseux, paresseuse adj 怠惰な、不精な、動きの鈍い
paresse nf 怠惰、のろさ

□ Je ne peux pas accepter les étudiants ***paresseux*** dans ma classe.
□ Je ne peux pas accepter la **paresse** chez mes étudiants.

私のクラスでは怠惰な生徒を受け入れることはできない。

188 ラテン語 ēnervāre「神経を切断する、力をそぐ」

énerver v いらだたせる
énervement nm いらだち、興奮

□ Ne vous ***énervez*** pas !
□ Pas d'**énervement** !

いらいらしないで!

関連語 énervant, e (adj)「神経をいらだたせる」、énervé, e (adj)「いらだった、神経が高ぶった」。

189 古典ラテン語 fricâre（= frayer「こする」）から

frotter v こする、こすれる、摩擦を起こす
frottement nm こすること、摩擦

□ Les chaussures s'usent en ***frottant*** sur le sol.

□ Les chaussures s'usent par frottement sur le sol.

靴は地面との摩擦ですり減る。

190 re「再び」+ froid「寒さ、冷え」

(se) refroidir v / v.pr 冷める、冷やす、冷える

refroidissement nm 冷やす（冷える）こと、冷却、（体の）冷え

□ Quelques glaçons permettent de ***refroidir*** n'importe quelle boisson.

□ Quelques glaçons permettent le refroidissement de n'importe quelle boisson.

氷片がいくつかあればどんな飲み物も冷やすことができる。

191 ラテン語 tussīre「咳をする」から

tousser v 咳をする

toux nf 咳

□ Je ***tousse*** beaucoup, vous pouvez me donner quelque chose ?

□ Vous pouvez me donner quelque chose contre la toux ?

咳を止めるものは何かないですか?

*「軽く（軽い）咳をする」なら toussoter という動詞を用いる。

192 trans「超えて」+ spirer「息をはく、発散する」

transpirer v 汗をかく

transpiration nf 発汗

□ Si vous ***transpirez***, utilisez cette serviette.

□ Utilisez cette serviette pour éponger votre transpiration.

汗をかいたら、このタオルを使ってください。

193 古典ラテン語 terere「こする」（←麦の不要な部分を選別することから）

trier v より分ける、区分けする、ソートする

tri nm 選別、区分け、ソート

□ Enfin, on doit ***trier*** les mots-clés par ordre alphabétique.

□ Enfin, on doit faire le tri des mots-clés par ordre alphabétique.

最後に見出し語をアルファベット順にソートしなくてはならない。

194 ラテン語 avēre「渇望する」から

avare adj （金銭に）けちな
avarice nf けち

☐ Elle est trop ***avare***, ça nous énerve.
☐ Son **avarice** excessive nous énerve.

彼女はあまりにけちで、みんなをいらいらさせる。

関連語 avare (n)「けちんぼ、守銭奴」。

195 「犬の吠える声」に由来する古フランス語 abaier から

aboyer v （犬が）吠える、（人が）がなりたてる
aboiement nm （犬の）吠える声、（人の）わめき声

☐ Mon chien ***aboie*** quand des inconnus s'approchent de ma maison.
☐ Les **aboiements** de mon chien accueillent les inconnus qui s'approchent de ma maison.

見知らぬ人が家に近づくとうちの犬は吠えて知らせる。

196 cueill「摘む、集める」の意味

cueillir v 摘む、採取する
cueillette nf （果実の）摘み取り、摘み取ったもの

☐ Dans cette région, on ***cueille*** les cerises à la mi-juin.
☐ Dans cette région, on fait la **cueillette** des cerises à la mi-juin.

この地域では6月半ばにさくらんぼを摘み取る。

197 dé「反意・否定」+ contraction「精神的な緊張」

décontracté, e adj くつろいだ、リラックスした、気楽な ↔ contracté, e
décontraction nf リラックスすること、屈託のなさ

☐ Sa plus grande force, c'est d'être ***décontracté*** en toute circonstance.
☐ Sa plus grande force, c'est sa **décontraction** en toute circonstance.

彼の最大の長所は屈託のないところだ。

＊「彼女の最大の長所は屈託のないところだ」の意味なら、…, c'est d'être décontractée en toute circonstance. となる。

198 dé「否定」+ molir「建設する」

démolir v （建物などを）取り壊す、解体する
démolition nf 取り壊し、解体

☐ Les gens du quartier ne sont pas contents de voir ces bâtiments ***(être) démolis***.

☐ Les gens du quartier ne sont pas contents de la démolition de ces bâtiments.

地域の人たちはあのビルの取り壊しを心よく思っていない。

199 em「中に」+ bouteille「瓶」

embouteillé, e **adj** （道路が）渋滞した

embouteillage **nm** 交通渋滞

☐ Cette route est ***embouteillée*** en raison d'une panne de feux de signalisation.

☐ Il y a un embouteillage sur cette route en raison d'une panne de feux de signalisation.

信号機故障でこの道は渋滞している。

200 em「にする」+ bête「愚かな、ばかな」状態

(s') embêter **v / v.pr** うんざりさせる、困らせる、うんざりする

embêtement **nm** 面倒、厄介

☐ Je ***suis*** très ***embêté(e)*** en ce moment.

☐ J'ai de gros embêtements en ce moment.

今、とても困っています。

関連語 embêtant, e (adj)「面倒くさい、困った」。

201 sens「感じる」

sensibiliser **v** （人や世論の）関心を高める

sensibilisation **nf** （社会問題などに）関心を高めること

☐ Pour combattre les inégalités, il faut ***sensibiliser*** les gens.

☐ La sensibilisation aux inégalités est essentielle pour les combattre.

不平等と戦うためには、人々の不平等への関心を高める必要があります。

202 イタリア語 briccola（中世の大砲のエンジン、弩砲：ballista）からとされる

bricoler **v** 日曜大工をする

bricolage **nm** 日曜大工

☐ Mon mari adore ***bricoler***.

☐ Mon mari adore le bricolage.

夫は日曜大工が大好きだ。

関連語 bricoleur, bricoleuse (n)「日曜大工（日常会話では bricolo と略すことがある）、大工仕事が好きな人」。

203 ラテン語 jus「(肉や野菜などの) 薄い澄んだスープ」

juteux, juteuse adj (果実などが) 汁が多い
jus nm ジュース、汁

☐ Ces natsumikans sont très ***juteux***.
☐ Ces natsumikans ont beaucoup de **jus**.

この夏みかんは果汁が多い。

*「夏みかん」を pamplemousse japonais などと訳している例もあるが natsumikan (nm) あるいは amanatsu (nm) が通常の言い方。

204 op「向かって」+ press「押しつける」→「圧迫する」

opprimer v 抑圧する、虐げる、(苦悩が) 胸を締めつける
oppression nf 圧制、抑圧、心理的な圧迫感

☐ Cette loi ***opprime*** les pauvres.
☐ Cette loi conduit à l'**oppression** des pauvres.

この法律は貧者を虐げるのものだ。

関連語 opprimé, e (n)「抑圧された人、虐げられた人」。

205 im「否定」+ prudent「慎重な」

imprudent, e adj 軽率な、不注意な
imprudence nf 軽率、軽率な行為

☐ Imir est parfois ***imprudent*** au volant.
☐ Imir conduit parfois avec **imprudence**.

イミールはときに無謀な運転をする。

関連語 imprudemment (adv)「軽率に、軽々しく」。

206 im「否定」+ pertinent「適切な、分別のある」

impertinent, e adj 無礼な、失礼な
impertinence nf 無礼、失礼

☐ Pourquoi est-elle si ***impertinente*** ?
☐ D'où lui vient cette **impertinence** ?

どうして彼女はあんなに無作法なのだろうか?

☐ Ma fille répond souvent sur un ton ***impertinent***.
☐ Ma fille répond souvent avec **impertinence**.

娘はよく失礼な返答をする。

関連語 impertinemment (adv)「無礼に、無作法に」。

207 in「否定」+ discret「慎み深い、控えめな」

indiscret, indiscrète adj 無遠慮な
indiscrétion nf 無遠慮、不謹慎

□ Si ce n'est pas ***indiscret***, est-ce que vous êtes marié ?
□ Sans **indiscrétion**, est-ce que vous êtes marié ?

よろしければ教えてください、結婚なさってますか?

208 ラテン語 habitāre「住む、居住する」から

habitable adj （家などが）住める、（車などの）収容能力のある ↔ inhabitable
habitabilité nf 居住性、収容能力

□ L'inspecteur doit vérifier que cette maison est ***habitable*** avant que nous l'achetions.
□ L'inspecteur doit vérifier l'**habitabilité** de cette maison avant que nous l'achetions.

家を購入する前に家屋の検査官がこの家の居住性を確認しなくてはならない。

＊家を買う前には、家屋の築年、場所などに応じて細かな検査を受けるのがフランスではルール。居住性だけでなく、電気施設、断熱材の材質と品質、シロアリがいないかなど細かに調べる。

209 bien「よく」+ faire「する」

bienfaisant, e adj 有益な、効果のある
bienfait nm （多くは複数で）恩恵、効用

□ Cette cure a eu une action ***bienfaisante*** rapide sur sa santé.
□ Elle a vite ressenti les **bienfaits** de cette cure.

彼女はすぐにこの治療法の効き目を感じた。

関連語 bienfaisance (nf)「（公共の利益となる）善行、慈善」。

210 天然ゴムの産地、アマゾン流域の言語から

caoutchouteux, caoutchouteuse adj ゴムのような
caoutchouc nm ゴム

□ Je n'aime pas ce gâteau ***caoutchouteux***.
□ Je n'aime pas ce gâteau, on dirait du **caoutchouc**.

私はこのゴムのようなケーキ（ゴムのように粘るケーキ）は好きじゃない。

211 com「一緒に」+ bat「打つ」→「打ち合う」

combatif, combative adj 戦闘的な
combativité nf 闘争心、戦意

☐ Les athlètes ne s'amélioreront pas s'ils perdent leur esprit ***combatif***.
☐ Les athlètes ne s'amélioreront pas s'ils perdent leur **combativité**.

スポーツ選手は闘争心をなくしたら向上しない。

関連語 combattre (v)「戦う、戦闘する」、combat (nm)「戦闘、勝負」。

212 ラテン語 pecten「櫛（くし）」

(se) peigner v / v.pr 櫛でとかす、（櫛で）自分の髪をとかす
peigne nm 櫛

☐ Ma fille de cinq ans ***se peignait*** les cheveux devant le miroir.
☐ Ma fille de cinq ans se donnait un coup de **peigne** devant le miroir.

5歳の娘が鏡の前で髪をとかしていた。

213 ラテン語 egō「私」から

égoïste adj 利己主義の
égoïsme nm 利己主義 ↔ altruisme (nm)

☐ Ce que tu es ***égoïste*** !
☐ Quel **égoïsme** !

なんてわがままなの!

* égocentrique (adj)「自己中心的な」（= narcissique）という語も使える。
関連語 égoïste (n)「エゴイスト、利己主義者」。

214 フランク語 grif「つかむこと」から

griffer v （爪などで）ひっかく
griffe nf （動物の）かぎ爪

☐ Mon chat m'***a griffé(e)***.
☐ Mon chat m'a donné un coup de **griffe**.

猫が私を引っかいた。

215 動詞 consister（← co「一緒に」+ sister「立っている」）の現在分詞から

consistant, e adj 粘り気のある
consistance nf 粘り気

□ Le potage devient ***consistant***.

□ Le potage prend de la **consistance**.

ポタージュはとろっとなっている（とろみが出ている）。

rect「まっすぐ」+ angle「角（かど）」+ ulaire「の」

216 → 4つの角「直角= angle droit」の（ちなみに「カメラのアングル」とは「撮影の際の角度」）

rectangulaire adj 長方形の

rectangle nm 長方形

□ La piscine de l'école est ***rectangulaire***.

□ La piscine de l'école a la forme d'un **rectangle**.

学校のプールは長方形だ。

* rectangle (adj) は「直角の」の意味（un triangle rectangle「直角3角形」）。

語形成 **rect「まっすぐ」** direct, e (adj)「直接の、まっすぐな、直通の」（← di「離れて」+「まっすぐ」→「まっすぐ向かう」）、rectum (nm)「直腸」（←「まっすぐな」形状から）。

語形成 **ngle, anc「角、曲がった」** angle (nm)「角（かど）、角（かく）」、triangle (nm)「3角形」（← tri「3」+「角」）、ancre (nf)「錨（いかり）、アンカー」（←「曲がった」もの）。

語形成 **ulaire「の」(adj)** angulaire「角のある、角ばった」、circulaire「円形の」、globulaire「球形の、血球の」、musculaire「筋肉の」、cellulaire「細胞の」。

217 vain, van「空（から）」+ ité「であること」

vaniteux, vaniteuse adj うぬぼれた、虚栄心の強い

vanité nf うぬぼれ、虚栄心

□ Ma tante est extraordinairement ***vaniteuse***.

□ Ma tante est d'une **vanité** extraordinaire.

おばは並外れてうぬぼれが強い。

218 hypocrisie「舞台でのわざとらしい演技」から

hypocrite adj 偽善的な n 偽善者

hypocrisie nf 偽善

□ Mon patron est souvent ***hypocrite*** dans ses discours.

□ Mon patron fait souvent preuve d'**hypocrisie** dans ses discours.

上司の話にはしばしば偽善が混じっている。

関連語 hypocritement (adv)「偽善的に」(= de manière hypocrite)。

219 ラテン語 vomere「吐き気がする」から

vomir v 吐く、もどす
vomissement nm 嘔吐

□ Attention, ce médicament peut faire ***vomir***.
□ Attention, ce médicament peut provoquer des **vomissements**.

注意、この薬は嘔吐を引き起こす可能性があります。

関連語 vomitif, vomitive (adj)「吐き気を催させる」。

220 ラテン語 futtilis「価値がない、無益な」から

futile adj くだらない、浅はかな
futilité nf くだらなさ、浅はか

□ Ne voyez-vous pas que leurs arguments sont ***futiles*** ?
□ Ne voyez-vous pas la **futilité** de leurs arguments ?

あなたは彼（彼女）らの議論がくだらないとは思いませんか?

関連語 futilement (adv)「むなしく、軽率に」。

221 ac「方向・目標」+ coucher「寝かせる」（←ラテン語 collocāre「置く、横たえる」から）

accoucher v （人が）出産する
accouchement nm 出産

□ Ma sœur ***a accouché*** sans problème, le bébé et elle vont bien.
□ Ma sœur a eu un **accouchement** sans problème, le bébé et elle vont bien.

姉（妹）は無事に出産しました、母子ともに元気です。

＊動物が「出産する」場合には mettre bas（←「下に置く」）という言い回しを用いる。

関連語 accoucheur, accoucheuse (n)「産科医」。

222 ラテン語 sternūtāre「くしゃみをする」（←「ハクション」の繰り返し）

éternuer v くしゃみをする
éternuement nm くしゃみ

□ Il ***a*** beaucoup ***éternué*** pendant le cours.
□ Il a eu une crise d'**éternuements** pendant le cours.

彼は授業中にずっとくしゃみをしていた。

＊「ハクション」（擬音）は Atchoum ! [atʃum] という。

223 ガリア語 caljávo「石ころの多い」から

caillouteux, caillouteuse adj 小石の多い

caillou nm 小石、砂利

□ Le chemin menant au château est ***caillouteux***.

□ Il y a plein de **cailloux** sur le chemin menant au château.

城へと続く道は小石が多い。

* Le chemin menant au château est plein de cailloux. とも書ける。

224 orthos「正しい」+ graphía「書き文字」(ギリシア語 orthographía)

orthographier v (文字を)きちんとつづる

orthographe nf (言葉の)正しいつづり、スペリング

□ Mon secrétaire ***a*** mal ***orthographié*** beaucoup de mots.

□ Mon secrétaire a fait des fautes d'**orthographe** à beaucoup de mots.

私の秘書はたくさんの単語のスペリングを間違えた。

225 俗ラテン語 exturdīre「(ブドウの実を食べて酔ったツグミのように)ぼんやりする」から

étourdi, e adj 軽率な、粗忽な ↔ attentif, ve

étourderie nf 軽率、軽はずみ

□ Ne sois pas si ***étourdi(e)*** !

□ Ne fais pas tant d'**étourderies** !

そんなに軽はずみなことはしないで!

226 イタリア語 bronzo(←ペルシャ語 birinj「銅」由来)から

bronzer v 日焼けする = brunir au soleil

bronzage nm 肌を日で焼くこと、日焼け

□ Cette crème permet de ***bronzer*** sans endommager la peau.

□ Cette crème permet un **bronzage** sans endommager la peau.

このクリームなら肌を痛めることなく日焼けができる。

*「日焼けした肌」は peau bronzée (nf) という。

227 ラテン語 audax「大胆な」

audacieux, audacieuse adj 大胆な

audace nf 大胆、果敢

☐ Je pense que cette entreprise est très ***audacieuse***.

☐ Je pense que cette entreprise est pleine d'audace.

その企てはとても大胆だと思います。

☐ Cet homme est très ***audacieux***.

☐ Cet homme a bien de l'audace.

あの男はあまりに向こう水だ。

関連語 audacieusement (adv)「大胆に」。

228 中フランス語 bande「バンド、縛りひも」から

bander v 包帯をする

bandage nm 包帯、包帯をすること

☐ L'infirmière ***a bandé*** le genou de ma mère.

☐ L'infirmière a fait un bandage autour du genou de ma mère.

看護師さんが母の膝に包帯をしてくれた。

関連語 bande (nf)「帯、テープ、包帯」を使って L'infirmière a mis une bande autour du genou de ma mère. と言い表すこともできる。

229 「(興奮して) 怒り狂っている」を意味するギリシア語 maínesthai から

maniaque adj 偏執的な

manie nf 偏執（狂）、癖

☐ Maurice est d'une propreté ***maniaque***, il se lave les mains 20 fois par jour.

☐ Maurice a la manie de la propreté, il se lave les mains 20 fois par jour.

モーリスは潔癖症で1日に 20 回手を洗う。

* Maurice est obsédé par la propreté, il a la manie de se laver les mains 20 fois par jour. といった書き換えも可能。

関連語 maniaque (n)「偏執者」、maniaquerie (nf)「偏執」。

230 per「完全に」+ plex「折る」→「完全に織り込んで人を困らせる」

perplexe adj 当惑した、困惑した

perplexité nf 当惑、困惑

☐ Mme Pagès était très ***perplexe***.

☐ Mme Pagès affichait la plus grande perplexité.

パジェス夫人はひどく困惑していた。

231 俗ラテン語 recentiāre「新しく見せる」から

rincer **v** 水洗いする、すすぐ
rinçage **nm** 水洗い、すすぎ

□ Il est important non seulement de laver le linge, mais également de le ***rincer***.
□ Le rinçage du linge est aussi important que le lavage.

洗濯物は、洗いだけでなく、すすぎも大事です。

232 古フランス語 brosse「ブラシ」から

(se) brosser **v / v.pr** ブラシをかける、（自分の～に）ブラシをかける、（自分の～を）磨く
brosse **nf** ブラシ

□ Brigitte ***s'est*** rapidement ***brossé*** les cheveux avant la réunion.
□ Brigitte s'est passé un coup de brosse dans les cheveux avant la réunion.

ブリジットは会議の前にさっと髪をとかした。

＊「ヘアブラシ」は brosse à cheveux、「歯ブラシ」なら brosse à dents という。

233 船の接岸・離岸用の「竿、ボートフック」→「竿に引っかかるへま」という比喩表現を産んだ

gaffer **v** へまをやる、失言する
gaffe **nf** へま、失言

□ Germain ***a gaffé*** en public.
□ Germain a fait une gaffe en public.

ジェルマンは衆人の前でへまをやらかした。

＊ gaffe は英語になっていて、政治家などが「失言」をした際に記事などで登場する単語。

関連語 gaffeur, gaffeuse (adj/n)「どじな（人）、よくへまをする（人）」。

234 「ねじる」を意味する古高ドイツ語 rîdan から

ridé, e **adj** 皺（しわ）がよった
ride **nf** （顔などの）皺

□ Sa grand-mère a un visage tout ***ridé***.
□ Sa grand-mère a un visage plein de rides.

彼（彼女）の祖母は皺だらけの顔だ。

235 古典ラテン語 consuere「縫い合わせる」から

coudre **v** 縫う、縫い物をする
couture **nf** 裁縫

☐ Ma nièce aime ***coudre*** en écoutant de la musique.

☐ Ma nièce aime faire de la couture en écoutant de la musique.

姪（めい）は音楽を聴きながら裁縫をするのが好きだ。

236 ab「から」+ ond「波」→「波打ってあふれ出る」

abonder v 多量にある、豊かにある

abondant, e adj 豊富な、多量な

abondance nf 豊富、多量、豊穣

☐ Les tomates qui ***abondent*** en Italie ont provoqué une baisse des prix.

☐ En Italie, la récolte ***abondante*** des tomates a fait baisser les prix.

☐ En Italie, l'abondance de tomates a provoqué une baisse des prix.

イタリアでトマトがたくさん穫れて価格が下がった。

237 フランク語 kifel「あご」から

gifler v 平手打ちを喰らわす

gifle nf 平手打ち、ビンタ

☐ Geneviève ***a giflé*** Guillaume.

☐ Geneviève a donné une gifle à Guillaume.

ジュヌヴィエーヴはギヨームの頬を張った。

238 ラテン語 clāvus「釘（くぎ）」から

clouer v 釘を打つ

clou nm 釘

☐ Mon mari ***a cloué*** un tableau au mur.

☐ Mon mari a accroché le tableau au mur avec un clou.

夫は絵を壁に釘で留めた。

239 fol（← fou「気のふれた」）

(s') affoler v / v.pr 気を動転させる、パニック状態になる

affolement nm 気持ちの動転、狂乱

☐ Ne ***vous affolez*** pas !

☐ Pas d'affolement !

慌てないでください！

＊ Pas de panique ! も同義。

関連語 affolant, e (adj)「気を狂わせるような、ひどく不安にさせる」。

240 「群衆、雑踏」を意味するバスク語 batzarre から

(se) bagarrer v / v.pr （ある目的があって）喧嘩する、殴り合う

bagarre nf 殴り合い、乱闘

□ Les clients de ce bar ***se bagarrent*** souvent.

□ Il y a souvent des **bagarres** entre les clients de ce bar.

このバーの客同士でよく殴り合いが起こる。

241 俗ラテン語 sponga から

éponger v （液体を）ふき取る、ぬぐう

éponge nf スポンジ、タオル（地）

□ Le garçon ***a épongé*** le vin renversé sur la table.

□ Le garçon a nettoyé le vin renversé sur la table avec une **éponge**.

給仕がテーブルにこぼれたワインをぬぐった。

242 （傍に）sid「座を占める」→「規則正しく出席する」

assidu, e adj 精勤な、勤勉な、（努力・仕事などが）たゆまぬ

assiduité nf 精勤、勤勉

□ Même dans la classe Zoom, les étudiants sont ***assidus*** comme d'habitude.

□ Même dans la classe Zoom, l'**assiduité** des étudiants est normale.

ズームの授業でも、学生たちは普段通り勤勉だ。

* コロナ禍、これまで「オンライン講義」cours en ligne などと呼ばれていた授業形態が「遠隔講義」cours en distanciel と呼ばれるようになった。ちなみに従来の「対面講義」は cours en présentiel と呼ばれる。

関連語 assidûment (adv)「熱心に、せっせと」。

243 古フランス語 tricoter「動き回る、踊る」から

tricoter v 編む、編み物をする

tricot nm 編み物

□ Je voudrais apprendre à ***tricoter*** avant que j'accouche.

□ Je voudrais apprendre le **tricot** avant que j'accouche.

子どもが生まれる前に編み物を習いたい。

関連語 tricotage (nf)「編み物をすること」。

244 in「ない」+ dign「価値がある」→「価値がないような扱いで憤る」

(s') indigner v / v.pr 憤慨させる、憤慨する
indigné, e adj 憤慨した
indignation nf 憤り

□ Il ***s'est indigné*** mais a essayé de le cacher.
□ Il était ***indigné*** mais a essayé de le cacher.
□ Il a essayé de cacher son **indignation**.

彼は憤慨したが、それを隠そうとした。

245 dis「離して」+ tract「引く」→「気持ちを引き離す」

(se) distraire v / v.pr 気を晴らす、気をそらす、気晴らしする
distrait, e n ぼんやりした
distraction nf 気晴らし、ぼんやりすること

□ Elle a besoin de ***se distraire*** un peu.
□ Il lui faut un peu de **distraction**.

彼女には少し気晴らしが必要だ。

□ Le garde du corps était ***distrait*** au travail.
□ Le garde du corps a eu quelques moments de **distraction** au travail.

ボディーガードが就業中にぼんやりしていた。

246 dé「否定」+ goût「味」

dégoûter v / v.pr 嫌悪感を抱かせる、嫌気がさす
dégoûté, e adj うんざりした、嫌気がさした
dégoût nm 嫌悪、不快感

□ Les aliments collants me ***dégoûtent***.
□ Je suis ***dégoûté(e)*** par les aliments collants.
□ J'ai le **dégoût** des aliments collants.

私はべとつく食べものが嫌いだ。

* この文はレストランで食事をしているようなケースで「料理」として「べとつくもの」が供されたようなケースで使う。もし自宅で料理をしていて、友人に「自分はべとつく食材」が嫌いだと表現するなら aliment ではなく、J'ai le dégoût des ingrédients collants. / J'ai du dégoût pour les ingrédients collants. といった言い回しを使う。

□ Ce genre de voix perçante ***dégoûte*** les auditeurs.
□ Les auditeurs éprouvent du **dégoût** pour ce genre de voix perçante.

こうした甲高い声はリスナーをラジオ嫌いにする。

247 extra「度を越して」+ vagant「放浪する、さまよう」

extravagant, e adj 常軌を逸した、突飛な

extravagance nf 常軌を逸していること、突飛さ

□ Vous ne voyez pas que sa conduite est ***extravagante*** ?

□ Vous ne voyez pas l'extravagance de sa conduite ?

彼（彼女）の行動は常軌を逸していると思いませんか?

□ Ce professeur est connu pour être ***extravagant*** en classe.

□ Ce professeur est connu pour l'extravagance de ses cours.

あの先生は授業での突飛なふるまいで知られている。

248 ラテン語 injūria（← in「反する」+ jûs「法」）から

injurier v ののしる、罵倒する

injurieux, injurieuse adj 侮辱的な

injure nf 罵詈雑言、悪口、侮辱

□ Il a passé la réunion à nous ***injurier***.

□ Il a passé la réunion à être ***injurieux***.

□ Il a passé la réunion à nous lancer des injures.

彼は会議中ずっと私たちをののしっていた。

□ Je ne peux pas la laisser dire de tels propos ***injurieux***.

□ Je ne peux pas la laisser dire de telles injures.

私は彼女にそのような罵詈雑言を言わせっぱなしにはしておけない。

関連語 injurieusement (adv)「侮辱的に」。

249 ラテン語 sāpō「（髪を染めるのに用いた）シャボン」から

(se) savonner v / v.pr 石鹸で洗う、自分の体を石鹸で洗う

savonneux, savonneuse adj 石鹸を含む

savon nm 石鹸

□ Bien ***se savonner*** les mains avant de manger.

□ Bien se laver les mains au savon avant de manger.

食べる前に石鹸できちんと手を洗ってください。

□ Utilisez simplement un peu d'eau ***savonneuse*** pour nettoyer vos fenêtres.

□ Utilisez simplement un peu d'eau et du savon pour nettoyer vos fenêtres.

窓掃除には少量の石鹸水だけを使ってください。

250 ラテン語 sculpere「彫る」から

sculpter v 彫る、彫刻する

sculpture nf 彫刻

sculpteur, sculptrice n 彫刻家

☐ Mon hobby est de ***sculpter*** le bois.

☐ Mon hobby est la **sculpture** sur bois.

☐ Je suis **sculpteur** [**sculptrice**] sur bois amateur.

木に彫刻するのが趣味です。

＊sculpteur sur bois で「木彫家」の意味になる。

251 古フランス語 ver(r)ous「鉄の串」の逆成（単語を切り詰めて、新しい語を作ること）

verrouiller v 差し錠をかける

verrou nm 差し錠

☐ Tous les soirs, mon fils ***verrouille*** la porte d'entrée.

☐ Tous les soirs, mon fils ferme le **verrou** de la porte d'entrée.

毎晩、息子が玄関に施錠する。

関連語 verrouillage (nm)「差し錠をかけること、施錠」。

252 「詭弁を弄する」を意味した古典ラテン語 trīcārī の変形から

tricher v 不正行為（いかさま）をする

tricheur, tricheuse n いかさま師

tricherie nf （賭け事などでの）いかさま

triche nf （賭け事などでの）いかさま

☐ Taro a regardé mes cartes, il ***a triché*** !

☐ Taro a regardé mes cartes, c'est un **tricheur** !

☐ Taro a regardé mes cartes, c'est de la **tricherie** [**triche**] !

太郎は私のカードを見た、いかさまだ!

253 ラテン語 pūs（pus「膿（うみ）」）などとの関連から

pourrir v 腐る

pourri, e adj 腐った

pourriture nf 腐敗

☐ J'ai oublié de mettre mes légumes au frigo, ils ***ont pourri***.

☐ J'ai oublié de mettre mes légumes au frigo, ils sont ***pourris***.

□ J'ai oublié de mettre mes légumes au frigo, ils sont couverts de pourriture.

野菜を冷蔵庫に入れるのを忘れて、腐ってしまった。

□ Je ne supporte pas l'odeur ***pourrie*** qui remplit la pièce.

□ Je ne supporte pas l'odeur de pourriture qui remplit la pièce.

部屋に充満している腐敗臭に私は耐えられない。

254 siffle「口笛」などの擬音から

siffler v 口笛（ホイッスル）を吹く、（曲などを）口笛で吹く

sifflet nm 口笛、ホイッスル

sifflement nm 軽く口笛を吹くこと、口笛の音

□ L'arbitre ***a sifflé*** pour annoncer la fin du match.

□ L'arbitre a donné un coup de sifflet pour annoncer la fin du match.

審判はホイッスルを吹いて試合終了を告げた。

□ On a entendu les fans applaudir et ***siffler*** pendant des heures.

□ On a entendu les applaudissements et les sifflements des fans pendant des heures.

ファンの拍手喝采と口笛が何時間も聞こえていた。

255 「とどろく」を意味するギリシア語 klázein から

klaxonner v クラクションを鳴らす

klaxon nm クラクション

□ Dans le centre-ville, il ne faut ***klaxonner*** qu'en cas d'urgence.

□ Dans le centre-ville, il ne faut utiliser son klaxon qu'en cas d'urgence.

市内中心部では、クラクションは緊急時のみ鳴らすように。

＊文頭は、En centre-ville とすることもできる（☞ A-641 *注記）。なお、日本語と同じく英語（商標）から仏語に入ってきたが、avertisseur (nm)「警報器、クラクション（= avertisseur sonore)」を使用するよう推奨されている。

録音に関しての注記 本書は「動詞・形容詞」→「名詞」という流れに力点があるため、ときとして男性・女性の録音担当者が性を逸脱した文を読むことも可とした。たとえば、C-250 Je suis sculpteur [sculptrice] sur bois amateur. なら女性が読む場合、[ ] 内の sculptrice の方が自然だが（ただし、女性でも sculpteur でかまわないとされている）、C パート 1-255 の録音は名詞の例文すべてが女性の担当であるため、文の内容と録音者の男女の性を逐一揃える対応はしていない。 また、（ ）[ ] 内は録音対象外としたため、たとえば A-309 など、女性が je ne suis pas content. と読むことも可としている。

アルファベ順　索引

++ 掲載語について ++

見出し語を中心に、アルファベ順で掲載しています。

色文字は、本文中 **関連語** にある副詞です。

*「索引」は見出し語ならびに関連語（副詞のみ）が対象で、「語形成」や*マークの「注記」内の語は対象外です。

動詞	形容詞／副詞	名詞	ページ
abaisser		abaissement (nm)	P.268
abandonner		abandon (nm)	P.93
abattre	abattu, e	abattement (nm)	P.225
abolir		abolition (nf)	P.286
abonder	abondant, e	abondance (nf)	P.340
(s') abonner	abonné, e	abonnement (nm)	P.260
aboutir		aboutissement (nm)	P.159
aboyer		aboiement (nm)	P.330
(s') abriter		abri (nm)	P.183
(s') absenter	absent, e	absence (nf)	P.101
(s') abstenir		abstention (nf)	P.288
	absurde	absurdité (nf)	P.235
abuser	abusif, abusive	abus (nm)	P.249
accélérer		accélération (nf)	P.212
	accidentel, accidentelle accidenté, e	accident (nm)	P.145
accomplir		accomplissement (nm)	P.151
accoucher		accouchement (nm)	P.336
(s') accrocher		accrochage (nm)	P.252
(s') accroître		accroissement (nm)	P.169
accueillir		accueil (nm)	P.140
accuser		accusé, e (n) accusation (nf)	P.136
acheter		achat (nm)	P.77
achever		achèvement (nm)	P.177
acquérir		acquisition (nf)	P.132
	actif, active activement	activité (nf)	P.56
	actuel, actuelle actuellement	actualité (nf)	P.71
additionner		addition (nf)	P.265
adhérer		adhésion (nf) adhérent, e (n)	P.243

動詞	形容詞／副詞	名詞	ページ
admettre		admission (nf)	P.85
	administratif, administrative	administration (nf)	P.129
admirer		admiration (nf)	P.251
adopter		adoption (nf)	P.84
adorer		adoration (nf)	P.225
	adroit, e adroitement	adresse (nf)	P.199
afficher		affichage (nm)	P.214
affirmer		affirmation (nf)	P.85
(s') affoler		affolement (nm)	P.340
(s') agenouiller		genou (nm)	P.259
(s') agiter		agitation (nf)	P.262
	agricole	agriculture (nf)	P.189
aider		aide (nf)	P.51
	aimable aimablement	amabilité (nf)	P.314
aimer	amoureux, amoureuse amoureusement	amour (nm)	P.30
	aisé, e aisément	aisance (nf)	P.303
	alcoolisé, e	alcool (nm)	P.233
(s') aligner		ligne (nf)	P.94
(s') allier		alliance (nf)	P.194
allumer		allumage (nm)	P.265
	ambigu, ambiguë	ambiguïté (nf)	P.291
(s') améliorer		amélioration (nf)	P.128
aménager		aménagement (nm)	P.292
	amical, e	amitié (nf)	P.222
	ample amplement	ampleur (nf)	P.229
(s') amuser		amusement (nm)	P.236
analyser		analyse (nf)	P.142

動詞	形容詞／副詞	名詞	ページ
	ancien, ancienne anciennement	ancienneté (nf)	P.48
anéantir		anéantissement (nm)	P.307
angoisser		angoisse (nf)	P.275
(s') animer	animé, e	animation (nf)	P.198
annoncer		annonce (nf)	P.63
	annuel, annuelle	an (nm)	P.11
annuler		annulation (nf)	P.
apparaître		apparition (nf)	P.86
appartenir		appartenance (nf)	P.40
(s') appeler		appel (nm) appellation (nf)	P.20
applaudir		applaudissement (nm)	P.269
appliquer		application (nf)	P.95
apporter		apport (nm)	P.42
apprécier		appréciation (nf)	P.129
apprendre		apprenti, e (n) apprentissage (nm)	P.40
(s') approcher		approche (nf)	P.172
approuver		approbation (nf)	P.135
(s') appuyer		appui (nm)	P.115
	apte	aptitude (nf)	P.290
(s') armer		arme (nf) armement (nm)	P.79
arranger		arrangement (nm)	P.258
(s') arrêter		arrêt (nm) arrestation (nm)	P.52
arriver		arrivée (nf)	P.22
	artistique	art (nm) artiste (n)	P.139
assassiner		assassinat (nm)	P.247
	assidu, e assidûment	assiduité (nf)	P.341

動詞	形容詞／副詞	名詞	ページ
	assoiffé, e	soif (nf)	P.313
(s') assouplir	souple	souplesse (nf)	P.263
assurer	assuré, e	assurance (nf)	P.37
(s') attacher		attachement (nm)	P.156
attaquer		attaque (nf)	P.124
atteindre		atteinte (nf)	P.43
attendre		attente (nf)	P.19
	attentif, attentive	attention (nf)	P.59
atterrir		atterrissage (nm)	P.323
attirer		attirance (nf)	P.94
attrister	triste tristement	tristesse (nf)	P.194
	audacieux, audacieuse audacieusement	audace (nf)	P.337
augmenter		augmentation (nf)	P.102
	authentique	authenticité (nf)	P.295
autoriser		autorisation (nf)	P.121
	autoritaire	autorité (nf) autoritarisme (nm)	P.188
(s') avancer		avance (nf) avancement (nm)	P.56
avantager	avantageux, avantageuse	avantage (nm)	P.111
	avare	avarice (nf)	P.330
avertir		avertissement (nm)	P.220
avouer		aveu (nm)	P.314
(se) bagarrer		bagarre (nf)	P.341
(se) baigner		baignade (nf)	P.312
baisser		baisse (nf)	P.113
balayer		balayage (nm)	P.284
	banal, e banalement	banalité (nf)	P.303
	bancaire	banque (nf)	P.98
bander		bandage (nm)	P.338

動詞	形容詞／副詞	名詞	ページ
(se) baser		base (nf)	P.51
battre		battement (nm)	P.93
bavarder		bavardage (nm)	P.311
	beau (bel), belle	beauté (nf)	P.48
	bête bêtement	bêtise (nf)	P.240
beurrer		beurre (nm)	P.300
	bienfaisant, e	bienfait (nm)	P.333
	bizarre bizarrement	bizarrerie (nf)	P.248
blaguer		blague (nf)	P.319
	blanc, blanche	blancheur (nf)	P.89
(se) blesser		blessure (nf) blessé,e (n)	P.208
bloquer	bloqué, e	blocage (nm)	P.206
boire		boisson (nf)	P.197
	boisé, e	bois (nm)	P.162
bombarder		bombardier (nm) bombe (nf) bombardement (nm)	P.186
	bon, bonne	bonté (nf)	P.49
border		bord (nm) bordure (nf)	P.122
boucher		bouchon (nm)	P.316
	boueux, boueuse	boue (nf)	P.310
bouger		bougeotte (nf)	P.197
bouleverser		bouleversement (nm)	P.258
bousculer		bousculade (nf)	P.294
	bref, brève brièvement	brièveté (nf)	P.74
bricoler		bricolage (nm)	P.331
bronzer		bronzage (nm)	P.337
(se) brosser		brosse (nf)	P.339

動詞	形容詞／副詞	名詞	ページ
chasser		chasse (nf)	P.214
(se) chausser		chaussure (nf)	P.286
	cher, chère chèrement	cherté (nf)	P.123
chiffrer		chiffrement (nm) chiffre (nm)	P.95
choisir		choix (nm)	P.28
chuter		chute (nf)	P.187
	circulaire	cercle (nm)	P.222
circuler		circulation (nf)	P.184
citer		citation (nf)	P.131
	clair, e clairement	clarté (nf)	P.41
classer		classement (nm)	P.211
	climatique	climat (nm)	P.206
	climatisé, e	climatisation (nf)	P.317
clouer		clou (nm)	P.340
	cohérent, e	cohérence (nf)	P.271
(se) coiffer	coiffé, e	coiffure (nf)	P.326
collaborer		collaboration (nf)	P.209
	collectif, collective	collectivité (nf)	P.144
collectionner		collection (nf) collectionneur, collectionneuse (n)	P.252
coller		collage (nm)	P.259
colorier	multicolore	couleur (nf)	P.143
	combatif, combative	combativité (nf)	P.334
commander		commandement (nm) commande (nf)	P.119
commencer		commencement (nm)	P.17
commenter		commentaire (nm) commentateur, commentatrice (n)	P.180

動詞	形容詞／副詞	名詞	ページ
commercialiser	commercial, e	commerce (nm) commercialisation (nf)	P.112
communiquer	communicatif, communicative	communication (nf)	P.126
comparer		comparaison (nf)	P.171
compenser		compensation (nf)	P.240
	compétent, e	compétence (nf)	P.186
	compétitif, compétitive	compétition (nf) compétitivité (nf)	P.243
	complémentaire	complément (nm)	P.236
	complexe	complexité (nf)	P.116
	complice	complicité (nf)	P.280
compliquer		complication (nf)	P.196
comprendre		compréhension (nf)	P.13
compter		compte (nm)	P.17
(se) concentrer		concentration (nf)	P.106
conclure		conclusion (nf)	P.109
(se) concurrencer	concurrent, e	concurrent, e (n) concurrence (nf)	P.123
condamner		condamnation (nf)	P.108
(se) conduire		conduite (nf) conducteur, conductrice (n)	P.59
(se) confier		confidence (nf)	P.107
confirmer		confirmation (nf)	P.123
confondre		confusion (nf)	P.230
	conforme conformément	conformité (nf)	P.235
	confortable confortablement	confort (nm)	P.295
(se) confronter		confrontation (nf)	P.196
connaître		connaissance (nf) connaisseur, connaisseuse (n)	P.16
conseiller		conseil (nm)	P.70

動詞	形容詞／副詞	名詞	ページ
consentir		consentement (nm)	P.247
(se) conserver		conservation (nf)	P.81
considérer		considération (nf)	P.32
	consistant, e	consistance (nf)	P.334
consoler	consolant, e consolateur, consolatrice	consolation (nf)	P.327
consommer		consommation (nf)	P.163
constater		constatation (nf)	P.110
constituer	constitutionnel, constitutionnelle constitutionnellement	constitution (nf)	P.87
construire		construction (nf)	P.100
consulter		consultation (nf)	P.173
contacter		contact (nm)	P.109
	contagieux, contagieuse	contagion (nf)	P.285
contaminer		contamination (nf)	P.285
contenir		contenance (nf) contenu (nm)	P.125
	content, e	contentement (nm)	P.194
contester		contestation (nf)	P.204
continuer	continu, e continuel, continuelle continuellement	continuation (nf) continuité (nf)	P.39
contraindre	contraint, e	contrainte (nf)	P.216
contrarier		contrariété (nf)	P.309
(se) contredire		contradiction (nf)	P.226
contribuer		contribution (nf)	P.124
contrôler		contrôle (nm)	P.80
	convaincu, e	conviction (nf)	P.209
coopérer		coopération (nf)	P.167
coordonner		coordination (nf) coordinateur, coordinatrice (n)	P.243
copier		copie (nf)	P.215

動詞	形容詞／副詞	名詞	ページ
dater		date (nf)	P.80
débarquer		débarquement (nm)	P.262
(se) débattre		débat (nm)	P.277
déboucher		débouché (nm)	P.242
débuter	débutant, e	début (nm)	P.45
décéder		décès (nm)	P.237
décevoir	décevant, e	déception (nf)	P.253
(se) déchirer		déchirement (nm) déchirure (nf)	P.265
décider		décision (nf)	P.22
déclarer		déclaration (nf)	P.61
décoller		décollage (nm)	P.322
	décontracté, e	décontraction (nf)	P.330
(se) décourager	découragé, e	découragement (nm)	P.268
découvrir		découverte (nf)	P.85
décrire		description (nf)	P.139
déduire	déductif, déductive	déduction (nf)	P.289
défendre		défense (nf) défenseur, défenseuse (n)	P.116
définir		définition (nf)	P.114
dégoûter	dégoûté, e	dégoût (nm)	P.342
(se) dégrader		dégradation (nf)	P.293
déjeuner		déjeuner (nm)	P.246
demander		demande (nf)	P.12
démarrer		démarrage (nm)	P.255
déménager		déménagement (nm)	P.312
(se) démettre démissionner		démission (nf)	P.273
démolir		démolition (nf)	P.330
démontrer	démontrable	démonstration (nf)	P.169
dénombrer		nombre (nm)	P.31
dénoncer		dénonciation (nf)	P.165
	dentaire	dent (nf)	P.250

動詞	形容詞／副詞	名詞	ページ
dîner		dîner (nm)	P.228
diriger		dirigeant, e (n) direction (nf)	P.67
	discret, discrète discrètement	discrétion (nf)	P.241
discuter	discutable	discussion (nf)	P.92
disparaître	disparu, e	disparition (nf) disparu, e (n)	P.60
disposer		disposition (nf)	P.118
(se) disputer		dispute (nf)	P.246
(se) dissoudre		dissolution (nf)	P.308
distancer	distant, e	distance (nf)	P.167
distinguer		distinction (nf)	P.190
(se) distraire		distrait, e (n) distraction (nf)	P.342
distribuer		distribution (nf)	P.137
	divers, e diversement	diversité (nf)	P.95
(se) diviser		division (nf)	P.164
divorcer		divorce (nm) divorcé, e (n)	P.238
dominer		domination (nf)	P.179
donner		don (nm)	P.10
	douanier, douanière	douane (nf)	P.284
doubler		double (nm) doublure (nf)	P.69
(se) doucher		douche (nf)	P.318
(se) douter		doute (nm)	P.45
	doux, douce	douceur (nf)	P.211
	dramatique	drame (nm)	P.250
dresser		dressage (nm)	P.213
	droit, e	droite (nf)	P.18

動詞	形容詞／副詞	名詞	ページ
élire	électoral, e	élection (nf) élu, e (n)	P.106
(s') éloigner	éloigné, e	éloignement (nm)	P.170
embarquer		embarquement (nm)	P.245
embarrasser		embarras (nm)	P.264
embaucher		embauche (nf)	P.290
(s') embêter		embêtement (nm)	P.331
	embouteillé, e	embouteillage (nm)	P.331
émettre		émission (nf)	P.188
(s') émouvoir émotionner	émouvant, e	émotion (nf)	P.195
empêcher		empêchement (nm)	P.38
(s') employer		emploi (nm)	P.91
emprunter		emprunt (nm)	P.133
encadrer		cadre (nm)	P.254
(s') enchaîner		enchaînement (nm)	P.313
encourager		encouragement (nm)	P.164
(s') endetter		dette (nf)	P.191
	énergique énergiquement	énergie (nf)	P.90
énerver		énervement (nm)	P.328
	enfantin, e	enfant (n)	P.16
(s') engager		engagement (nm)	P.50
enlever		enlèvement (nm)	P.141
(s') ennuyer	ennuyeux, ennuyeuse	ennui (nm)	P.271
enquêter		enquête (nf)	P.107
enregistrer		enregistrement (nm)	P.147
(s') enrhumer	enrhumé, e	rhume (nm)	P.282
(s') enrichir	enrichissant, e	enrichissement (nm)	P.226
enseigner		enseignement (nm)	P.176
entasser		tas (nm)	P.246
(s') entendre		entente (nf)	P.18
enterrer		enterrement (nm)	P.256

動詞	形容詞／副詞	名詞	ページ
(s') enthousiasmer	enthousiaste	enthousiasme (nm)	P.247
entourer		entourage (nm)	P.168
(s') entraîner		entraînement (nm)	P.68
entrer		entrée (nf)	P.42
(s') entretenir		entretien (nm)	P.140
envahir		invasion (nf)	P.238
envier	enviable	envie (nf)	P.146
envoyer		envoi (nm)	P.64
épaissir	épais, épaisse	épaisseur (nf)	P.291
épargner		épargne (nf) épargnant, e (n)	P.226
éponger		éponge (nf)	P.341
éprouver		épreuve (nf)	P.196
	équilibré, e	équilibre (nm)	P.160
(s') équiper		équipement (nm)	P.182
	équitable équitablement	équité (nf)	P.272
espacer		espacement (nm)	P.321
espérer		espoir (nm)	P.51
essayer		essai (nm) essayage (nm)	P.37
	estival, e	été (nm)	P.75
établir		établissement (nm)	P.65
étendre	étendu, e	étendue (nf)	P.138
éternuer		éternuement (nm)	P.336
(s') étonner		étonnement (nm)	P.188
	étourdi, e	étourderie (nf)	P.337
étudier		étude (nf)	P.58
évacuer		évacuation (nf)	P.280
(s') évader		évasion (nf)	P.307
	éventuel, éventuelle éventuellement	éventualité (nf)	P.208

動詞	形容詞／副詞	名詞	ページ
	évident, e évidemment	évidence (nf)	P.167
évoluer		évolution (nf)	P.155
	exact, e exactement	exactitude (nf)	P.133
exagérer	exagéré, e exagérément	exagération (nf)	P.236
examiner		examen (nm)	P.132
	excellent, e	excellence (nf)	P.145
excepter	exceptionnel, exceptionnelle	exception (nf)	P.134
	excessif, excessive	excès (nm)	P.231
exclure		exclusion (nf)	P.166
	exclusif, exclusive exclusivement	exclusivité (nf)	P.237
(s') excuser		excuse (nf)	P.193
exécuter		exécution (nf)	P.190
(s') exercer		exercice (nm)	P.119
exiger	exigeant, e	exigence (nf)	P.91
exister		existence (nf)	P.34
expédier		expédition (nf)	P.290
expérimenter	expérimenté, e	expérience (nf) expérimentation (nf)	P.84
expliquer		explication (nf)	P.31
exploiter		exploitation (nf)	P.191
explorer		exploration (nf)	P.267
exploser		explosion (nf)	P.215
exporter		exportation (nf)	P.178
exposer		exposition (nf)	P.114
exprimer	expressif, expressive	expression (nf)	P.59
expulser		expulsion (nf)	P.288
extraire		extraction (nf)	P.252
	extravagant, e	extravagance (nf)	P.343

動詞	形容詞／副詞	名詞	ページ
fabriquer		fabrication (nf) fabrique (nf)	P.146
faciliter	facile	facilité (nf)	P.102
(s') affaiblir	faible faiblement	faiblesse (nf)	P.90
	familier, familière familièrement	familiarité (nf)	P.287
	fatigué, e	fatigue (nf)	P.268
	fautif, fautive	faute (nf)	P.104
favoriser	favorable	faveur (nf)	P.122
féliciter		félicitations (nfpl)	P.186
	féminin, e	femme (nf) féminité (nf)	P.19
	ferme fermement	fermeté (nf)	P.124
fermer		fermeture (nf)	P.96
fêter		fête (nf)	P.167
	fidèle fidèlement	fidélité (nf)	P.189
(se) fier		confiance (nf)	P.54
	fier, fière	fierté (nf)	P.154
	fiévreux, fiévreuse	fièvre (nf)	P.300
	fin, fine	finesse (nf)	P.15
	final, e finalement	fin (nf)	P.15
financer		financement (nm)	P.180
fixer		fixation (nf)	P.78
fleurir		fleur (nf)	P.223
	flexible	flexibilité (nf)	P.321
fonctionner		fonctionnement (nm)	P.136
fonder		fondation (nf) fondement (nm)	P.119
forcer	fort, e fortement	force (nf)	P.29

動詞	形容詞／副詞	名詞	ページ
(se) former		formation (nf)	P.59
	fou (fol), folle	folie (nf)	P.156
fouiller		fouille (nf)	P.275
	fragile	fragilité (nf)	P.214
(se) fracturer		fracture (nf)	P.324
	frais, fraîche	fraîcheur (nf)	P.86
	franc, franche franchement	franchise (nf)	P.117
freiner		frein (nm) freinage (nm)	P.274
	froid, e froidement	froideur (nf) froid (nm)	P.152
frotter		frottement (nm)	P.328
	fruitier, fruitière	fruit (nm)	P.110
	frustré, e	frustration (nf)	P.309
fuir		fuite (nf)	P.200
fumer		fumée (nf)	P.241
	furieux, furieuse furieusement	fureur (nf)	P.304
fusionner		fusion (nf) fusionnement (nm)	P.230
	futile futilement	futilité (nf)	P.336
gaffer		gaffe (nf)	P.339
gagner		gain (nm) gagnant, e (n)	P.32
garantir		garantie (nf)	P.148
garder		garde (nf)	P.65
gaspiller		gaspillage (nm)	P.324
geler		gel (nm) gelée (nf)	P.281
(se) gêner	gêné, e	gêne (nf)	P.233
	généreux, se généreusement	générosité (nf)	P.208

動詞	形容詞／副詞	名詞	ページ
	gentil, le gentiment	gentillesse (nf)	P.254
gérer		gestion (nf)	P.136
gifler		gifle (nf)	P.340
glisser		glissement (nm)	P.236
gonfler		gonflage (nm)	P.280
	gourmand, e	gourmandise (nf)	P.328
goûter		goût (nm) goûter (nm)	P.192
	gouvernemental, e	gouvernement (nm)	P.21
gracier	gracieux, gracieuse gracieusement	grâce (nf)	P.221
grandir	grand, e	grandeur (nf)	P.21
	gras, grasse	graisse (nf)	P.297
	gratuit, e gratuitement	gratuité (nf)	P.234
	grave gravement	gravité (nf)	P.55
grêler		grêle (nf)	P.327
griffer		griffe (nf)	P.334
	grillé, e	grillade (nf)	P.272
	grossier, grossière grossièrement	grossièreté (nf)	P.298
grossir	gros, grosse	grosseur (nf)	P.51
(se) grouper		groupe (nm)	P.23
(se) guérir	guéri, e	guérison (nf)	P.285
guider		guide (n)	P.207
	habile habilement	habileté (nf)	P.317
(s') habiller		habit (nm)	P.284
	habitable	habitabilité (nf)	P.333
habiter		habitant, e (n) habitation (nf)	P.140

動詞	形容詞／副詞	名詞	ページ
	habituel, habituelle habituellement	habitude (nf)	P.144
†hanter		†hantise (nf)	P.314
	†hardi, e †hardiment	†hardiesse (nf)	P.322
† (se) hâter	†hâtif, hâtive †hâtivement	†hâte (nf)	P.276
	†haut, e	†haut (nm) †hauteur (nf)	P.33
hériter		héritage (nm)	P.218
hésiter		hésitation (nf)	P.175
	heureux, heureuse heureusement	bonheur (nm)	P.97
	historique	histoire (nf)	P.111
	hivernal, e	hiver (nm)	P.173
	honnête honnêtement	honnêteté (nf)	P.230
honorer		honneur (nm)	P.136
	†honteux, honteuse †honteusement	†honte (nf)	P.200
	horrible horriblement	horreur (nf)	P.238
hospitaliser		hôpital (nm) hospitalisation (nf)	P.152
	hostile	hostilité (nf)	P.263
	humain, e humainement	humanité (nf)	P.36
	humide	humidité (nf)	P.297
	humoristique	humour (nm)	P.294
†hurler		†hurlement (nm)	P.297
	hypocrite hypocritement	hypocrite (n) hypocrisie (nf)	P.335
identifier		identité (nf) identification (nf)	P.163

動詞	形容詞／副詞	名詞	ページ
	idiot, e	idiotie (nf)	P.283
ignorer	ignorant, e	ignorance (nf)	P.77
	illégal, e illégalement	illégalité (nf)	P.242
(s') illusionner		illusion (nf)	P.254
imaginer	imaginaire imaginatif, imaginative	imagination (nf)	P.78
imiter		imitation (nf)	P.289
immigrer		immigré, e (n) immigration (nf)	P.222
	immobile	immobilité (nf)	P.309
(s') impatienter	impatient, e impatiemment	impatience (nf)	P.288
	impertinent, e impertinemment	impertinence (nf)	P.332
implanter		implantation (nf)	P.286
	important, e	important (nm) importance (nf)	P.26
importer		importation (nf)	P.44
	impossible	impossibilité (nf)	P.79
impressionner	impressionnant, e	impression (nf)	P.103
	imprudent, e imprudemment	imprudence (nf)	P.332
	incapable	incapacité (nf)	P.174
	incertain, e	incertitude (nf)	P.217
inciter		incitation (nf)	P.219
	inconscient, e inconsciemment	inconscience (nf)	P.299
indemniser		indemnisation (nf) indemnité (nf)	P.296
	indépendant, e indépendamment	indépendance (nf)	P.118
indifférer	indifférent, e	indifférence (nf)	P.301
(s') indigner	indigné, e	indignation (nf)	P.342

動詞	形容詞／副詞	名詞	ページ
indiquer	indiqué, e	indication (nf)	P.72
	indiscret, indiscrète	indiscrétion (nf)	P.333
	indulgent, e	indulgence (nf)	P.327
(s') industrialiser		industrie (nf) industrialisation (nf)	P.86
	inférieur, e	infériorité (nf)	P.198
influencer	influent, e	influence (nf)	P.131
informatiser	informatiquement	informatisation (nf)	P.240
informer		information (nf)	P.156
(s') initier		initiation (nf)	P.309
injecter		injection (nf)	P.319
injurier	injurieux, injurieuse injurieusement	injure (nf)	P.343
	injuste injustement	injustice (nf)	P.239
innocenter	innocent, e	innocence (nf)	P.210
(s') inquiéter	inquiet, inquiète inquétant, e	inquiétude (nf)	P.159
(s') inscrire		inscription (nf)	P.123
insister		insistance (nf)	P.110
inspirer	inspiré, e	inspiration (nf)	P.153
installer		installation (nf)	P.102
	instantané, e instantanément	instant (nm)	P.97
	instruit, e	instruction (nf)	P.177
insulter		insulte (nf)	P.292
	intelligent, e	intelligence (nf)	P.234
interdire		interdiction (nf)	P.65
(s') intéresser	intéressant, e	intérêt (nm)	P.39
interroger		interrogation (nf) interrogatoire (nm)	P.132
intervenir		intervention (nf)	P.92

動詞	形容詞／副詞	名詞	ページ
	inutile inutilement	inutilité (nf)	P.175
inventer		inventeur (nm) invention (nf)	P.201
inviter		invitation (nf)	P.76
ironiser	ironique ironiquement	ironie (nf)	P.307
isoler		isolement (nm)	P.248
	ivre	ivresse (nf)	P.324
jalouser	jaloux, jalouse	jaloux, jalouse (n) jalousie (nf)	P.315
jouer		joueur, joueuse (n) jeu (nf)	P.27
	joyeux, joyeuse joyeusement	joie (nf)	P.202
juger		jugement (nm)	P.49
	juste	justice (nf) justesse (nf)	P.38
(se) justifier		justification (nf)	P.108
	juteux, juteuse	jus (nm)	P.332
klaxonner		klaxon (nm)	P.345
	laid, e	laideur (nf)	P.320
	laitier, laitière	lait (nm)	P.234
lancer		lancement (nm)	P.62
	large	large (nm) largeur (nf)	P.75
	las, lasse	lassitude (nf)	P.328
(se) laver	lavable	lavage (nm)	P.281
	légal, e légalement	légalité (nf)	P.221
	léger, légère légèrement	légèreté (nf)	P.153
	légitime légitimement	légitimité (nf)	P.217

動詞	形容詞／副詞	名詞	ページ
	lent, e lentement	lenteur (nf)	P.239
(se) lever		lever (nm) levée (nf)	P.105
libérer		libération (nf)	P.141
	libre librement	liberté (nf)	P.43
licencier		licenciement (nm)	P.251
(se) lier		lien (nm)	P.110
limiter	limité, e	limite (nf) limitation (nf)	P.63
lire		lecteur, lectrice (n) lecture (nf)	P.35
	littéraire littérairement	littérature (nf)	P.213
livrer		livraison (nf)	P.75
(se) localiser		localisation (nf)	P.320
(se) loger		logement (nm)	P.195
	long, longue	longueur (nf)	P.24
louer		location (nf) loyer (nm)	P.244
	lourd, e	lourdeur (nf)	P.125
lutter		lutte (nf)	P.96
	luxueux, luxueuse luxueusement	luxe (nm)	P.261
	magnifique magnifiquement	magnificence (nf)	P.216
maigrir	maigreamaigri, e	maigreur (nf)	P.282
maintenir		maintien (nm)	P.58
(se) maîtriser		maîtrise (nf)	P.226
	majeur, emajoritaire	majorité (nf)	P.151
	malade	malade (n) maladie (nf)	P.120

動詞	形容詞／副詞	名詞	ページ
	maladroit, e maladroitement	maladresse (nf)	P.318
	malheureux, malheureuse malheureusement	malheur (nm)	P.228
manger		mangeur, mangeuse (n)	P.155
	maniaque	manie (nf)	P.338
manifester		manifestation (nf)	P.120
manipuler		manipulation (nf)	P.276
manquer		manque (nm)	P.71
(se) maquiller		maquillage (nm)	P.296
marcher		marche (nf)	P.112
(se) marier		mariage (nm) marié, e (n)	P.142
	marin, e	mer (nf)	P.115
marquer	marqué, e	marque (nf)	P.56
massacrer		massacre (nm)	P.256
	maternel, maternelle	mère (nf)	P.79
	matinal, e	matin (nm)	P.55
	méchant, e méchamment	méchanceté (nf)	P.266
	mécontent, e	mécontentement (nm)	P.302
	médical, e	médecine (nf) médecin (nm)	P.103
	médiocre médiocrement	médiocrité (nf)	P.301
(se) méfier	méfiant, e	méfiance (nf)	P.277
	mélancolique mélancoliquement	mélancolie (nf)	P.325
mélanger		mélange (nm)	P.260
menacer		menace (nf)	P.120
ménager		ménagement (nm)	P.284
	ménager, ménagère	ménage (nm)	P.225
	mensuel, mensuelle	mois (nm)	P.23

動詞	形容詞／副詞	名詞	ページ
mentionner		mention (nf)	P.190
mentir		mensonge (nm) menteur, menteuse (n)	P.244
mépriser		mépris (nm)	P.266
mesurer		mesure (nf)	P.33
	métallique	métal (nm)	P.251
	météorologique	météo (nf)	P.311
	méthodique	méthode (nf)	P.137
meubler	meublé, e	meublé (nm)	P.293
	mince	minceur (nf)	P.283
	ministériel, ministérielle	ministre (nm)	P.25
	minoritaire	minorité (nf)	P.211
mobiliser	mobilisateur, mobilisatrice	mobilisation (nf)	P.253
moderniser	moderne	modernisation (nf)	P.147
	modeste	modestie (nf)	P.170
modifier		modification (nf)	P.277
	momentané, e momentanément	moment (nm)	P.18
	mondial, e	monde (nm)	P.12
	montagneux, montagneuse montagnard, e	montagne (nf)	P.185
monter		montée (nf)	P.105
	moral, e	morale (nf) moralité (nf)	P.145
	mortel, le mortellement	mort (nf)	P.34
motiver		motif (nm) motivation (nf)	P.158
	mou, mol, molle	mollesse (nf)	P.313
	muet, muette	mutisme (nm)	P.300
(se) multiplier	multiple	multiplication (nf) multiplicité (nf)	P.205
mûrir	mûr, e	maturité (nf)	P.296

動詞	形容詞／副詞	名詞	ページ
murmurer		murmure (nm)	P.316
	musical, e musicien, musicienne	musique (nf)	P.135
	mystérieux, mystérieuse mystérieusement	mystère (nm)	P.250
nager		nage (nf) natation (nf) nageur, nageuse (n)	P.306
	naïf, naïve naïvement	naïveté (nf)	P.306
naître		naissance (nf)	P.82
	national, e	nation (nf) nationale (nf)	P.28
nationaliser		nationalisation (nf)	P.325
	naturel, naturelle naturellement	nature (nf)	P.67
	nécessaire nécessairement	nécessité (nf)	P.56
	négatif, négative négativement	négative (nf) négation (nf)	P.169
neiger	enneigé, e	neige (nf)	P.192
	nerveux, nerveuse nerveusement	nervosité (nf)	P.289
	net, nette nettement	netteté (nf)	P.157
nettoyer		nettoyage (nm)	P.294
nommer	nommément	nom (nm)	P.22
	nordique	nord (nm)	P.132
noter		note (nf) notation (nf)	P.67
(se) nourrir		nourriture (nf)	P.148
	nouveau (nouvel), nouvelle	nouvelle (nf) nouveauté (nf)	P.10

動詞	形容詞／副詞	名詞	ページ
(se) noyer		noyade (nf) noyé, e (n)	P.298
	nuageux, nuageuse	nuage (nm)	P.268
	nul, nulle nullement	nullité (nf)	P.189
numéroter		numéro (nm)	P.97
obéir	obéissant, e	obéissance (nf)	P.270
objecter		objection (nf)	P.261
	objectif, objective	objectivité (nf)	P.63
obliger	obligé, e	obligation (nf)	P.61
	obscur, e obscurrément	obscurité (nf)	P.291
obséder		obsession (nf)	P.314
observer	observateur, observatrice	observateur, observatrice (n) observation (nf)	P.99
obtenir		obtention (nf)	P.41
occuper		occupation (nf) occupant (nm)	P.21
offrir		offre (nf)	P.28
omettre		omission (nf)	P.301
opérer		opération (nf)	P.153
	opportun, e opportunément	opportunité (nf)	P.255
(s') opposer	opposé, e	opposant, e (n) opposition (nf)	P.71
opprimer		oppression (nf)	P.332
	optimiste	optimisme (nm)	P.247
	orageux, orageuse orageusement	orage (nm)	P.317
	oral, e	oral (nm)	P.300
ordonner	ordonné, e	ordre (nm)	P.201
(s') organiser	organisé, e	organisation (nf)	P.88
	orgueilleux, orgueilleuse	orgueil (nm)	P.323

動詞	形容詞／副詞	名詞	ページ
	originaire	origine (nf)	P.89
	original, e	originalité (nf)	P.191
orthographier		orthographe (nf)	P.337
	osseux, osseuse	os (nm)	P.299
oublier		oubli (nm)	P.62
ouvrir	ouvert, e	ouverture (nf)	P.32
	pacifique paisible	paix (nf)	P.70
	pâle	pâleur (nf)	P.308
paraître		parution (nf)	P.63
paralyser	paralysé, e	paralysie (nf)	P.287
	paresseux, paresseuse	paresse (nf)	P.328
parier		pari (nm) parieur, parieuse (n)	P.181
(se) parler		parole (nf)	P.14
(se) partager		partage (nm)	P.64
participer		participation (nf)	P.82
	particulier, particulière particulièrement	particularité (nf)	P.104
partir		départ (nm)	P.21
	paternel, paternelle	père (nm)	P.69
patienter	patient, e	patience (nf)	P.172
	patronal, e	patron, patronne (n)	P.183
	pauvre	pauvre (n) pauvreté (nf)	P.87
payer		paye, paie (nf) payement, paiement (nm)	P.66
pêcher		pêche (nf)	P.303
(se) peigner		peigne (nm)	P.334
peindre		peinture (nf)	P.256
peiner		peine (nf)	P.49
	pensif, pensive	pensée (nf)	P.149
percevoir		perception (nf)	P.179

動詞	形容詞／副詞	名詞	ページ
perdre		perte (nf)	P.31
(se) perfectionner	parfait, e	perfection (nf)	P.174
	périodique périodiquement	période (nf)	P.50
	permanent, e	permanence (nf)	P.154
permettre	permis, e	permission (nf)	P.20
	perplexe	perplexité (nf)	P.338
personnaliser		personnalisation (nf)	P.
persuader	persuasif, persuasive	persuasion (nf)	P.180
perturber		perturbation (nf)	P.286
peser		pesée (nf)	P.173
	pessimiste	pessimisme (nm)	P.322
	petit, e	petitesse (nf)	P.17
	pétrolier, pétrolière pétrolifère	pétrole (nm)	P.217
	peureux, peureuse	peur (nf)	P.96
photographier	photo [photographique]	photo [photographie] (nf)	P.161
piéger		piège (nm)	P.256
	pierreux, pierreuse	pierre (nf)	P.187
piloter		pilote (n) pilotage (nm)	P.255
	pitoyable pitoyablement	pitié (nf)	P.291
placer		place (nf) placement (nm)	P.65
(se) plaindre		plainte (nf)	P.158
plaire		plaisir (nm)	P.100
plaisanter		plaisanterie (nf)	P.308
planifier	planifiable	planification (nf)	P.294
planter		plantation (nf)	P.253
pleuvoir	pluvial, e pluvieux, pluvieuse	pluie (nf)	P.219
plier		pliage (nm)	P.267

動詞	形容詞／副詞	名詞	ページ
plisser	plissé, e	pli (nm)	P.267
plonger		plongeon (nm)	P.204
	poétique	poésie (nf) poème (nm) poète (n)	P.224
	poilu, e	poil (nm)	P.315
poivrer		poivre (nm)	P.326
	poli, e poliment	politesse (nf)	P.140
	policier, policière	police (nf)	P.104
polluer	polluant, e	pollution (nf)	P.263
	ponctuel, ponctuelle ponctuellement	ponctualité (nf)	P.276
	populaire	popularité (nf)	P.155
porter		port (nm)	P.14
poser		pose (nf)	P.27
posséder		possession (nf)	P.88
	possible	possibilité (nf)	P.23
poster		poste (nf)	P.54
(se) poudrer	poudreux, poudreuse	poudre (nf)	P.302
pourrir	pourri, e	pourriture (nf)	P.344
(se) poursuivre		poursuite (nf)	P.58
pousser		poussée (nf) poussette (nf)	P.98
	poussiéreux, poussiéreuse	poussière (nf)	P.269
pouvoir		pouvoir (nm)	P.264
(se) pratiquer	pratiquement	pratique (nf)	P.148
(se) précipiter	précipitamment	précipitaion (nf)	P.254
préciser	précis, e précisément	précision (nf)	P.94
	précoce	précocité (nf)	P.297
préférer	préférable	préférence (nf) préféré, e (n)	P.73

動詞	形容詞／副詞	名詞	ページ
prélever		prélèvement (nm)	P.287
(se) préoccuper	préoccupant, e	préoccupation (nf)	P.194
(se) préparer		préparation (nf) préparatifs (nmpl)	P.46
prescrire		prescription (nf)	P.287
	présent, e	présence (nf)	P.27
présenter		présentation (nf) présentateur, présentatrice (n)	P.26
présider	présidentiel, présidentielle	présidence (nm) président, e (nm)	P.33
prétendre		prétention (nf)	P.137
prêter		prêt (nm)	P.114
prétexter		prétexte (nm)	P.233
prévenir	préventif, préventive	prévention (nf)	P.142
prévoir	prévisible	prévision (nf)	P.54
prier		prière (nf)	P.178
	printanier, printanière	printemps (nm)	P.150
	prioritaire	priorité (nf)	P.160
(se) priver		privations (nfpl)	P.61
	probable probablement	probabilité (nf)	P.218
	proche	proximité (nf)	P.105
produire	producteur, productrice productif, productive	producteur, productrice (n) production (nf) productivité (nf) produit (nm)	P.46
	professionnel, professionnelle professionnellement	professionnel, professionnelle (n) profession (nf)	P.122
	professoral, e	professeur (nm)	P.137
profiter	profitable	profit (nm)	P.76
	profond, e profondément	profondeur (nf)	P.138

動詞	形容詞／副詞	名詞	ページ
programmer		programme (nm)	P.42
progresser		progrès (nm) progression (nf)	P.115
projeter		projet (nm) projection (nf)	P.29
prolonger		prolongation (nf) prolongement (nm)	P.168
(se) promener		promenade (nf)	P.258
promettre		promesse (nf)	P.106
prononcer		prononciation (nf)	P.89
(se) propager		propagation (nf)	P.292
proposer		proposition (nf)	P.42
	propre proprement	propreté (nf)	P.30
prospérer	prospère	prospérité (nf)	P.166
protéger		protégé, e (n) protection (nf)	P.92
protester		protestation (nf)	P.231
prouver		preuve (nf)	P.77
provenir		provenance (nf)	P.171
	provincial, e	province (nf)	P.106
provoquer	provocant, e	provocation (nf)	P.100
	prudent, e prudemment	prudence (nf)	P.201
	publicitaire publiquement	publicité (nf)	P.162
publier		publication (nf)	P.97
	puissant, e puissamment	puissance (nf)	P.130
punir		punition (nf)	P.216
	pur, e purement	pureté (nf)	P.178
(se) qualifier	qualifié, e	qualification (nf)	P.150
(se) quereller		querelle (nf)	P.283

動詞	形容詞／副詞	名詞	ページ
questionner		question (nf)	P.15
	racial, e raciste	race (nf) racisme (nm)	P.234
	radioactif, radioactive	radioactivité (nf)	P.305
(se) rafraîchir	rafraîchissant, e	rafraîchissement (nm)	P.326
rager	rageur, rageuse	rage (nf)	P.262
emprisonner		emprisonnement (nm)	P.281
(se) raidir	raide	raideur (nf)	P.282
raisonner	raisonnable raisonné, e raisonnablement	raison (nf)	P.11
ralentir	ralenti, e	ralentissement (nm)	P.223
ramasser		ramassage (nm)	P.273
ranger		rangement (nm)	P.249
	rapide rapidement	rapidité (nf)	P.83
(se) rappeler		rappel (nm)	P.25
(se) rapporter		rapport (nm)	P.24
(se) rapprocher		rapprochement (nm)	P.154
	rare rarement	rareté (nf)	P.146
rassembler		rassemblement (nm)	P.177
ratifier		ratification (nf)	P.303
rattraper		rattrapage (nm)	P.261
(se) raviser		avis (nm)	P.93
rayer	rayé, e	raie (nf) rayure (nf)	P.313
réagir		réaction (nf)	P.117
réaliser	réalisable	réalisation (nf)	P.50
recevoir		réception (nf)	P.24
(se) réchauffer		réchauffement (nm)	P.299
rechercher		recherche (nf)	P.45

動詞	形容詞／副詞	名詞	ページ
	réciproque réciproquement	réciprocité (nf)	P.302
réclamer		réclamation (nf)	P.144
récolter		récolte (nf)	P.306
recommander		recommandation (nf)	P.128
récompenser		récompense (nf)	P.239
(se) réconcilier		réconciliation (nf)	P.299
reconnaître	reconnaissant, e	reconnaissance (nf)	P.28
reconstituer		reconstitution (nf)	P.290
recourir		recours (nm)	P.223
recruter		recrutement (nm)	P.274
	rectangulaire	rectangle (nm)	P.335
rectifier		rectification (nf)	P.293
reculer	(à) reculons	recul (nm)	P.199
récupérer		récupération (nf)	P.188
recycler		recyclage (nm)	P.257
rédiger		rédaction (nf)	P.216
(se) redresser		redressement (nm)	P.273
réduire	réduit, e	réduction (nf)	P.73
	réel, réelle réellement	réel (nm) réalité (nf)	P.81
refaire		réfection (nf)	P.221
(se) référer		référence (nf)	P.162
réfléchir		réflexion (nf)	P.129
refléter		reflet (nm)	P.197
réformer		réforme (nf)	P.121
(se) refroidir		refroidissement (nm)	P.329
(se) réfugier		refuge (nm)	P.168
refuser		refus (nm)	P.34
regarder		regard (nm)	P.52
réglementer	réglementaire	réglementation (nf) règlement (nm)	P.138

動詞	形容詞／副詞	名詞	ページ
régler		réglage (nm) règlement (nm)	P.118
régner		règne (nm)	P.193
regretter	regrettable	regret (nm)	P.127
	régulier, régulière régulièrement	régularité (nf)	P.187
rejeter		rejet (nm)	P.121
	relatif, relative relativement	relation (nf)	P.44
	religieux, religieuse	religion (nf)	P.181
remarquer	remarquablement	remarque (nf)	P.108
rembourser		remboursement (nm)	P.264
remercier		remerciement (nm)	P.144
remettre		remise (nf)	P.20
remonter		remontée (nf)	P.124
remplacer		remplacement (nm) remplaçant, e (n)	P.55
rémunérer		rémunération (nf)	P.263
rencontrer		rencontre (nf)	P.41
renforcer		renforcement (nm)	P.284
renoncer		renonciation (nf) renoncement (nm)	P.157
renouveler		renouvellement (nm)	P.156
rénover		rénovation (nf)	P.301
renseigner		renseignement (nm)	P.174
rentrer		rentrée (nf)	P.115
renvoyer		renvoi (nm)	P.127
réparer		réparation (nf)	P.240
(se) répartir		répartition (nf)	P.218
repasser		repassage (nm)	P.308
(se) repérer		repérage (nm)	P.245
répéter		répétition (nf)	P.76
(se) replier		repli (nm)	P.305

動詞	形容詞／副詞	名詞	ページ
répondre		réponse (nf)	P.24
(se) reposer		repos (nm)	P.57
reprendre		reprise (nf)	P.39
représenter		représentation (nf) représentant, e (n)	P.36
réprimer		répression (nf)	P.280
reprocher		reproche (nm)	P.172
	réputé, e	réputation (nf)	P.185
réserver		réservation (nf) réserve (nf)	P.87
résister	résistant, e	résistance (nf)	P.154
(se) résoudre		résolution (nf)	P.97
respecter	respectueux, respectueuse	respect (nm)	P.83
respirer		respiration (nf)	P.262
	responsable	responsabilité (nf)	P.62
(se) ressembler		ressemblance (nf)	P.160
(se) restaurer		restauration (nf)	P.272
rester		restant (nm) reste (nm)	P.13
restreindre		restriction (nf)	P.227
résulter		résultat (nm)	P.53
résumer		résumé (nm)	P.174
(se) rétablir		rétablissement (nm)	P.196
(se) retarder		retard (nm)	P.149
(se) retenir		retenue (nf)	P.68
retirer		retrait (nm)	P.80
retourner		retour (nm)	P.52
	retraité, e	retraite (nf)	P.139
(se) réunir		réunion (nf)	P.103
réussir		réussite (nf)	P.35
(se) réveiller		réveil (nm)	P.219
revendiquer		revendication (nf)	P.248
revenir		retour (nm)	P.23

動詞	形容詞／副詞	名詞	ページ
rêver		rêve (nm) rêverie (nf) rêveur, rêveuse (n)	P.152
réviser		révision (nf)	P.237
(se) révolter		révolte (nf)	P.245
révolutionner	révolutionnaire	révolution (nf)	P.175
	riche	richesse (nf)	P.73
	ridé, e	ride (nf)	P.339
(se) ridiculiser	ridicule	ridicule (nm)	P.231
	rigoureux, rigoureuse rigoureusement	rigueur (nf)	P.244
rincer		rinçage (nm)	P.339
risquer		risque (nm)	P.40
	rocheux, rocheuse	rocher (nm) roche (nf)	P.298
rompre		rupture (nf)	P.213
rougir	rouge	rouge (nm) rougeur (nf)	P.121
	routier, routière	route (nf)	P.62
	routinier, routinière	routine (nf)	P.301
	rude rudement	rudesse (nf)	P.305
rythmer	rythmé, erythmique	rythme (nm)	P.179
(se) sacrifier		sacrifice (nf)	P.232
	sage sagement	sagesse (nf)	P.242
saisir		saisie (nf)	P.143
	saisonnier, saisonnière	saison (nf)	P.180
	salarié, e	salarié, e (n) salaire (nm)	P.215
	sale	saleté (nf)	P.257
saler	salé, e	sel (nm)	P.305
(se) saluer		salut (nm)	P.176

動詞	形容詞／副詞	名詞	ページ
sanctionner		sanction (nf)	P.223
(se) satisfaire	satisfait, e satisfaisant, e	satisfaction (nf)	P.98
sauter		saut (nm)	P.214
	sauvage	sauvagerie (nf)	P.233
sauver		sauvetage (nf) sauveteur, sauveteuse (n)	P.143
(se) savonner	savonneux, savonneuse	savon (nm)	P.343
	scandaleux, scandaleuse	scandale (nm)	P.198
	scientifique	science (nf)	P.118
scolariser	scolaire	scolarité (nf)	P.205
sculpter		sculpture (nf) sculpteur, sculptrice (n)	P.344
sécher assécher	sec, sèche	sec (nm) séchage (nm) sècheresse, sécheresse (nf)	P.224
secouer		secousse (nf)	P.248
secourir		secours (nm)	P.195
	secret, secrète secrètement	secret (nm)	P.100
séjourner		séjour (nm)	P.206
sélectionner		sélection (nf)	P.230
	sensationnel, sensationnelle	sensation (nf)	P.275
	sensé, e	sens (nm)	P.31
(se) sensibiliser		sensibilisation (nf)	P.324
sensibiliser		sensibilisation (nf)	P.331
	sensible sensiblement	sensibilité (nf)	P.130
	sentimental, e	sentimentalité (nf)	P.323
sentir		sentiment (nm)	P.66
(se) séparer	séparé, e séparément	séparation (nf)	P.117
	sérieux, sérieuse sérieusement	sérieux (nm)	P.50

動詞	形容詞／副詞	名詞	ページ
(se) servir	serviable	service (nm)	P.25
	seul, e seulement	solitude (nf)	P.13
	sévère sévèrement	sévérité (nf)	P.185
siffler		sifflet (nm) sifflement (nm)	P.345
signaler		signal (nm)	P.164
signer		signature (nf)	P.101
signifier		signification (nf)	P.71
	silencieux, silencieuse	silence (nm)	P.149
	simple simplement	simplicité (nf)	P.26
simplifier		simplification (nf)	P.257
	sincère sincèrement	sincérité (nf)	P.266
skier		ski (nm)	P.311
	social, e sociétal, e socialement	société (nf)	P.37
(se) soigner	soigné, e soigneux, soigneuse soigneusement	soin (nm)	P.220
	solaire ensoleillé, e	soleil (nm)	P.183
	solidaire	solidarité (nf)	P.227
	solide solidement	solidité (nf)	P.161
	solitaire seul, e	solitude (nf)	P.276
solliciter		sollicitation (nf)	P.235
sommeiller		sommeil (nm)	P.274
sonder		sondage (nm)	P.221
sortir		sortie (nf)	P.38

動詞	形容詞／副詞	名詞	ページ
(se) soucier	soucieux, soucieuse	souci (nm)	P.171
souffler		souffle (nm)	P.259
souffrir		souffrance (nf)	P.78
souhaiter		souhait (nm)	P.49
soulager		soulagement (nm)	P.258
(se) soumettre		soumission (nf)	P.85
soupçonner		soupçon (nm)	P.228
	sourd, e	surdité (nf)	P.255
sourire	souriant, e	sourire (nm)	P.166
souscrire		souscription (nf) souscripteur, souscriptrice (nf)	P.295
soutenir		soutien (nm)	P.70
(se) spécialiser	spécialisé, e spécialement	spécialité (nf) spécialisation (nf)	P.207
	spirituel, spirituelle spirituellement	esprit (nm)	P.66
	spontané, e	spontanéité (nf)	P.295
	sportif, sportive	sport (nm) sportivité (nf)	P.208
(se) stabiliser	stable	stabilité (nf)	P.235
stationner		stationnement (nm)	P.317
	stupide stupidement	stupidité (nf)	P.275
	subtil, e subtilement	subtilité (nf)	P.307
sucrer	sucré, e	sucre (nm)	P.270
suer		sueur (nf)	P.326
suggérer		suggestion (nf)	P.166
(se) suicider		suicide (nm)	P.220
suivre	suivant, e	suite (nf)	P.15
	supérieur, e	supériorité (nf)	P.108
	supplémentaire	supplément (nm)	P.148

動詞	形容詞／副詞	名詞	ページ
supposer		supposition (nf)	P.91
supprimer		suppression (nf)	P.173
	sûr, e sûrement	sûreté (nf)	P.34
surprendre	surpris, e	surprise (nf)	P.128
surveiller		surveillance (nf) surveillant, e (n)	P.150
survivre		survie (nf)	P.155
	susceptible	susceptibilité (nf)	P.192
suspecter	suspect, e	suspect, e (n)	P.239
suspendre		suspension (nf)	P.184
symboliser	symbolique	symbole (nm)	P.163
sympathiser	sympathique	sympathie (nf)	P.261
	syndical, e	syndicat (nm)	P.170
	synthétique	synthèse (nf)	P.289
tacher		tache (nf)	P.309
taxer	taxable	taxe (nf)	P.232
	technique techniquement	technologie (nf)	P.73
téléphoner	téléphonique	téléphone (nm)	P.157
	télévisé, e	télévision (nf)	P.139
témoigner		témoignage (nm) témoin (nm)	P.143
	temporaire temporairement	temps (nm)	P.10
(se) tendre	tendu, e	tension (nf)	P.134
	tendre tendrement	tendresse (nf)	P.134
(se) tenir		tenue (nf)	P.14
tenter	tentant, e	tentative (nf) tentation (nf)	P.43
	terrestre	terre (nf)	P.53

動詞	形容詞／副詞	名詞	ページ
terrifier terroriser	terriblement	terreur (nf)	P.273
	territorial, e	territoire (nm)	P.184
	théâtral, e théâtralement	théâtre (nm)	P.182
	théorique théoriquement	théorie (nf)	P.187
timbrer		timbre (nm)	P.237
	timide timidement	timidité (nf)	P.292
tirer		tir (nm) tirage (nm)	P.48
tolérer	tolérant, e	tolérance (nf)	P.215
tomber		tombée (nf)	P.96
tonner		tonnerre (nm)	P.318
totaliser	total, e totalement	total (nm) totalité (nf)	P.80
toucher		toucher (nm)	P.29
	touristique	touriste (n)	P.243
tourner tournoyer		tournant (nm) tournage (nm) tournure (nf)	P.82
tousser		toux (nf)	P.329
	traditionnel, traditionnelle traditionnellement	tradition (nf)	P.158
traduire		traduction (nf) traducteur, traductrice (n)	P.133
	tragique tragiquement	tragédie (nf)	P.198
trahir		trahison (nf) traître, traîtresse (n)	P.250
traiter		traitement (nm)	P.72
	tranquille tranquillement	tranquillité (nf)	P.227

動詞	形容詞／副詞	名詞	ページ
transférer		transfert (nm)	P.156
(se) transformer		transformation (nf)	P.126
transmettre		transmission (nf)	P.162
	transparent, e	transparence (nf)	P.257
transpirer		transpiration (nf)	P.329
transporter	transportable	transport (nm)	P.116
travailler	travailleur, travailleuse	travail (nm)	P.18
traverser		traversée (nf)	P.126
trembler	tremblant, e	tremblement (nm)	P.304
tricher		tricheur, tricheuse (n) tricherie (nf) triche (nf)	P.344
tricoter		tricot (nm)	P.341
trier		tri (nm)	P.329
	trimestriel, trimestrielle	trimestre (nm)	P.249
tripler		triple (nm)	P.315
(se) troubler		trouble (nm)	P.212
trouer		trou (nm)	P.218
trouver		trouvaille (nf)	P.12
tuer		tueur, tueuse (n)	P.72
(se) tutoyer		tutoiement (nm)	P.320
	typique	type (nm)	P.54
	unanime unanimement	unanimité (nf)	P.265
uniformiser	uniforme uniformément	uniformisation (nf) uniformité (nf)	P.189
(s') unir		union (nf)	P.91
	universitaire	université (nf)	P.141
	urgent, e	urgence (nf)	P.141
(s') user	usé, e	usure (nf)	P.260
	utile utilement	utilité (nf)	P.122
utiliser		utilisation (nf)	P.43

動詞	形容詞／副詞	名詞	ページ
vacciner		vaccin (nm) vaccination (nf)	P.323
valoir		valeur (nf)	P.53
	vaniteux, vaniteuse	vanité (nf)	P.335
(se) vanter	vantard, e	vantard, e (n) vantardise (nf)	P.271
varier	varié, e variable	variation (nf) variété (nf)	P.204
vendre		vente (nf)	P.89
(se) venger		vengeance (nf)	P.293
venir		venue (nf)	P.12
venter		vent (nm)	P.159
verdir	vert, e	vert (nm) verdure (nf)	P.129
vérifier		vérification (nf)	P.146
verrouiller		verrou (nm)	P.344
verser		versement (nm)	P.310
	vestimentaire	vêtement (nm)	P.229
vieillir	vieux (vieil), vieille vieillissant, e	vieillesse (nf) vieillissement (nm) vieillard, e (n)	P.83
	vif, vive	vivacité (nf)	P.133
	vigilant, e	vigilance (nf)	P.298
	vigoureux, vigoureuse vigoureusement	vigueur (nf)	P.183
	vinicole viticole	vin (nm)	P.224
	violent, e violemment	violence (nf)	P.74
virer		virement (nm)	P.241
virer		virage (nm)	P.285
viser		visée (nf)	P.79
	visible visiblement	visibilité (nf)	P.222

動詞	形容詞／副詞	名詞	ページ
visiter		visite (nf) visiteur, visiteuse (n)	P.130
vivre	vivant, e	vie (nf)	P.16
voir		vue (nf) vision (nf)	P.11
	volcanique	volcan (nm)	P.109
voler		vol (nm)	P.170
voler		vol (nm)	P.175
	volontaire	volonté (nf)	P.64
vomir		vomissement (nm)	P.336
voter		vote (nm) votant, e (n)	P.127
voyager		voyage (nm) voyageur, voyageuse (n)	P.111
	vrai, e vraiment	vérité (nf)	P.36
	vraisemblable vraisemblablement	vraisemblance (nf)	P.316
	vulgaire vulgairement	vulgarité (nf)	P.318

おわりに・主要参考文献

本書の作成には1日平均6時間半をかけ、5ヶ月かかった。掲載予定の単語の選定を済ませたあと、徐々に形ができあがっていくのは嬉しかったが、正直、苦しくもあった。幾度も例文を検討し、手直しする必要があったからだ。

アルファベ順なら“いの一番”となるabaisserから悩んだ。Les réglementations policières strictes ont permis d'abaisser les accidents de la route. / Les réglementations policières strictes ont permis l'abaissement des accidents de la route. という例を書いたが、「交通事故を減らすのが警察の厳しい規制」という流れは少し妙ではないか。「交通法規」との関係が前提となるべきものなのではないかと考え直し、速度規制の例に変更した。また、“動詞 ouvrir – 形容詞 ouvert, e - 名詞 ouverture”と並べるだけなら特段のことはない。でも、On ouvre ici le dimanche. / On est ouvert ici le dimanche. / Les jours d'ouverture incluent le dimanche.「当店は日曜も営業しています」と頭に浮かんだまま3つの文を併記すると、どうしても最後の一文に違和感がある。この例のままでは言い回しを変えても、名詞を用いた文がしっくりこない。さらに、文法に間違いはないものの、Elle se brosse les dents trois fois par jour. / Elle se lave les dents avec une brosse trois fois par jour.「彼女は日に3回歯を磨く」といった内容を説明する文が、はたして意味のある例文なのかどうか。あるいは「彼は自転車が転倒して脚を骨折した」を仏作文するなら、Il s'est fracturé la jambe en tombant de vélo. / Il s'est fait une fracture de la jambe en tombant de vélo. で得点はもらえるだろう。だが、名詞 fracture は医療現場で使われるケースが多い単語なので、身体のどの骨を折ったのか具体的に説明する方が自然なのではないか。それと、oral ではきちんと守られていない「時制照応」（特に、従属節内の情報が発話時点でも変わりがないと意識されているケース）への自分なりの対応の仕方などなど。

何度も立ち止まり、頭をひねって文例を作成していった。途中、録音もお願いした Julien 木口 -Richard さんから、自然な文を組み立てるための助言をいくつもいただいた。同じく、録音を担当いただいた Léna Giunta さん、Sylvain Detey さんの最終段階でのチェックも助けになった。心から感謝したい。

同時に、下記の文献にはお世話になった。例文作成に詰まったときには、仏検の過去問題を参照し、さらには文献①②をめくってヒントを探った。単語の使用頻度を決める際には、手元にあるいささか古い文献、カナダでのフランス語の頻度順を図表にした一冊、あるいはネット情報なども参照したが、一番頼りにしたのは文献③である。語源の説明に関しては、適時、文献④⑤の力を借りた。この場を借りて、学恩に感謝したい。

+++ 主要参考文献 +++

① Dictionnaire du français langue étrangère (niveau 1 / niveau 2), Larousse, 1978 /1979.

*少々古いが「名詞化」に関してはこの辞書が今でも強い援軍になる。駿河台出版社から『ラルースやさしい仏仏辞典』の名でコンパクトな復刻版が刊行されている。なお、『白水社 ラルース仏和辞典』は、この niveau 2（第2レヴェル）が色濃く反映された書籍だが、残念ながら「名詞化」の部分はほとんど削除されているし、原本のユニークなイラストは1枚も採用されていない。

② 大賀正喜著『フランス語名詞化辞典』大修館書店、2004.

*現状、フランス語の「名詞化」に特化し日本の版元から刊行された唯一の本。大賀先生の面目躍如という内容だが、例文に少々不自然なものが散見されるのと、途中の項目に必須と思われる見出し語が丸々脱落している箇所がある。

③ Deryle Lonsdale and Yvon Le Bras, A Frequency Dictionary of French, Routledge, 2009.

*頻度順を多様な角度から検索できる優れた一冊。ただし、掲載された例文は物足らない。

④『ロベール仏和大辞典』小学館、1988.

*簡潔だがポイントをおさえた語源説明は頼りになる。

⑤ 小島義郎他著『英語語義語源辞典』三省堂、2004.

*英語に限らず、語源を考える上では必携の一冊。

著者
久松 健一（ひさまつ　けんいち）

浅草生まれ。現在、明治大学商学部教授。これまでに多くの語学関連の書籍を刊行している。

主要な単著として『フランス語動詞宝典 308（初中級編）/ 466（中上級編）』『ケータイ＜万能＞フランス語文法』『英語がわかればフランス語はできる』（以上、駿河台出版社）、『仏英日例文辞典 POLYGLOTTE』（IBC パブリッシング）、『仏検対応 フランス語単語 Révolution』（研究社）、『世界一覚えやすい 英会話シンプルフレーズ 380』（KADOKAWA）、編著に『クラウン フランス語熟語辞典』（三省堂）などがある。

［頻度順］ フランス語 名詞化表現宝典 1192
（音声無料ダウンロード）

2021 年 11 月 6 日	初版発行
2024 年 2 月 9 日	2 刷発行

著者	久松 健一
装丁・本文デザイン・DTP	屋良 達哉
印刷・製本	精文堂印刷株式会社
発行	株式会社 駿河台出版社 〒 101-0062 東京都千代田区神田駿河台 3-7 TEL 03-3291-1676 / FAX 03-3291-1675 http://www.e-surugadai.com
発行人	上野 名保子

ISBN 978-4-411-00557-1 C1085